U0507861

論人之存有

先秦·儒學·人論

簡良如 著

中國社會科學出版社

圖書在版編目（CIP）數據

論人之存有：先秦·儒學·人論／簡良如著.—北京：中國社會科學出版社，2014.1
ISBN 978-7-5161-3940-0

Ⅰ.①論…　Ⅱ.①簡…　Ⅲ.①儒學—研究—中國—先秦時代　Ⅳ.①B222.05

中國版本圖書館 CIP 數據核字（2014）第 026617 號

出 版 人	趙劍英
責任編輯	史慕鴻
責任校對	劉　俊
責任印製	李　建

出　　版	中國社會科學出版社
社　　址	北京鼓樓西大街甲 158 號（郵編 100720）
網　　址	http://www.csspw.cn
	中文域名:中國社科網　　010-64070619
發 行 部	010-84083685
門 市 部	010-84029450
經　　銷	新華書店及其他書店

印　　刷	北京市君昇印刷有限公司
裝　　訂	廊坊市廣陽區廣增裝訂廠
版　　次	2014 年 1 月第 1 版
印　　次	2014 年 1 月第 1 次印刷

開　　本	880×1230　1/32
印　　張	11.75
字　　數	261 千字
定　　價	37.00 元

凡購買中國社會科學出版社圖書，如有質量問題請與本社聯繫調換
電話：010-64009791
版權所有　侵權必究

目　　錄

導　言

一　理所當然的早期想像

人類在擺脫混沌蒙昧之後，如何變成今日模樣？

對這難以百分之百求證之問題，我們似都假設著一條必然之路——其輪廓，由人類逐步提昇的智性能力所勾勒，它決定並指引著人類的前行：在智識方始萌芽、僅僅以感受和想像力來理解世界的時期，初民因蒙昧而自願居於神靈之下，由之看待人類的義務與榮耀。這段時期將延續多久，不同文明的腳步略有參差，不過，真正對“人”有所自覺、並以“人”為本的人文階段，都必發生在此之後。人類必須在智識足以支撐人獨立為世界主體之後，真正屬“人”的文明才得到現身的舞台。這最終階段的到來，對人來說，無異等同曙光的出現，人終於睜開了幽閉的雙眼，締造自身的歷史。

如此一條隨智識發展形成的進程，被理所當然地看成所有文明曾經、或即將走過的道路。縱使完成程度不一，神靈面貌不盡相似，最終締造的人文也有莫大的出入，但無論如何，都沒有逸出這一標準進程的可能。今日對中國文明的回

顧也沒有例外，她亦被放入類似的發展模式中。人們突出了
祖靈、神巫及種種泛神崇拜在古代中國的實力，即便進入文
獻時代，逐步跨越從"天"到"人"的距離，智識發展的
軌跡仍然明顯。眾多不能藉理性析解的元素、抽象玄奧之規
律，如天象與物象，以及後來由陰陽五行及其生剋、大衍之
數所概括的種種範疇和秩序，或是祭儀、文字中伴隨著的那
一切神祕的、感性化的、帶有吉凶正誤意義之象徵等標誌著
智識偏限的印記，皆在文明前行的步履中不斷興起，人們經
過多番掙扎，才終於解開了他和神性世界的羈絆，確立了自
身的價值和原理。這漫長的文明樹立歷程，呈現出人智識的
進化，也似暗示著，人們隱約相信：透過時間不斷前行以及
伴隨而來的智識開拓，人將朝向更加自覺、更加人性的光明
未來。

　　然而，果真如此嗎？

　　　　　　　※　　　　　　※　　　　　　※

　　就像所有溯源者皆未曾親身經歷這一段早期歷史般，我
們試圖喚起的那些關於遙遠過往的記憶，究竟有多少是深埋
在民族心中的真實印象？又有多少僅能反映出今日人們的價
值嚮往，或種種不自覺的意識偏限？文獻中的蛛絲馬跡，被
挖掘出而重見天日的器皿、墓葬規制、玉器、禮器、斷簡殘
篇，又是如何地被重構起來，成為實在的世界？在貌似一點
一滴、鉅細靡遺的線索之中，又有什麼樣的縫隙幽藏在我們
的視線之外，一旦顯露便將如洪水懷山襄陵般反轉了原本以
為確然不移的界域？

　　這無人可以明確回答的疑惑，始終挑戰著人們每一次的

應答，但結論卻總在上述進程之前止步。葛兆光總結上古思想世界時，已自覺檢討了各項材料所代表的不同意義及其思想屬性，並嘗試超越一般從經典與精英所描述的思想史而另由生活等其他面向重構中國思想史，卻未對智識與文明進程的本末關係提出根本質疑，或許可以為鮮明的例子。①為了貼近事實，並更專注於中國文明本身之特性，他首先排除了傳世文獻中對上古之幻想和期待，且對人類學家普遍主義式的古代歷史圖象有所保留。面對那些再客觀不過的考古實物，他亦不忘對其所關連的不同文明層面加以區分，特別是在它們是否足以表徵中國文明獨特性這一功能上嚴加檢視。在此前提下，唯有良渚玉琮等發掘物，因能夠展現古代中國對天地空間的特殊觀念，始具有標誌中國獨特理路起點或基礎的意義。葛氏由此指出：中國從開始即與"天"相關，②以之形成各種非一般人所能掌握的抽象觀念及思維原理，思想者（"巫"與"史"）並結合現實中的至高主體（"王"），更加鞏固這以"天"為中心的超越世界。對等其他文明的神靈時期，中國上古思想世界的獨特處也僅在不言神靈而言"天"。然而，明顯地，無論葛氏在這裡注意到多少中國之特殊性，中國文明從超越界作為起點、而後始有人文的發展脈絡，仍與前述以智識發展為前提的文明進程無別，一切以客觀或真實為名的自我檢視，都在這基本進程模式之前

---

①　葛兆光：《中國思想史·第一卷（七世紀前中國的知識、思想與信仰世界）》，上海：復旦大學出版社，1998 年，頁 73—89。

②　見《中國思想史·第一卷》，頁 88—89 對良渚文物所顯示的中國在早期已有天圓地方、大地有四極八方、四方有神祇作為象徵的空間觀念，所具有的三項思想史意義之説明。

止步。

　　卡爾・雅斯培（Karl Theodor Jaspers，或譯卡爾・雅斯貝斯，1883—1969）故直接將如是之發展模式，設定為所有民族進行歷史自我理解的共同框架。①此説固然遭致不少異議，但爭論的焦點卻同樣不在人類文明是否存在著這最低限度的共同脈絡，而只是對共性能否作為解讀人類文明歷史之本、他是否過高地評價共性的歷史意義和精神性，有所質疑；甚至歸根究柢，異議僅僅是針對文明間是否存在著同步性這一特點而發。②但對於更基本的歷史分界問題，它卻像是自明的道理般，不可動搖。為何如此？什麼是造成這一假設的潛在意念？我們又如何理解此發展模式的意義？

　　雅斯培顯然想為此共同框架做出更扣緊史實的分析。他以軸心期在三個主要地區的降臨為界，引述阿爾弗雷德・韋伯（Alfred Weber，1868—1958）的觀察，對族群分化與特殊歷史事件（如歐亞間鐵騎戰車的引入、小國的政治衝突）所帶來的影響進行分析，將成因歸諸"古老／新興"、"穩

　　①　見卡爾・雅斯貝斯著，魏楚雄、俞新天譯《歷史的起源與目標》，北京：華夏出版社，1989年，頁7。雅斯培將中國踏入人文的界線劃在孔子，而非三代或西周，仍有可商榷之處，不過他將上古史前狀態連結於神祕宗教，則合於這裡所討論的文明發展模式。"軸心突破"這一觀念是雅斯培於本書中首先提出的，唯余英時先生則反對將此古代"突破"觀，視為雅斯培的個人創見，他在《軸心突破和禮樂傳統》[《二十一世紀》（香港：香港中文大學中國文化研究所，2000年），第58期，盛勤、唐古譯，頁17—28]一文中引述聞一多《文學的歷史動向》（1943年作）之説為據，指出此為學界早有之共識。但由於雅斯培軸心期說確實更突顯了古代文明從超越轉向人文問題，使之成為文史哲學界關注之焦點，本文故仍僅以雅氏說為代表，進行檢視。
　　②　《歷史的起源與目標》，頁16—18對"軸心期"（AxialPeriod）的三項主要異議。

定／流動"、"未覺醒／覺醒而具有自由傾向"等矛盾所激
起的變動。①其後，為能對這些事件背後所反映的意識狀態
做出更普遍的界說，他更列出五種可能引發變動的事件內
容：國家或組織的形成、文字發明後知識佔有統治地位、民
族意識形成、世界帝國誕生、因車馬而產生的自由與主體
性。②這些分析結果，就人類智識問題而言，實指出兩點：
一是，人類智識能夠跨越原本神靈為主的超越世界，發展到
足以自立人文的成熟程度，除了由於群聚組織（如國家、
民族共體、帝國）及智識工具（如文字）的具備，已使人
能夠彼此學習、促進所知，並以知識主導組織方向等直接條
件外，更重要地，外部處境的激化更是智識能夠從既有軌道
跳脫、乍然躍進的關鍵。相對於此，前述其他條件只具有扶
持智識循序漸進的功能，甚至本即是因應外部處境的產物
（如相當於國家的灌溉組織、為防禦侵犯而建立之帝國、征
戰所需之車馬等）。二是，即使就國家組織等直接支援智識
發展的條件而論，它們的共通特性顯然都在集中，並加強主
體本身之強度——國家、民族、帝國是從人力、物力等力量
的聚集增量，構成主體；車馬則在行動與意志上開拓主體向
度；文字概念之抽象性則提供人迅速掌握知識材料的基礎，
對知識主體的形成有莫大的貢獻。此二點，代表什麼意義？
它們非常清楚地反映出：所謂人類智識的成熟，看似仰賴眾
多內、外條件，其規模或精細程度更非初民所能，必待相當
時間孕育，然而，檢視上述雅斯培所歸納之要素，實際上，

---

① 《歷史的起源與目標》，頁21—27。
② 同上書，頁56—57。

除了文字因抽象性而果真改變了知識形態，其他無一關乎思
維本質或認知模式，僅更大程度地實現了自我維護及自主要
求。真正塑造與人自身有關之智識者，只是"外部處境─
主體"這一主、客意識而已。換言之，唯"人對自身的覺
醒"；或更精確地說，唯人對"人"如何以主體姿態存在於
世界和歷史之中的思索和期盼而已。雅斯培一開始對核心期
的描述，因而也僅突出"人類的主體存在"意識：

> 人類的存在作為歷史而成為反思的對象。人們感知
> 到某種非凡之舉已在自己的現存開始。①

此覺識，使各種內、外現象發揮它們對人類智識的影響；同
時也說明了，為何在經歷核心期之後，固然擁有更多、更有
效的知識工具和技術積累，亦未必能夠順勢創造出較核心期
更為充實的智識內容，甚至未在對"人"的理解或體驗上
產生根本的突破。因為，明顯地，不僅所有能夠促發人文歷
史的事件都無助於智識本質的異變，主體意識本身更不是一
種與思維認知或制作能力有關的性質──它只是一種意念，
甚至只是一種應外的感受，一旦有所意識即有所意識，其作
用不受本身的形態、階段所限。智識因此除了在物性層面上
持續前進（如科技），在其他與心靈層面相關的領域中，便
停頓打轉，至多發生視角或形態的改變，雖多樣多姿，卻顯
然不應再以"進化"這樣的假想來說明它的變化。

我們需要再作推敲的，僅是這足以激化人文發生的自我

---

① 《歷史的起源與目標》，頁 17。

覺識，是否真如雅斯培所說，要求一與既有秩序極度矛盾、
對反的外部境況？答案很可能是否定的。此從歷史上出現重
大變革的時代（即使具備了雅斯培所列舉的五項條件亦
然），不必然伴隨智識與文明形態的躍進，即可知道；①並
且，若更撇開歷史興趣，我們甚至應該承認：人對"人"
的意識，本有在人自身之根源，非源於外，也不應限制在特
定個體（如知識分子）身上，而漠視它的人類性（人性）。
它是一本性之事，知性一旦運作便已完成之事。見荀子對人
之自覺與自愛本能的描述：

　　　　凡生乎天地之間者，有血氣之屬必有知，有知之屬
　　　莫不愛其類。今夫大鳥獸則失亡其群匹，越月踰時，則
　　　必反鉛；過故鄉，則必徘徊焉，鳴號焉，躑躅焉，踟躕
　　　焉，然後能去之也。小者是燕爵猶有啁噍之頃焉，然後
　　　能去之。故有血氣之屬莫知於人；故人之於其親也，至
　　　死無窮。（《荀子·禮論》）

若我們從來都承認"親疏之別"及"親疏之愛"乃人本然
之事實與天性，那麼，荀子這一看法就確然不可動搖。作為
本能，人因此無待任何存在處境的先行引導，便自然對
"人"與"非人"知所區隔；而區隔一旦發生，相應之愛也
就務求實踐。對"人"的自覺與自愛，因此必然一早即已

---

　　① 即使被認為是核心期後另一次重大突破——現代科技文明，所達到的
也僅止於生活層面的大整合，除此之外，它的影響反而是人的物化、虛無，乃
至懦弱、淺薄。雅斯培對現代科技的信心無疑是過於樂觀的。

為"人"形構出獨屬於"人"的存在模式與價值，而不待
任何歷史外力。理由非常簡單，因對己類之知與愛，不唯人
所獨有，一切有生者均以之為本能，且萬物早已由之形成各
自特有的存在模式，如犬、牛截然不同的生存習性、領域與
好尚。少數個體所具有或把持的特定智識，故都只是在此基
礎上所做的演繹，非營造人類文明的必要條件。除非我們將
文明特殊性格看得比直接對應人類自身的人類文明更重，否
則個體智識不至於成為人文肇始之本。而人類相對於其他禽
獸，對自身有著更深刻程度的覺識與愛的事實，也將自然而
然地證明他所為自身建立出之人文，無論古早或晚近，亦必
更甚其他類物種所形成之存在形態，更加準確地對應"人"
這一類屬。

　　我們應該重視這一分析所代表之意義。一方面，它指出
了人文的誕生，並非歷史產物，而為人自身之必然與實然；
另一方面，它也釐清了人文——基於人類自我覺識之文
明——的真正範疇，將人文與個體智識實踐的界限清晰地畫
下。執天下木鐸的孔子畏於匡時所表明的態度，故也與之
一致：

　　　　子畏於匡。曰："文王既沒，文不在茲乎？天之將
　　　喪斯文也，後死者不得與於斯文也。天之未喪斯文也，
　　　匡人其如予何？"（《論語・子罕》）

無論文王或孔子在人文上有何成就，其本都不在文王、孔
子，他們的存、歿，故與人文之喪否無關。後人之所以能夠
參與人文之事、加以損益，正說明了這樣的道理。這甚至是

在人們一旦將人文肇始之本從原本外在的歷史條件轉回人自身時，就必然獲致的結論。故即使退一步，不從本能角度言，而採取如盧梭（Jean Jacques Rousseau，1712—1778）之看法，將人的自覺與自愛推源至人和其他動物及人與人之間一再接觸所產生的知識與自尊感，[①]也一樣反映出它固然成於後天，卻無待更多現實條件，只需人一朝擺脫獨居便自然產生，且已是人類最早之事實的結論。

※　　　　　※　　　　　※

如果上述論證可以成立，將如何改變今日我們對文明歷程的認識與描述？

首先，它將展示予我們一個再非線性前進、且不必以意識突破為關鍵的文明歷程。人文的發生不需等待特定契機，反之，它在所有時期皆已然存在。任何時期，即使言說符碼遠別於今，即使所呈現的秩序、邏輯樣式迥異，都應看作是"人"意識的體現。換言之，連早期看似宗教性之超越世界，亦形構方式不同而已，沒有獨需被排除於人文之外的理由。從而，重探古代文明真正的關鍵，也就將視乎我們能否穿透所有神靈，從中辨識人類精神、人文實質何在而已。

二　天與人

讓我們將目光重新聚焦古代中國。

---

①　盧梭著，李常山譯：《論人類不平等的起源和基礎》，北京：商務印書館，1996 年，頁 113。

　　中國或許正是最早意識到人文與智識發展並不存在本末關係的文明傳統。這一方面表現在她對物性知識、技術的節制，另一方面則在她對三代等早期階段的推崇這兩項從智識角度看來頗以為詬病的做法。

　　有關前者，如中國在四大發明之後的明顯停頓，或是將技術目的放在現實民生，並始終以具體與連結感性的方式形成與物有關之知識體系，都顯見文明無意突出物性智識的特質。故如成就極高的曆學、醫學、農學，或是系統博大、收納物種複雜的《本草綱目》等，涉及的知識目的與形成方式皆不出上述原則，精密的推算和分析仍必須與人鉅細靡遺的具體經驗相連，鮮少抽象成分。而更早的類應時物系統，則以大量的感性感受、想像力、身體經驗為基礎，也反映出在民生之外，另一種同樣以人為核心的物類知識。此種種，都為我們所熟知，不再贅述。

　　中國文明更令人側目之處，當在她祖述往昔這第二個特點上。對三代、甚至更早的三皇、五帝時期之稱美與嚮往，於歷代主流思想中往復不絕。我們除了在據考為西周作品、著成時代可能是《尚書》篇章中最早的《周書》裡，看到周人對殷商以前各項德、智成就之肯定；[1]更在《尚書》、《詩經》等代表周代正統思想的著作中，看到編者刻意擴大收錄範圍，將周文以外、象徵或追述殷商文明的作品亦網羅

---

　　[1]　如《康誥》："王曰：'嗚呼！封。汝念哉！今民將在祇遹乃文考，紹聞衣德言，往敷求于殷先哲王，用保乂民。汝丕遠惟商耇成人，宅心知訓。別求聞由古先哲王，用康保民，弘于天若。德裕乃身，不廢在王命。'"其他尚有如對"殷先人有冊有典"（《多士》）、殷人明哲勤勉、有夏子保其民，或對祖上、先君的廣泛敬重、仿效等。

進來，與周書、周詩並列。《詩經》保留了殷商舊地遺
風——《邶》、《鄘》、《衛》，①以及世奉商朝宗祀的宋國朝
章樂歌《商頌》。《邶》、《鄘》、《衛》固然被漢代經學家歸
類為變風，然其所體現之真摯情感、對上位者直言不諱之正
直，乃至詩文意象與素養之深美等，實為《風》詩中至突
出者；而《商頌》呈現了殷商後人對先祖的追憶和歌讚，
也反映出周人正面容納前朝文明的態度。《尚書》則上溯至
唐、虞、夏、商，其中，《堯典》、《皋陶謨》、《禹貢》、
《甘誓》、《湯誓》、《盤庚》等篇，即使涉及戰役或面臨臣
民橫議，亦具有正面典範義；而《高宗肜日》、《西伯戡
黎》、《微子》等，雖或有對君上的建言，或已近殷商衰世，
但亦反面呈現出商朝執政階層的睿智和遠慮。當代學界更透
過文獻及考古發現，採取了一種別於王國維“中國政治與
文化之變革，莫劇於殷、周之際”的看法，②認為商與西周
間的思想觀念與禮制儀式實際上具有非常密切的因襲關係，
同多異少，所異者亦基於時代環境所致之些微損益而已。此
思想與禮樂上的因襲關係，甚至可能是包括夏在內三代文明
的共同傳統。“三代”故極可能不只是後人理念所投射的象
徵，更是一個事實上完整而一貫的文明單位，它跨越朝代興
革而仍維持不變的文明圖象，正極致顯現出古代中國對傳統
獨特、堅定的重視態度。同樣地，在三代結束、“道術將為
天下裂”（《莊子·天下》）時，類似的想法也立刻興起。《論

---

①　見《左傳·襄公二十九年》：“為之歌《邶》、《鄘》、《衛》。曰：‘美
哉！淵乎！憂而不困者也。吾聞衛康叔、武公之德如是。是其《衛風》乎？’”
②　王國維：《殷周制度論》，收入《觀堂集林》，北京：中華書局，1959
年，頁453—454。

語》、《孟子》等儒家主要作品對三代、堯、舜的讚頌不絕，不令人意外。在思想上較顯駁雜的《左傳》，也有不少類似稱美，僅以季札觀樂這一活動及其評語為例觀之，保留禮樂傳統和對此之所品鑑仍是當時表徵素養深淺的重要標誌，而季札所美者，更不僅止於三代。在魯樂官為之歌《唐》時，他的評語："思深哉！其有陶唐氏之遺民乎？不然，何憂之遠也？非令德之後，誰能若是"（《左傳·襄公二十九年》），即是一例。而除了儒家，韓非《顯學》描述的另一主流學派——墨家，也同樣上溯堯、舜。顯學如是，時人的看法自亦不出其外。凡此種種，伴隨著中國經學傳統，在歷代不勝枚舉。可以說，除了少數如"三世說"等有著進化性歷史觀的例外，①原古徵聖仍是概括中國主要歷史態度最好的形容。

我們想追問的是：如此看似背離現實、造成中國守舊不前的文明史觀，究竟出自什麼樣的認知？意義何在？

如前文所述，此類史觀，和意識到"人文並不必然奠基於智識發展"這一事實有關。但若僅是如此，尚無法充分說明該史觀的根深蒂固。因為，即使否認智識與人文的本末關係，頂多也只能形成一個古、今大體等質的恆定歷史，卻不可能極端地出現以古為典範、將時間與文明之行進盡以

---

① "三世說"最初之根據，乃《公羊傳》所謂之"所見異辭，所聞異辭，所傳聞異辭"。其後，董仲舒《春秋繁露》配合三組世代加上價值等級，東漢何休注《公羊》則發揮之，分作"據亂世、升平世、太平世"，開始出現進化史觀，從而為清代劉逢祿、龔自珍所利用，更為康有為及梁啟超據為中國吸收西學、甚至建立新政的理論基礎。不容忽視的是，如此論點，往往與特殊政治、社會目的不可切割。

回返元本為唯一正途的觀法。現代學者對此之解釋，在視三代及三代以前乃宗教性文明的立場下，故多只歸咎於類似《禮記・郊特牲》："萬物本乎天，人本乎祖，此所以配上帝也"的表面意思，將它視為人們欲藉超越者（如天）提供自身權威與合理性，乃至耽溺於秩序之穩定性的結果。但，這樣憑恃權威、從而再度放棄人道的做法，可能為整體文明所無知或默許嗎？若上述說法得以成立，則今日我們將不得不絕望地懷疑中國曾經出現過真正屬"人"、純然人本的文明；而若神靈或天所提供的意義，唯權威、合理、穩定性等，則神靈和天的全盤現實化、功利化，也將相對地使我們對中國是否曾出現過崇高的超越向度，同樣抱持強烈的質疑。因為，神靈與人若僅成立在這樣的利用關係之上，則不僅人非人，神靈也再無作為神靈的意義了。

　　顯然，類似如此設想，實是虛無、矛盾而違背常理的。

　　　　　　　　※　　　　　　※　　　　　　※

　　實際上，人們很容易就可以注意到：中國一旦提出如"三世說"般之進化史觀，或是類似韓非"上古競於道德，中世逐於智謀，當今爭於氣力"、"事異備變"（《韓非子・五蠹》）之類具有時變訴求的主張，背後所伴隨的政治迫切性或強烈的社會矛盾，往往較一般情況為甚。這也說明了此類進化思想所具有的功利性之高，乃至正以應付現實作為思想宗旨的事實。它們對於現實秩序的肯認，或在建構新權力形態暨使其合理化、權威化上，都扮演著不可取代的角色。易言之，史觀所寓有的現實性，與它究竟主張崇古或新變，實無必然關連，中國的經驗尤其如是。

再者，另一個不應該忽略的事實是：西方固然早已走出了古希臘的神靈世界，然而同樣訴諸超越的形上學和神學，不僅主導了西方世界至今之歷史，更在當代各種試圖對反、解構形上學的努力中，內在地決定了後者的思維取向和模式。譚家哲先生於《形上史論》透過檢討西方當代思想家三種反向形上學的主要途徑，對西方形上學史觀有如是之說明：

> 　　形上學傳統對這些超越體之建立與批判，確實是一怪異之現象。原因在於，當形上學對超越體做批判時，無論此時之超越體是那一種，批判之所以發生，其所針對的，並非這些事物之事物內容，而是其體現之超越性。（……）作為歷史觀，我們故只能這樣說，西方歷史中對超越性之批判，只是超越性延伸其自身及發展其自身之一種過程而已，對立或批判因而只是一種假像。現實性對立超越性這樣的對立尤是。內裡都只是物這一種存有之超越性之擴張而已，因而實是沒有現實性的，一切仍只超越性而已。①

表面上是否關乎神靈，與超越性之有無，故未必相關；看似實務性的一切發展，如科技、國家、資本與經濟生活，也可能早已越度——超越人的限度，引領人進入了其所不自知的

---

①　詳論見譚家哲《形上史論》，台北：唐山出版社，2006 年，下冊，第十二章《西方形上學回顧與總論》，頁 185—294。譚先生並總結此原則："能對立超越性者，本身只能是超越性的。如同只有力量始能'對立'力量。否則，是沒有任何事物能'對立'超越性的。對立超越性，因而實只是一種超越性之強迫性重複而已"（頁 213，註 1）。

另一種泛神靈界域，人們對這些毫無精神性之事物無條件地膜拜，並且沾沾自喜。只表面地以敬天與否這樣的"人一天"關係或"天"之有無，定位三代對中國傳統之意義，因而是不能完全揭露其實情的。那麼，究竟，以三代為代表的早期中國，它透顯在前人意識裡的典範意味，到底是超越性的，抑或人性的？

如同葛兆光對幾項後來成為中國思想史主要背景的早期元素的觀察，它們最初的合理性原均基於"人"而有。以儀式為例，他說：

> 本來，這些儀式的合理性來源，是人之為人的感情與人的理性，社會的"差序格局"和儀式的"輕重等差"形成的依據，本來是從有血緣親情的父子兄弟夫婦關係中來的，所以本來的思路應當是從"人"的感情和理智出發的，《禮記・三年問》在說到這一點時，就指出是"稱情而立文"，這是"無易之道也"，為什麼？因為它的合理性來自於"人"。①

此說超出了如徐復觀等僅從"祭祀的儀節，是由人祭祀的觀點所定出來的，這便含有人文的意義"②自"人為性"這樣的形式定義所做的界定，更正視了禮儀所承載的人性內容。這與孔子對三代文明性質的認知，在方向上是一致的，

---

① 《中國思想史・卷一》，頁131—132。不過，葛氏仍主張上述儀式終必成為充滿隱喻的象徵，而取代了事實（頁134），"在人們心理上暗示了秩序的存在，也渲染著秩序的神聖"（頁138），將其拉回"人／天"、"人／神"、"人／鬼"人與超越神靈的連結，以後者為更高合理性之確證。

② 《中國人性論史》，台北：台灣商務印書館1988年，頁42。

見《論語・衛靈公》所記：

> 顏淵問為邦。子曰："行夏之時，乘殷之輅，服周
> 之冕，樂則韶舞。放鄭聲，遠佞人。鄭聲淫，佞
> 人殆。"

鄭聲、佞人不論，孔子所列舉以為邦者，皆出三代和三代之
前，由其仍適用於今，可以知道：這些早期創制，已準確對
應人之所需，其無可替代的高度成就，更是為邦之本──
"夏之時"切合民生日常、"殷之輅"實現物之儉樸實用、
"周之冕"表象了禮敬謙下、"韶舞"則本身已盡善美之極
致。四者所關涉的領域──民生日常、物用、人與人之交
接、樂（情），無一不切近於人，更在所涉及層面上做出最
好的示範。而從民生日用至樂，因領域不同，四者所做之示
範也有著從具體至境界、由日常至深美德性等對應層次。這
不同典範肌理的呈現，真實反映出人對"人"之事各種不
同程度的關懷和期盼，典範故本身也是人性的。後世仿效孔
子、重新探求古代文理深義的類似之說，更是所在多有，對
於三代以上是否已出現人文這一問題，因此是不需再有疑問
的。問題只是：在已自覺致力人文的情況下，為何仍有
"天"？後代中國人又為何在明知繼承三代之意義乃在其人
文成就上時（如孔子答顏淵問為邦所透顯的立場），仍一貫
保留"天"的位置？"天"如何與"人"結合？更扼要地
說，本諸人道的內容在"天"的加入之後，還是人道嗎？

※　　　　　※　　　　　※

上述問題，仍應從《尚書》、《詩經》所陳述之"天"

（或更強調其意志而稱之“上帝”）著眼，尤其是其中著成時代最早，甚至本身即完成於西周的《周書》八誥、《大雅》、《周頌》篇什。理由在於，它們體現文明正統觀法（而我們所追問的正是這正統觀法之來由），同時也是其中最接近文明原初印象，或至少最能反映先人最初連結“天”、“人”之構想及其實際做法的範例。可慶幸的是，“天”在此二部經典中所展示的至高形象，並未渲染任何人類知性或感性所不能意會的神祕或玄奧性，而僅以清楚易明的好惡喜怒及現實賞罰之威，現身二書。好惡及賞罰，一方面使天維持著主宰人世的絕對地位，另一方面也提供了從人間角度直接觀見天的路徑；特別是其好惡賞罰背後所持之判準，更標顯了祂的性情和本質，是我們首先需要釐清的。那麼，天在此二部經典中的形象和好惡賞罰判準究竟如何？我們有以下五點觀察：

1. 天藉其好惡喜怒所表現出之性情面目，不必然合乎道德善惡，亦不盡明智，祂甚至可以以一種極惡之姿態出現。但如此之面目，並非孤立或無端出現，與其同時，人間也呈現了相近之品質。易言之，天之情，全為世間民情的投射——天實亦後者之鏡像而已。

2. 天主宰賞罰、吉凶的時機，除了卜筮所預示之未來外，全透過人之追述而見，故多屬既往、已成事實之事。人所普遍確信之天威，故全止於過往。反之，對於未來天命如何，則多見異議。

3. 承上，即使是在人無所質疑的既往天命之顯現中，天所執行之賞罰亦均是事後性的。這表明：天命實際上皆外於（無關於）事件之發展。事件所需之成因或條件在天給予賞罰前已然齊備。而從追述文字仍保留對相關成因之紀錄觀之，追述者與閱聽者應知悉上述事實。天是在人明知無實質效力的情況下，仍被強調、確信和敬畏者。

4. 面對上述（既往）以外之時段（即當前和未來），對天命之異議，尤以民為甚。民連當下之天皆可怨棄、無視。即使有所接納，亦基於對主政者之信賴而有，非由於天。民之意志與存在意識故獨立於天。而在普遍質疑天命之未來性的背景下，承認天透過卜筮所顯示之未來者唯善君，無待卜筮即逕稱天命之持續（未來）者唯暴君。

5. 天於既往所執行之賞罰，對象均為主政者，原則有二：一是，從主政者所實現的是基於民本之德哲，抑或自立超越性，來決定賞罰。前者得保天命，凡使超越性現身人間者則予以殛罰。二是，由主政者之勤惰決定賞罰：勤勉力行者為天所肯定，怠逸者罰。

　　此五者，實已極根本地取消了天所具有的一切超越性，亦因而反映出《尚書》、《詩經》完全不再視超越性為價值的事實。略作說明如下：

　　首先，天固然是人道德價值所宗，不過祂在《尚書》、《詩經》裡的形象與純善相距甚遠，也是後來只見歌頌或放大其奧妙之著述所少見的。如面對有罪者而極端威暴之“憎”

（《詩·大雅·文王之什·皇矣》）、①“勦絕其命”（《尚書·甘誓》）、
“報虐以威”（《尚書·呂刑》），對民間困難之視若無睹——
“上帝板板，下民卒癉”（《詩·大雅·生民之什·板》）、“寧不我
矜”（《詩·大雅·蕩之什·桑柔》）、“寧莫我聽”（《詩·大雅·蕩
之什·雲漢》），或是更為猙獰的“疾威”（《詩·大雅·蕩之什·
蕩》、《詩·大雅·蕩之什·召旻》）、②“艱難”（《詩·大雅·蕩之
什·抑》）、③“僤怒”（《詩·大雅·蕩之什·桑柔》）、“降喪亂”
（《詩·大雅·蕩之什·桑柔》、《詩·大雅·蕩之什·雲漢》）、“降
此大厲”（《詩·大雅·蕩之什·瞻卬》）、“降罪罟”（《詩·大雅
·蕩之什·召旻》）等，④以及逕將災難不分有罪無罪地廣施於
下的好惡無常之狀。天因而不是道德性的。但反過來看，天
亦不是一任意、主觀之意志。原因在於：天也只是鏡像般地
映照出世間當下狀態，非外乎後者、別有標準地另生好惡喜
怒。天的好惡喜怒與其所好、所惡、所喜、所怒，同為一
事，天亦即其客體而已。故當眾人“卒狂”，天亦“僤怒”；
人們“職競用力”、為不利“如云不克”，天則必“降喪
亂”、使人“自西徂東，靡所定處，多我覯痻，孔棘我圉”
（《詩·大雅·蕩之什·桑柔》）；當“蟊賊內訌，昏椓靡共，潰
潰回遹”，天即“降罪罟”（《詩·大雅·蕩之什·召旻》）；而
天所做的制裁，亦“報虐以威”（《尚書·呂刑》），對等暴虐
者的血腥刑戮而以牙還牙。同樣，天之善意與寬仁，也只是

----

① “上帝耆之，憎其式廓”。
② 同樣的形容在《小雅·節南山之什》的《雨無正》、《小旻》中亦可見到。
③ 《小雅·魚藻之什·白華》另有：“天步艱難”。
④ 類似負面形象，在《詩經》其他據考為東周作品的詩文裡，亦頻繁可
見。如《小雅·節南山之什》的“天之抏我，如不我克”（《正月》）、“不駿
其德，降喪饑饉”（《雨無正》）等。

人間有道之反映。如我們在《詩・周頌・清廟之什・維天之命》中可以看到的"維天之命，於穆不已"和"於乎不顯！文王之德之純"的對應，或是《尚書・君奭》裡歷述殷先王與賢臣協作"率惟茲有陳，保乂有殷"，故能"殷禮陟配天，多歷年所"、"天惟純佑命"之事，詩文作者雖只提到文王等在位者之德，但這並非從個人角度言，而是從他們身為在位者對天下的德惠仁澤、天下因之安治而言，天命不已故本來即是人間歸仁時，想當然爾的結果。

　　天與人間之對映性，因而清楚說明了天與其客體（人間）同一這最重要之事實。由此，天之所以非道德性，亦人之存在境況往往不善，或人已因上位者無道而亦整體隨之不善而已，天沒有在這人之事實之外另外的好惡和善惡，其客觀性故盡於極致。天即人存在整體之體現而已。《尚書・泰誓》："天視自我民視，天聽自我民聽"、①《皋陶謨》："天聰明，自我民聰明；天明威，自我民明威"之所以可能，正由於天之視聽與民之視聽非二，天的混亂即人民存在現實之混亂，天之喜悅即人民之樂於存在境況。《高宗肜日》因而可以説："非天夭民，民中絕命"，民亦可在"天既孚命正厥德"之時，仍得以無視其命、無視天之權威地"乃曰：'其如台？'"《西伯戡黎》裡的人民也可以質問："天曷不降威？"從而造成商的"大命不摯"，動搖紂自以為"我生不有命在天"的全部地位與從來視為理所當然者。原因極其明顯：民，正是構成存在整體的最大主體，主導著這一整體的規模與嚮往，從而決定了天的取向與內容。而天的對映性，亦是為何《詩・

---

① 《泰誓》真偽另有爭議，因不影響論證，暫略不論。

大雅・蕩之什・雲漢》這類對天之質疑或祈禱可以成立的
真正理由，因此時之天，竟例外地沒有將人間"兢兢業業"、
"靡人不周"的實情，如實反映出來。①若天與人之間從不具
對映關係，人是無需告禱於天，也不可能以自身所作所為要
求天的相對回應。而這，因而也反面指出了，將類似"對越
在天"等人與天的對等性，解釋成追求符應於天、以天作為
人間德性之判準或根本的看法，實不夠準確。在天、人關係
中，天始終客觀地作為人間整體境況之反映；人自身究竟如
何，為天之所本。是以，欲保天命，人所能致力的工作，亦
唯"儀刑文王"（《詩・大雅・文王之什・文王》）、"儀式刑文王
之典"（《詩・周頌・我將》）而已，非有在"人"之外更高的
德性或價值向度。

　　上述觀察，因此也向人們界定了何謂"天德"——天
所示範的德性典型。簡言之，天鏡映客體、與之同一，不再
突顯天自己之獨特性質或性格（若有）的無我性，亦天在
上述天、人關係下唯一可有之德性。《詩・周頌・清廟之
什・維天之命》對天命的形容——"穆"，即清楚點出了這
一意思，故在吉甫贈詩予"出納王命"、擔任"王之喉舌"
的仲山甫時，亦以"穆如清風"之詩相贈，因仲山甫之職
責及其所做到的"柔亦不茹，剛亦不吐；不侮矜寡，不畏
強禦"（《詩・大雅・蕩之什・烝民》），亦清風般無我之穆而

---

①　如《雲漢》這類不對映的情況，故必須確實地看成例外，它與其他嘆
息天麻木不仁的作品差異甚大。於後者，天的"寧不我矜"實際上與時人深陷
無道卻未全然自覺，甚至更隨其墮落有關，在此情況下，人們固然均感窘迫，卻
仍未思變，少數有識之士對世態的憂心忡忡，尚不足以變化現狀，故有對天的怨
責。天的淡漠不仁故仍是現況的倒映。

已。這與客體同一之德，故是主體最高之德性。天德之至高
性在此，而文王德之純亦在此。人之所以視天德為最高，是
站在如是之主體德性而言。

據此，天的內容與德性非關超越性，甚至更應是人本
的，已可大致確定。不過，不可否認地，少數篇章裡仍舊可
見類似《詩·商頌·玄鳥》："天命玄鳥，降而生商"或是
《大雅·生民之什·生民》姜嫄"履帝武敏歆"而受孕的奇
特紀錄。在這類神話意味濃厚的故事裡，天所締造的結果，
固然和一般描述天命之賦予或收回的事例相同，都呈現出極
大的威力，但性質卻截然有別。簡言之，天命的賦予和收
回，雖影響重大，且非當事者憑個人意志足以扭轉或構
想，①然而，正因直接涉及天下整體，故終究是人間境況的
反映，非真有不可言說、不可理喻之本末；相對地，玄鳥銜
卵、姜嫄無夫生子，則神妙而超越人類所能。這類在人情、

---

① 如《孟子·萬章上》對得天命之說明："萬章問曰：'人有言：至於
禹而德衰，不傳於賢而傳於子，有諸？'孟子曰：'否！不然也。天與賢則與
賢，天與子則與子。昔者舜薦禹於天，十有七年，舜崩，三年之喪畢，禹避舜
之子於陽城，天下之民從之，若堯崩之後，不從堯之子而從舜也。禹薦益於
天，七年，禹崩，三年之喪畢，益避禹之子於箕山之陰，朝覲訟獄者不之益而
之啟，曰："吾君之子也。"謳歌者不謳歌益而謳歌啟，曰："吾君之子也。"
丹朱之不肖，舜之子亦不肖，舜之相堯，禹之相舜也歷年多，施澤於民久，啟
賢能敬承繼禹之道；益之相禹也，歷年少，施澤於民未久。舜、禹、益相去久
遠，其子之賢不肖，皆天也，非人之所能為也。莫之為而為者，天也；莫之致
而至者，命也。匹夫而有天下者，德必若舜、禹，而又有天子薦之者，故仲尼
不有天下。繼世而有天下，天之所廢必若桀、紂者也，故益、伊尹、周公不有
天下。伊尹相湯以王於天下，湯崩，太丁未立，外丙二年，仲壬四年；太甲顛
覆湯之典刑，伊尹放之於桐，三年，太甲悔過，自怨自艾於桐，處仁遷義，三
年，以聽伊尹之訓己也，復歸于亳。周公之不有天下，猶益之於夏，伊尹之於
殷也。孔子曰："唐、虞禪，夏后、殷、周繼，其義一也。"'"

人力之上的天之作為，顯示出《詩經》等並未完全摒除超越性的存在。其意義，顯然與對人類限度的意識有關，①詩人無意因為人本，而將一切統攝於人。保留人類限度之外的其他可能性，甚至對這些其他可能性保持崇敬，是體現對"人"自身之客觀自知，及人對存在世界的謙遜之意的重要標誌。問題只是：我們如何確定《尚書》、《詩經》沒有在人的自知和謙敬之外，對超越對象投諸了更大程度的崇拜？易言之，二部經典如何平衡人與非人，或人與超越二界？如何在人本的大體架構下，妥適定位這些超乎人之事件？

　　事實上，觀察《尚書》、《詩經》中對天各類力量的描述，包括上述神異事例在內，為人們所確認、傳頌者，都一概屬於對既往之追述，唯此，天命始能被人肯定且引之為鑑。相對地，如果人們企圖對當下或未來天命有所宣示，後者之確定性則明顯削弱。最鮮明的例子如《尚書》中的《盤庚》、《大誥》，即使已得吉卜，臣民仍然對遷殷、東征之舉感到疑惑不安。在此情況下，談論天命者唯能藉既往經驗為證（故亦唯既往經驗中之天命明確可信），說明今後得保天命所必須遵行的條件；而天命的當下與未來，則只以類似《詩·大雅·文王之什·文王》所云："永言配命，自求多福"、"命之不易，無遏爾躬"的態度加以面對，祂的"靡常"、"不易"、"無聲無臭"，更是天命在當下、未來時態中真正之特性。

　　二部經典對不同時態下之天的態度，當然與天是天下整體之鏡像有關。因為天下有道、無道，存在境況之好壞悲

① 詳論另見本書"天性"對《生民》詩之分析。

喜、空虛真實，確實除了既成事實、不會生變外，對於天下
的當下和未來，在位者都只能盡力而為（"自求多福"、"無
遏爾躬"），沒有任何保證。也因此，當天命真的因人的努
力而得保，《尚書》、《詩經》也自然對如是之既往事實，追
述相關人事經過，以顯示真正促成天命得失、移轉者，正是
這些涉入其中的人與事。如《尚書‧無逸》對殷商天命享
或不享的簡述：

> 周公曰："嗚呼！我聞曰：昔在殷王中宗，嚴恭寅
> 畏，天命自度，治民祗懼，不敢荒寧。肆中宗之享國七
> 十有五年。其在高宗，時舊勞于外，爰暨小人。作其即
> 位，乃或亮陰，三年不言。其惟不言，言乃雍。不敢荒
> 寧，嘉靖殷邦。至于小大，無時或怨。肆高宗之享國五
> 十有九年。其在祖甲，不義惟王，舊為小人。作其即
> 位，爰知小人之依，能保惠于庶民，不敢侮鰥寡。肆祖
> 甲之享國三十有三年。自時厥後立王，生則逸，生則
> 逸，不知稼穡之艱難，不聞小人之勞，惟耽樂之從。自
> 時厥後，亦罔或克壽。或十年，或七八年，或五六年，
> 或四三年。"

又或是《呂刑》篇帝命絕地天通前後的人事情況：

> 王曰："若古有訓，蚩尤惟始作亂，延及于平民，
> 罔不寇賊，鴟義，奸宄，奪攘，矯虔。苗民弗用靈，制
> 以刑，惟作五虐之刑曰法。殺戮無辜，爰始淫為劓、
> 刵、椓、黥。越茲麗刑並制，罔差有辭。民興胥漸，泯

泯棼棼，罔中于信，以覆詛盟。虐威庶戮，方告無辜于
上。上帝監民，罔有馨香德，刑發聞惟腥。皇帝哀矜庶
戮之不辜，報虐以威，遏絕苗民，無世在下。乃命重、
黎，絕地天通，罔有降格。群后之逮在下，明明棐常，
鰥寡無蓋。皇帝清問下民鰥寡有辭于苗。德威惟畏，德
明惟明。乃命三后，恤功于民。伯夷降典，折民惟刑；
禹平水土，主名山川；稷降播種，農殖嘉穀。三后成
功，惟殷于民。士制百姓于刑之中，以教祗德。穆穆在
上，明明在下，灼于四方，罔不惟德之勤，故乃明于刑
之中，率乂于民棐彝。典獄非訖于威，惟訖于富。敬
忌，罔有擇言在身。惟克天德，自作元命，配享
在下。"

乃至《詩經》在《大雅・文王之什・皇矣》中所描述的：

皇矣上帝，臨下有赫。監觀四方，求民之莫。維此
二國，其政不獲。維彼四國，爰究爰度。上帝耆之，憎
其式廓。乃眷西顧，此維與宅。

二部經典實已表明，造成人是否得有天下的原因，也就在這
些人事背景上而已——由於人的無道殘虐，天命搖搖欲墜，
若再適逢三后等德王崛起、人皆轉向擁戴新王，則天命隨之
移轉。暴政、民怨、仁君有功、民心向背等得、失天下的要
件，皆已齊備，結果故自然發生，天命移轉只是標顯了這一
事實，非天真有所命，其本末更非人所不能理解。
　　若然，這說明了什麼？明顯地，如果"天命"這天落

實其賞罰的主要途徑，實際上都只存在於既往已知、已明的
人事實踐中，而沒有辦法提供一絕對的走向保證，更原本僅
憑人力就能實現，那麼，顯然，天不僅沒有預示現在、未來
這類具超越性質的主宰力，並且，一旦將人力因素拔除，天
不具任何實質威力的事實，也就昭然若揭。時人對此瞭然於
胸，因而才會對天命在既往以外之時態（當下、未來），不
抱信賴。這也等於表明：在《尚書》、《詩經》中，天若有
其聲威，亦絕不歸諸於祂對世界的操控力量，而只從天作為
至客觀的人類整體存在事實而言——人所敬畏和不得不正
視、承擔的，唯這存在整體之重量與影響而已。天自身之力
量在人間不見其聲臭。

　　回到對姜嫄受孕等例的討論，可以看到，這些特殊神話
如為人們所信，必然也只能存於既往，而不可能是刻在進
行、或未來預言發生之事。其所具有的超越性，因已然成為
過去，故沒有被無窮地放大或推演。更重要的是，觀察傳述
者之紀錄，這超越而神祕之力量的展現，都有一共通前提，
即：它們的展現，是私下而不為人所知的，甚至連當事人皆
未能有所意識。如同姜嫄無知於其子之靈、后稷在嬰孩懵懂
之時獲天與群獸之庇蔭，抑或簡狄吞燕卵時之心境狀態，莫
不如是；這些經驗更只發生在上帝與姜嫄、上帝與后稷、上
帝與簡狄個別私下間，不為眾人所共見和體驗。易言之，傳
述既往天帝之事者固然沒有決絕地排除天之神祕性和超越
性，但傳述者仍然保持著與紀錄天命得失時相同的立場，無
意呈顯天自身之力量。天超越之一面故被這私下、不自知的
背景所遮蔽，沒有真正顯露於人間，雖"在"而如"不
在"。如此，亦始準確地勾勒出超越事物在人類世界中真正

的位置，祂沒有在這"在而如不在"之外其他更顯或更隱
之所在，也因此沒有更顯赫或更神祕之意義。①

　　進一步說，我們甚至應該看到《尚書》、《詩經》指出
了這樣的事實：天實際上限制一切超越性出現在人的世界。
這包括天自身之超越性，以及人試圖樹立的人自己之超越
性。前者，從上述姜嫄等例之私密與無意識，已可看到。此
外，《尚書·堯典》堯評鯀"方命圮族"，舜殛罰鯀，都可
能是為了回應鯀竊取帝之息壤以填洪水、從而將天之超越力
量暴露於人間的這一傳說。參見《山海經·內經》：

　　　　洪水滔天，鯀竊帝之息壤以堙洪水，不待帝命，帝
　　　令祝融殺鯀於羽郊。

《山海經》保留了西漢以前諸多口頭傳說，《堯典》作者是
否引述了這一傳說作為形塑鯀形象的主要材料，是我們進行
詮釋時可考慮的面向。"方命圮族"或即藉該事件之因
（"不待帝命"）、果（"帝令祝融殺鯀於羽郊"）勾勒其事。
"息壤"，郭璞注："土自長息無限，故可以塞洪水也"，正
是超越界之物，它的長息無限、足以遏制洪水滔滔不絕的威
力，非人力所能比擬，故縱然鯀益治水、鯀竊取之用心亦非

---

　　① 對天而言是"在而如不在"，但從人的角度來說，因不見其存在，故
也只應如孔子所言："祭神如神在"（《論語·八佾》）、"敬鬼神而遠之"（《論
語·雍也》），作為人對超越性之正道。另參譚家哲《論語平解選篇》，台北：
漫遊者文化出版有限公司，2012 年，頁 205—213，400—405。

不善,[①]仍為上帝所禁。而即便與息壤傳說無關,鯀試圖以埋塞強硬對抗山川之變,未採取禹的疏通及放諸四海之法,這逆反水性與自然變化、欲求速效與控制之心態做法,因實是一種超越之心與超越之力之展現,遠離了人作為人之本然,故同樣是超越性之樹立。其結果因此是"績用弗成"、獲罪而"天下咸服"(《尚書·堯典》)——為天、人所一致否定。鯀之罪與其他天所懲罰之罪行,如"有扈氏威侮五行"(《尚書·甘誓》)、苗制刑專擅賞罰(《尚書·呂刑》)、"夏王率遏眾力,率割夏邑"(《尚書·湯誓》)、殷商的"天降滔德,女興是力"(《詩·大雅·蕩之什·蕩》)等相較,雖動機不同、影響不一,看似僅是俾乂下民的目標沒有達成,並未施政虐民,但實際上,從欲自立超越性這一點而言,性質卻是沒有分別的。他們的同受殛罰,說明了天對此一概禁制的立場。更精確地說,透過天罰,天反映出其所對應的人類存在整體本身,亦不容許人類自我膨脹、對世界規律有所冒犯、無視人情難處而空舉是非正誤之法等將自我置乎超越地位的舉措。這是基於人類存在整體所畫下的矩度,對人而言故是終極地客觀的。人類世界必須純然人性、人本地存在,即使是人自己或只是特定個體擁有超越一切的權柄、得以越度,都已經是對"人"本身以及人本價值的否定,故必然有罪——所得罪者在"人",非由於對其他超越者的僭越。

至此,"天"的性質和對人而言之意義,已非常清楚,祂展示著人的整體存在現狀,也標誌著人本身不可取代的價

---

① 屈原故憫其其"婞直",見《離騷》:"曰鯀婞直以亡身兮,終然殀乎羽之野。"

值與真實之限度。對照前列五點對"天"之觀察，也就極易理解。例如，為何天賞罰對象均為主政者，這自是與天反映人類整體存在這一定位有關，主政者正是造成人類存在有道、無道之關鍵，故天最終的回饋或反擊亦都以主政者為對象；又或是為何民之意志與存在意識能夠獨立於天，其對天的接納乃基於對主政者之信賴而有云云，亦都源於相同的理由。①肯認"天"，故必然以民為天下之實質主體，也是可想而知的。至於無待卜筮即堅稱天命存續者，之所以必為暴君，②則從其無視人類存在現實，且試圖依恃超越力量的虛妄、不仁而言；相對地，天轉移天命的重要條件之一——君主德性、明哲之具備，③則相反地體現出主政者對這以民為首之整體現實的承擔，並實現了"人"本身之典型，故獲得天賜。

在結束《尚書》、《詩經》所見之"天"的討論前，最後再就前列五點觀察中有關卜筮，與天在賞、罰兩種情況下皆通用的勤勉原則，稍作補充。此二點，十分明顯地，在

---

① 如《尚書·盤庚》："盤庚遷于殷，民不適有居，率籲眾慼出矢言。曰：'我王來，既爰宅于茲，重我民，無盡劉。不能胥匡以生，卜稽曰：其如台？'"屈萬里《尚書釋義》（台北：中國文化大學出版部，1984年，頁71），註2引俞樾《群經平議》，認為本段是"盤庚呼其親近之臣，出而向民陳言也"，不過，從《盤庚》後文反過來要求在位官吏："無或敢伏小人之攸箴！"又云："相時憸民，猶胥顧于箴言"，本段應為民眾所言，民眾雖然不適有居，仍彼此"胥顧于箴言"、互相勉勵。

② 如《尚書·西伯戡黎》："祖伊恐奔告于王，曰：'天子！天既訖我殷命，格人元龜，罔敢知吉。……'王曰：'嗚呼！我生不有命在天？'"

③ 如前引《尚書·呂刑》三后事，或同書《康誥》："惟乃丕顯考文王，克明德慎罰，不敢侮鰥寡，庸庸、祗祗、威威、顯民，用肇造我區夏；越我一二邦，以修我西土。惟時怙，冒聞于上帝，帝休。天乃大命文王，殪戎殷，誕受天命，越厥邦厥民，惟時敘。"

"天"究竟有無超越性問題上，有著較前述其他觀察更關鍵
的地位——它們不再環繞天的內容，也無關人們對天的態
度，而只關聯到天的運作，但也因此更可以呈現出天的實際
性質。因為即使天的內容是對人存在整體的反映，人類仍然
可能越度，人對天的敬畏、肯認與否也難免主觀。然而，卜
筮活動的存在卻表明天有預示未來的主宰力，這超乎人所能
的預示能力，一反使姜嫄受孕等私密性而絕對公開，顯然更
是"天具有超越性"這一論點的最強佐證。相反地，將天
的賞罰樞紐（即獲致或實現天命與否的樞紐）放在勤勉問
題上，則完全地瓦解了天的超越性；因為有待勤勉，正說明
了力量的有限和不足，故須隨時致力以因應事務世界的需要
和變化，這是純然屬於人的力量形態，甚至是"小人"（人
民）這類處於現實艱辛生活中之人所特別感到迫切的庸德
庸行，①實無絲毫超越性。天同時包含了卜筮與勤勉這兩項
看似極端矛盾的運作向度，故是我們在對"天"的討論上
必須處理的最終問題。

　　先就勤勉力行而言：明顯地，不唯《詩經》強調"自
求多福"、"無遏爾躬"（《大雅・文王之什・文王》），歌頌"奔
走"（《周頌・清廟之什・清廟》）、②"我其夙夜"（《周頌・清廟
之什・我將》）、"無斁"（《周頌・臣工之什・振鷺》）等勉力之

---

　　①　見《康誥》："小人難保，往盡乃心，無康好逸豫，乃其乂民"，及
《無逸》："周公曰：'嗚呼！君子所其無逸。先知稼穡之艱難，乃逸，則知小
人之依'"，及後段祖甲及祖甲之後之立王的借鑑。
　　②　見《清廟》："濟濟多士，秉文之德，對越在天，駿奔走在廟"，《尚
書》亦有如《酒誥》"奔走事厥考厥長"、《君奭》"王人罔不秉德明恤，小臣
屏侯甸矧咸奔走，惟茲惟德稱，用乂厥辟"等類似之說。

行，《尚書》對勤勉的要求，亦不勝枚舉。茲如《堯典》裡
舜在位五十載、"陟方乃死"，《臯陶謨》禹的"予思日孜
孜"、"予乘四載，隨山刊木。暨益奏庶鮮食。予決九川，
距四海；濬畎澮，距川。暨稷播奏庶艱食、鮮食，懋遷有無
化居"，乃至"啟呱呱而泣，予弗子，惟荒度土功"，都是
君主勤勉的極致示範。《周書》八誥則緊扣著天命存續問
題，頻繁提出對主政者應黽勉勤政的告誡，例如《大誥》
所云："寧王若勤哉！"《康誥》勸諭封叔："往盡乃心，
無康好逸豫"，或是《酒誥》透過殷上下"不敢自暇自
逸"，對照之後因沈酗於酒、好逸縱樂，終致敗亡的歷史
教訓：

> 王曰："封。我聞惟曰：在昔殷先哲王，迪畏天，
> 顯小民，經德秉哲。自成湯至于帝乙，成王畏相。惟御
> 事厥棐有恭，不敢自暇自逸，矧曰其敢崇飲？越在外
> 服，侯、甸、男、衞、邦伯；越在內服，百僚、庶尹、
> 惟亞、惟服、宗工，越百姓里居，罔敢湎于酒；不惟不
> 敢，亦不暇。惟助成王德顯，越尹人祗辟。"

又或是《洛誥》："敬哉！茲予其明農哉！"讚美周公"惟公
德明，光于天下，勤施于四方，旁作穆穆，迓衡不迷文武勤
教"，以及《無逸》全篇、前已數引過的《君奭》的"小
臣屏侯甸，矧咸奔走。惟茲惟德稱，用乂厥辟"等。與
《甘誓》指責有扈氏"怠棄三正"、故天"勦絕其命"，《臯
陶謨》對丹朱"慢遊"、最後"用殄其世"的警惕，以及多
篇針對夏、商末世放逸之非的批評，恰好相對。可以看到，

勤勉敏行，雖非關明哲，也未臻德性，但這樣的庸德庸行，
卻為二部經典所不敢輕忽。它之所以受到如此重視，顯然與
"小人難保"（《尚書・康誥》）、唯此始能"知小人之依"（《尚
書・無逸》）有關，這是人民現實生活中切實體驗和實踐之
行。勤勉也被推崇為天面對下民的態度，《大誥》即有：
"天亦惟用勤毖我民，若有疾"，《召誥》更非常明確地將天
的勤勉與人的勤勉相連結，藉此期勉君王與天相應："嗚
呼！天亦哀于四方民，其眷命用懋，王其疾敬德"，天因此
也有著屬於"人"的、乃至類於"小人"的勤勉之行，這
亦是天落實祂對人之保愛、實踐力量的方式。二部經典論述
天命時對勤勉的重視，因而確認了天亦如人般孜孜努力、竭
盡修補不足、因應世界不可預期的變化——天因此再不可能
是超越的。

　　若天必然勤勉，那麼，接下來便必須重新檢視我們對卜
筮的認識。如果卜筮所揭露的天意，和天所強調的勤勉一
樣，亦是天面對我民時所懷抱之意；卜筮所具有的力量，也
和勤勉相同，亦是天的力量，沒有矛盾，則可以想見：卜
筮實再不應以預示未來的神祕能力作為它的性質；或，即
使它能夠指陳未來，這也將不是一個基於預言而確定其結
果的未來。若然，卜筮活動之意義、卜筮所占得之結果、
卜筮之所以為卜筮，以及卜筮之所以必要的理由，究竟
為何？

　　試引《尚書》說明卜筮操作時機與原則的一段文字，
作為說明。見《洪範》對第七疇"明用稽疑"的解釋：

　　　七、稽疑：擇建立卜筮人，乃命卜筮。曰雨，曰

霽，曰蒙，曰驛，曰克，曰貞，曰悔，凡七。卜五，占
用二，衍忒。立時人作卜筮，三人占，則從二人之言。
汝則有大疑，謀及乃心，謀及卿士，謀及庶人，謀及卜
筮。汝則從，龜從，筮從，卿士從，庶民從，是之謂大
同。身其康彊，子孫其逢，汝則從，龜從，筮從，卿士
逆，庶民逆，吉。卿士從，龜從，筮從，汝則逆，庶民
逆，吉。庶民從，龜從，筮從，汝則逆，卿士逆，吉。
汝則從，龜從，筮逆，卿士逆，庶民逆，作內吉，作外
凶。龜、筮共違于人，用靜吉，用作凶。

該段文字已經清楚說明，卜筮所得到的結果並不代表天對未
來吉凶的絕對預測。這由幾點看出：

1. 卜筮結果，採多數決，且仍有人為詮釋空間（“三人占，
則從二人之言”），故無絕對。
2. 龜、筮結果可以矛盾（“龜從，筮逆”），故天意本身即
存在分歧，或有對所卜問之事不同層面的關注。人事往
往涉及多面向，非單一因素可以決斷，亦由此可知。
3. 卜筮所得的七種結果：龜卜以紋路呈現，皆屬象，因而
不適於表述單一的具體內容，雨、霽、蒙、驛、克諸象
真正之作用故應以勾勒事件所處氛圍、情境、狀態為
主；蓍草所占得的貞、悔，則為對稽疑者行事心理的描
述，如行事時的貞正堅定，或行事過程中是否因取捨而
有懊悔。七種結果因此都與事情結果之實質吉、凶
有別。
4. 吉、凶結論的得出，必須配合君主、卿士、庶民等人之

謀見，非天意單獨命定。

5. 除了“龜、筮共違于人”，皆可獲吉，説明卜筮結果無論
   如何，絕大部份皆以鼓勵或肯定人對疑事之積極處理為
   用。這同時亦表明：卜筮結果為何，實際上對事件的進
   行並無太大影響。

　　若然，卜筮存在的理由何在？

　　我們應回到使用卜筮最初的原因——稽疑，來重新考慮
《洪範》言卜筮時真正欲解決的問題。換言之，對君、卿、
士、庶民所結合的人之整體來説，什麼是他們所共同面對且
亟欲解開的大疑。可以想見，若疑惑只是起於對事件發展的
未知，那麼，卜筮活動的設計就不應以上述不直接指明吉
凶、且結論多數為吉的方式呈現。當多數為吉，這已清楚反
映出人們實際上知道：自身之積極力行，已是人作為人，欲
事件正向發展最好且唯一可行之道。易言之，卜筮絕大多
數所啟示人們的，仍同於前述有關勤勉不懈的教誨，天意
在此並沒有運用不同的邏輯或指出別的可能性。如是，這
代表著即使未知事件發展及其結果，人亦非對事情本身真
有疑惑，“未知”是人們所明知的事實，如“不知為不知，
是知也”（《論語・為政》）般，已是確實的自知了。真正使
人不得不有所疑，且切實是屬於人作為人始有的疑惑，實
際上，只應來源於人本身，而不是事。觀察《尚書》從
《盤庚》開始，至《西伯戡黎》、《金縢》、《大誥》、《召
誥》、《洛誥》等數篇言及卜筮時的具體背景，其共通之
處，即在於都伴隨著上下、君臣、叔姪、殷周族群或文化
等各種人與人間的不信。唯大事用卜，也只因人與人的不

信在遭逢大事時更形尖銳，影响更加立即和深表。反之，能如《君奭》般對卜筮"罔不是孚"，則必由於全體一心、秉德力行：

> 公曰："君奭！我聞在昔：成湯既受命，時則有若伊尹，格于皇天。在太甲，時則有若保衡。在太戊，則有若伊陟、臣扈，格于上帝；巫咸，乂王家。在祖乙，時則有若巫賢。在武丁，時則有若甘盤。率惟茲有陳，保乂有殷。故殷禮陟配天，多歷年所。天惟純佑命，則商實百姓王人，罔不秉德明恤，小臣屏侯甸，矧咸奔走。惟茲惟德稱，用乂厥辟。故一人有事于四方，若卜筮，罔不是孚。"

我們因而可以這樣說：人所大疑者，亦由對人之疑慮所致之整體的不能同心。人究竟應不應該因為這對人的疑慮，放棄對對方、對整體關係之致力，應不應該瓦解人與人已有的結合，或如何取捨才能根本而堅實地重建人與人間的內在締結，是最令人舉棋不定、難以確定分寸、深懼有所悔恨之疑。若然，《洪範》在卜筮之前"謀及乃心，謀及卿士，謀及庶民"尋求所有人之參與和共識的做法，其意義亦是相當明顯的；而文中特別強調"乃心"，亦清楚反映出此時所謀求者，非對事情的客觀推論，而只是人心之所向。於此前提下，若疑問仍然存在，這將是所有人試圖解開卻未解的疑惑。故"大同"在此背景下是對眾人來說最好的結果。而縱然卜筮內容僅與其中部份人心意相符，未盡大同，人亦無有異議，並共同協力為之，如"一人有事于四方，若卜筮，

罔不是孚"，也顯然就是因為：獲致眾人最終之同心，始是
最重要的目的。同樣，當"龜、筮共違于人"而"用靜
吉"，亦不代表天對立人們共同的意向，反之，這仍是為了
使人們能夠齊心一志的不得不然的做法。原因非常簡單，當
龜、筮能夠共違於人，實已顯示眾人雖然有相同之謀，卻依
舊未能釋疑，故仍尋求卜筮的事實。此時的人與人關係是超
越共識之有、無，而更深刻地有所不信的。在共識都無法克
服彼此內在之不安時，能不再妄作，克制任一方之意欲或自
以為是，始是對眾人而言獲吉的最佳途徑，"龜、筮共違於
人"而"用靜吉"的道理在此。卜筮之必要，卜筮之能否
成立（"孚"），以及卜筮之真實，故如上述。在此原理下，
能夠承認天透過卜筮所顯示之未來者唯有善君，其道理也是
極其明白的，他秉持著對人與人整體緊密締結的無上肯定
之故。

作為觀察《尚書》、《詩經》"天"的結論，我們可以
非常確定地說：無論前述二部經典之"天"是否為後人所
曲解、妄用，天實同乎人，已無可置疑。從三代以前到三代
之後，故亦無所謂天、人之間絕地天通般的斷裂或文明上的
重大轉向，亦顯而易見。

三　人，或人作為主體

天、人之間之對映性，解釋了中國知識分子何以對三代
懷抱著如此恆久之向慕——唯有三代，始將人對"人"的
理解與自覺，確實達於人之存有。理由非常清楚，三代透過
天所對映體現之"人"，乃是本於人的存在整體所樹立之人

觀；人的性質、需要與價值，不從相對於他者（如世界、
神靈、既有秩序）而立，它僅從人自身立人自己之一切。
反之，軸心說等所謂人類主體自覺，固然確實是對人的存在
價值與存在模態有所深察和重視，但終究來說，此時所形成
之“人”，仍只是相對於外在世界、別於他者而獨立之人，
“人”之為人故僅是外在對比而言。是以，即使這後一種自
覺意識在中國歷史上也曾多番出現，並取得世人的尊重，但
它依然不能取代三代對中國文明之意義，而成為文明生發、
變化、茁壯的根本動力，它在形構人類文明上仍不純然立本
於人之故。

　　事實上，中國對建設這種有關主體之自覺與致力，是歷
代未曾中斷的。它並不像重現人之存有那樣，需要藉由回返
三代、體驗天道之實，才能知所實踐。它的發生，實際上只
要人在世界之中，就必然因為與世界無可避免的主、客相對
而出現。世界究竟以何種姿態呈現，是否已經是前人根據人
之自覺所構造，其實無關緊要。世界與人的相對性既然始終
存在，則人就必然不斷致力於主體自覺，不待衝突多寡或大
小所規限。人類對主體存在之企盼，故非一次反思或變革可
以平息，人在各種處境底下都有對此重加確認的需要。中國
的經驗便是如此，類似的努力不斷形變，重新再現。先秦諸
子如莊子對無待主體的討論，儒、墨所強調的君子人格，老
子亟欲人從德智仁禮等價值中獨立，韓非力圖穿透雜反、愚
誣以立客觀主體，乃至法家或《呂氏春秋》所謂“主道利
周”之說，皆是對此不同面向的思索。而在建立禮樂、道
德、名法等已全盤人為且極具規模的文明向度之後，有漢一
代也還是必須對人是否真已在世界中主體地存在，重新再做

反省。舉其中影響最鉅、態度亦最為鮮明的例子：《史記》
放棄由言、事建構歷史的做法，[①]創造性地採取紀傳方式，
將推動歷史大輪的輻輳繫諸人，就已經明顯地展示出人的
主體自覺的無上地位。而《太史公自序》對司馬談《論六
家要旨》的引述，更明白表示出主體意識不僅凌駕於言與
事之上，更在思想之上的立場。這可從司馬談雖論六家卻
無涉學說精髓的評述取向，獲得證明。[②]節引該文主要論述
如下：

　　夫陰陽，四時八位十二度二十四節，各有教令。順
之者昌，逆之者不死則亡。未必然也。故曰：使人拘而
多畏。夫春生夏長，秋收冬藏，此天道之大經也。弗
順，則無以為天下綱紀。故曰：四時之大順，不可失
也。夫儒者，以六藝為法。六藝經傳以千萬數，累世不
能通其學，當年不能究其禮。故曰：博而寡要，勞而少
功。若夫列君臣父子之禮，序夫婦長幼之別，雖百家弗
能易也。墨者，亦尚堯、舜道，言其德行。曰：堂高三
尺，土階三等，茅茨不翦，采椽不刮，食土簋，啜土

---

① 見《禮記・玉藻》："動則左史書之，言則右史書之"；《漢書・藝文
志》："左史記言，右史記事，事為《春秋》，言為《尚書》。"
② 相較先秦墨、道、法三家對儒家的批判，司馬談僅以經傳繁瑣為儒
家之失的說法，顯然相當表面。他對其他五家的議論亦然。陰陽之義實際上
並不旨在使人拘，亦不只是為了展示四時勞作規律這樣的實用知識；而墨
家主張節用、兼愛時所深思的治世目的和原理，也較司馬談關注的實踐難易
問題更為根本；法家固然輕視親疏貴賤，卻也基於人情實況，司馬談未針對
這一人情觀察提出修正，仍不足以動搖法家之說；而對名、道兩家，也明顯
沒有深入其理，司馬談主張由道家統攝五家，無視學說本質差異，更悖離了
道家的真正精神。

刑，糲粱之食，藜藿之羹，夏日葛衣，冬日鹿裘。其送
死桐棺三寸，舉音不盡其哀。教喪禮必以此，為萬民之
率。使天下法若此，則尊卑無別也。夫世異時移，事業
不必同。故曰：儉而難遵。要曰彊本節用，則人給家足
之道也。此墨子之所長，雖百家弗能廢也。法家，不別
親疏，不殊貴賤，一斷於法，則親親尊尊之恩絕矣。可
以行一時之計，而不可長用也。故曰：嚴而少恩。若尊
主卑臣，明分職，不得相踰越，雖百家弗能改也。名
家，苛察繳繞，使人不得反其意，專決於名，而失人
情。故曰：使人儉而善失真。若夫控名責實，參伍不
失，此不可不察也。道家，無為。又曰，無不為。其實
易行，其辭難知，其術以虛無為本，以因循為用。無成
埶，無常形，故能究萬物之情。不為物先，不為物後，
故能為萬物主。有法無法，因時為業，有度無度，因物
與合。故曰：聖人不朽，時變是守。……神者生之本
也，形者生之具也。不先定其神，而曰：我有以治天
下，何由哉！

司馬談的省察重點，明顯集中在六家對主體不同方面的限制
或虛構問題上。陰陽思想的招致批評，因此不讓人意外；它
確實是六家中最突顯超越秩序及其權威（"順之者昌，逆之
者不死則亡"）而令人多所畏忌者，其對人主體之限縮，顯
而易見。相對於此，儒家縱然倡言人道，但人文規模過盛，
使人道竟超越人所能為，無助於人的樹立，徒為人力與生命
的耗費，亦有所失。於墨、法，司馬談關注的焦點則在人作
為個體時其之主體問題，是以，無論是點出古今物用處境的

差異，或是親疏、貴賤等先、後天之分，差異性都是他議論二家的首要重點，因"差異"正是構成個體自覺的最重要條件。至於名、道，司馬談批評前者："使人不得反其意，專決於名，而失人情"，讚美後者："使人精神專一"，皆屬主體內在情意精神及專攝他者之能力，環繞名、道二家的討論，故是就主體性本身所做之討論。《論六家要旨》對思想的檢討，因此是立足於客體、個體差異及主體性三方面，對人之主體的檢視。而當"思想"——最高度體現人之自覺與獨立性之活動，本身都已是主體意識的反省對象，這無異表明，一切事物、境況皆可成為促發主體自覺的契機，也都可以被檢視。對主體存在的要求和思索，故是一種持續性的、無所不在的訴求。

中國歷史上類似的覺識活動，故所在多有：漢魏六朝知識分子對讖緯、名教之反省，或是長期以來，文人在文學實踐過程中所體現的個體自覺及對個性價值之重視，透過抒情、水墨，將廣袤、無垠的天地宇宙，落實為人所親歷的山水田園，都反映出相近的關懷。而理學家將道德根據由外在的政教規範，改為內向的修養工夫；心學家以心易性，更言主觀感知之真實；明末清初將對立人欲之天理，轉為人情日用之道，或更進一步由對理的突顯，走向具體務實之知、人與人之禮；抑或是俗文學的興起，對民俗、異質文化的接納，近現代的政治變革，對庶民與經濟生活的關注……都見到同樣的用心。對既有人類存在形態與文明屬性的反省和對主體可能的探索，因此是中國自始至終不曾鬆懈的課題。

若然，中國文明顯然也有著相當於西方文明史那樣不斷出現的動能與變化。但，就像司馬談論六家思想，卻僅從思想與人之間的主、客影響著眼，而未深入對象內裡；或是如漢魏之際文士們本於個體生命而興感，卻無一例外地感到悲哀；心學將理、道之真實收歸主體心靈，卻因此在客觀世界中無所樹立；又或是自六朝對立兩漢政教籙制而另求個體風流始，宋明理學將經學之常道內化為理與個人的持敬工夫，以迄清代對立宋學天理而走向現實日用，中國在這一波波由主體自覺策動的進程中逐步縮窄、下移其所肯認之文明向度……歷史上可敬的主體努力，並不一定保證其結果的深刻和懿美，亦是不爭的事實。這順沿著時間之流所體現的文明現象，因此只是文明自身對應外在存在世界之經驗史，人們在此體現了各種不同的主體樣式，但除非同時深入文明其人文性之根本、動搖了"人"的意涵，否則文明的性格與規模仍不可能根本地出現變革。而若三代之後，中國終究沒有發生巨大裂變，則這敬天傳統所建立之"人"觀，不僅本身已展示出人之存有，更確實已證明它作為中國文明視為至真實之人觀的事實。中國述古原道的歷史態度，及因而衍生的宗經徵聖觀，其真正的用心故只在對這純然人本之"人"無可取代的肯定而已。

四　人存有向度之移動

　　回到對"人"的討論。客觀來說，人之存有，可有兩種不同向度。孟子《滕文公下》對歷史階段的分析，便簡明地描述了向度改變的原因和目的：

　　公都子曰："外人皆稱夫子好辯，敢問何也？"孟子曰："予豈好辯哉？予不得已也。天下之生久矣，一治一亂。當堯之時，水逆行氾濫於中國，蛇龍居之，民無所定，下者為巢，上者為營窟。《書》曰：'洚水警余。'洚水者，洪水也。使禹治之，禹掘地而注之海，驅蛇龍而放之菹，水由地中行，江、淮、河、漢是也。險阻既遠，鳥獸之害人者消，然後人得平土而居之。堯舜既沒，聖人之道衰，暴君代作，壞宮室以為汙池，民無所安息，棄田以為園囿，使民不得衣食。邪說暴行又作，園囿、汙池、沛澤多而禽獸至。及紂之身，天下又大亂。周公相武王，誅紂伐奄，三年討其君，驅飛廉於海隅而戮之，滅國者五十，驅虎豹犀象而遠之，天下大悅。《書》曰：'丕顯哉！文王謨。丕承哉！武王烈。佑啟我後人，咸以正無缺。'世衰道微，邪說暴行有作，臣弒其君者有之，子弒其父者有之。孔子懼，作《春秋》。《春秋》，天子之事也，是故孔子曰：'知我者，其惟《春秋》乎？罪我者，其惟《春秋》乎？'聖王不作，諸侯放恣，處士橫議，楊朱、墨翟之言盈天下，天下之言不歸楊則歸墨。楊氏為我，是無君也；墨氏兼愛，是無父也。無父無君，是禽獸也。公明儀曰：'庖有肥肉，廄有肥馬，民有飢色，野有餓莩，此率獸而食人也。'楊、墨之道不息，孔子之道不著，是邪說誣民，充塞仁義也。仁義充塞，則率獸食人，人將相食。吾為此懼，閑先聖之道，距楊、墨，放淫辭，邪說者不得作。作於其心，害於其事；作於其事，害於其政。聖人復起，不易吾言矣。昔者禹抑洪水而天下平；
周公兼夷狄、驅猛獸而百姓寧；孔子成《春秋》而亂
臣賊子懼。《詩》云：'戎狄是膺，荊舒是懲，則莫我
敢承。'無父無君，是周公所膺也。我亦欲正人心，息
邪説，距詖行，放淫辭，以承三聖者。豈好辯哉？予不
得已也。能言距楊、墨者，聖人之徒也。"

本章因是對性善論背景和目的的説明，[①]其對歷史階段的分
期，故都以人為中心。包括禹、周公、孔子"三聖"，堯、
舜、文王、武王，以及反面的商紂、暴君、亂臣賊子、楊、
墨，莫不突顯了"人"之於天下之重要性。人的姿態或特
性，顯然是孟子認為造成治、亂——人類理想或非理想世
界——的關鍵。這也使得本章雖然橫跨唐虞三代、且下延至
孟子所處時期，但因均涉及天下與民（人類存在整體），且
有意識地繼承三代之道，仍可視為是本於人之存有所形成的
文明史觀。那麼，通過以"一治一亂"為單位的四個歷史
階段，孟子指出了什麼樣的存有向度？它們的變化過程又是
如何？根據文中影響人類世界至鉅的人物類型，可以概略地
先分成四種：

---

　　① 本章應視為孟子説明性善論目的的篇章，這可從數度提到"禽獸"一
詞，以之指責包括楊、墨在内所有天下之亂看出。"禽獸"正反映後者之"非
人"（非人性），而自堯、禹至孟子，則正是以反轉"率獸食人"來達成天下
之治。該段因此突顯"人"在天下治、亂中的關鍵意義，而性善論亦孟子在
"人"這一對象上的主要言論。此亦《滕文公上》首篇"孟子道性善，言必稱
堯舜"及"夫道一而已矣"説之用意。詳論參見簡良如《戴震〈孟子字義疏
證〉對人性及人群問題的反省：以〈孟子〉相關思想為參照》，《台大文史哲
學報》，第六十二期，頁 183—228。

1. 上位者——上對下之使役

第一期治、亂中的堯（舜）命禹治水，①暴君壞宮室、棄
田以為汙池、園囿，皆屬此類。無論是堯（舜）之於禹，
抑或是執政者（包括君、臣）之於民，都是以上對下的
主宰、使役模式進行。左右本期治、亂的關鍵之"人"，
故為上位者。

2. 下位者——下對上之反轉

包括周公相武王、武王伐紂或代天子討諸侯，②以及反面
的亂臣賊子，皆是從下發動、左右其上。本期關鍵之
"人"，故為下位者。

3. 個人——無份位者之無我或自我

包括孔子、楊朱、墨翟皆屬"處士"（布衣），他們沒有
份位，故不能以行動實際影響其世，而只能用言。所不
同的是，孔子作《春秋》，乃以布衣假"天子"之事，
故在實質上重踐第一期上位者、形式上則同第二期下對
上之僭越，而非關其自我。相反地，楊朱、墨翟則始終
止於個人，唯相對地言"為我"和"兼愛"；其中，"為
我"者之自我性，顯而易見，而"兼愛"，固然在實踐

---

① 《尚書·堯典》僅記舜繼位後命禹治水事，堯所命者為鯀；《孟子》
本段則模糊交代，《滕文公上》另有："當堯之時，天下猶未平，洪水橫流氾
濫於天下，草木暢茂，禽獸繁殖，五穀不登，禽獸偪人，獸蹄鳥迹之道交於中
國。堯獨憂之，舉舜而敷治焉。舜使益掌火，益烈山澤而焚之，禽獸逃匿；禹
疏九河、瀹濟漯而注諸海，決汝漢、排淮泗而注之江，然後中國可得而食也。"

② 《告子下》："天子討而不伐，諸侯伐而不討"，趙岐注云："討者，上
討下也；伐者，敵國相征伐也。"武王"伐"紂，實將商紂原本的天子之尊，
下拉為同等位階之敵國君主；其對諸國之"討其君"，亦反映出武王自居天子
之位的事實。

上看似是對天下之人的"兼相愛，交相利"（《墨子·兼愛中》），不過，究極而言，兼愛實仍本於"愛人者必見愛也"這樣的自愛前提，[1]"自我"因此為後二者所共同固執。孟子在此特別提到孔子自述："知我者，其惟《春秋》乎？罪我者，其惟《春秋》乎？"或亦有意對比孔子以"天子"取代"我"，而楊、墨執持"我"的這一差異。

4. 人性——孟子性善論

此四類左右治、亂的"人"之姿態或切面，既各有正、負之分，也有言、行之別，他們所涉及的事務範圍、性質、實踐形式亦有不同，在此暫不做細論。但觀察四者，可以清楚看到，前三類無論形態如何，都與份位有關（上、下份位或無份位），唯第四類完全擺開位階高低、有無，普遍涵蓋所有人——人性超越了所處份位這一偶然事實，而為全部人之必然。

如果孟子這段陳述可以成立，那麼，這等於是說：在唐虞三代以來的人本框架下，能夠造成人類世界或治、或亂，且在人類生活、人群與人倫秩序、是非與共體價值等方面，

---

① 《兼愛下》："子墨子曰：'姑嘗本原之孝子之為親度者。吾不識孝子之為親度者，亦欲人愛利其親與？意欲人之惡賊其親與？以說觀之，即欲人之愛利其親也。然即吾惡先從事，即得此。若我先從事乎愛利人之親，然後人報我以愛利吾親乎？意我先從事乎惡人之親，然後人報我以愛利吾親乎？即必吾先從事乎愛利人之親，然後人報我以愛吾親也。意以天下之孝子為遇，而不足以為正乎？姑嘗本原之。先王之所書、《大雅》之所道曰："無言而不讎，無德而不報。投我以桃，報之以李"，即此言愛人者必見愛也，而惡人者必見惡也。'"

確然有所作為之人，也只有兩種可能向度：一是在份位關係
中不同份位者之姿態，二是人的共同本然。前者涉及主體
性；後者，則為人性。推動從堯、舜以來人類歷史者，因此
有著從主體而言之"人"至由人性而言之"人"的過渡。
當然，孟子這裡所指出的主體，與前述相對於他者或外在世
界而言之主體，並不相同。由於它始終處於份位關係之中，
其所相對者亦"人"而已，無有其他，故不能跟類似司馬
談《論六家要旨》般所關切的主體問題相混（後者所相對
者爲"非人"）。作為人之存有向度，孟子此處之主體，涉
及的僅為人與人相待之事，"人"仍構成主體之為主體的前
提和限度。也因此，本章主體問題的重心，沒有落入實現主
動、獨立與否這樣外在的討論上，而僅在仁或不仁（"率獸
食人"）。甚至，為了更明確地將主體定位在人之存有這一
層次，三聖所樹立的主體典範，更不受其份位所限，而都在
實質上對等天子之位，直接承擔人類整體，將"天下平"、
"百姓寧"，或使"亂臣賊子懼"（上自執政階層、下至人倫
內部均有所導正），奉為主體職責，[①]再現出敬天傳統中那以
人類存在整體為本之前提。相反地，暴君、亂臣賊子，以及
為我、兼愛者，雖均實現自身之愛利，而似從份位關係中卓
然獨立為主體，但在無意承擔人類存在的情況下，也只是率
獸食人，遠離人之真實存有而為禍亂之源。如暴君般凌下抑
弱的絕對主宰性，亂臣賊子般瓦解人與人關係的獨立自為
性，或是揚棄具體人倫關係（"無父"、"無君"）而純基於

---

　　①　份位的不同，只影響三聖的實踐方式和切入面向，至於"正人心"、
"和其政"的目的則無不同。

“人─我”相對之自我性，縱然已是主體性的極致實踐，亦絕非肇自唐虞三代的人本文明所能肯定。

相對於前一種主體向度，人性則既超越份位，亦無涉份位關係中“主／客”或“主／從”等主體問題之考慮。人性論的出現（或更精確地說，孟子性善論的出現），因此代表著整體外在情況已不允許人們再將承擔天下治、亂之責，交付給人與人關係中那些實質有力的主導者（不同份位上之主體），而只能更直接地以“人”自身為根本，重新分辨和思考一切在現實世界中的真偽與價值。人們已到達不能再被動期待他人力量，更必須自覺正邪、直視人心的階段。孟子的分析並將原因扼要地指陳出來，即：人倫關係的終告瓦解。事實上，除了最初堯為天下主體這一階段，確實體現了“上─下”份位關係中的正常情況外，自“暴君代作”以降，人倫就一步一步崩解；孔子以處士身份代行天子之事，力圖糾正亂臣賊子所破壞的君臣、父子等人倫基礎，已是最後的力挽狂瀾。但“亂臣賊子”實已顯示：包括君臣、君民關係所代表的人群共體與人類整體存在，乃至父子這類家庭內部繫乎自然血緣與情感生活的人與人之內在關係瀕臨潰散的事實。《春秋》褒貶故終究只是事後性的、作為警惕後人之借鑑，而不能在當下反轉現實。孟子故將《春秋》定位為“王者之迹熄”（《孟子·離婁下》）後的產物，現況之失序、混亂，不可言喻。而天下的盡歸楊朱“為我”、墨翟“兼愛”，則徹底掃除了原本搖搖欲墜之人與人關係中僅存的具體內容與分別，全為“人─我”這劃一、且除了標誌相對性外無具體內容的抽象形式所概括。若然，在亂臣賊子

之外，那些尚保留著的個別可被褒揚之人格、情義，亦必然
遭到毀棄。因為，人與人關係之好壞，已不再以對應對象差
異所生的不同倫理為好壞，而只從是否保存、伸張了自我而
見，或反過來，只從眾人是否皆為他人、兼愛大公而見。人
和人之間雖然仍存在關係，但如是之關係已無關對象其人、
無關自身於此特殊關係上的特定期待，而完全縮減至單純的
人我相對聯結，人倫蕩然無存。楊、墨說法之真正意義，故
不只是簡單的自私或不自私之問題，更是對人與人關係的重
構（由"人倫"至"人我"）。而當人僅知"我"與"非
我"，卻不見"非我"所涵蓋者及其與己關係之具體獨一，
甚至以對"我／非我"的意識取代對"人／非人"的自覺，
視二者實即一事，如是之錯誤，如同洪災和暴政對人民生存
之威脅，以及人與人的相互殘殺賊害，都有著對"人"本
身的輕忽，雖未帶來生命或肉體上的傷害，但它的無形、它
的作用於心，如孟子所警惕的："作於其心，害於其事；作於
其事，害於其政"，更深沈地動搖原有的人本文明。人倫的崩
潰故是人不能再期望人與人關係中之主體、而必須反身轉向
人自身的最重要原因。另一方面，我們也可以看到，主體至
於孔子，其改變整體現實的效力，實際上已十分有限了，它
內縮為明智者辨理取義之鑑，從現實轉為學問層次之事。主
體所能為者，故亦愈益限縮。在此情況下，楊、墨以自我之
小大應世，將主體置乎所有"人一我"關係中之"我"，指
出這樣一種無待任何份位權力、智識素養的主體性基礎，無
疑已是主體模式的最後掙扎。其錯誤，故也是孟子尋求以完
全不同的人性論角度，作為重新回返三聖之道的原因。

　　《滕文公下》對歷史重心從主體移轉至人性的敘述，雖極化約，卻準確反映出先秦的實況。這一方面從思想史上人性論述的出現，確實是直到孟子前後始有，[①]與西周經典等王官學中的人論性質，甚至稍早時孔子的言論[②]與作《春秋》事，有明顯的差異，可以證知。能夠表徵時代價值與思維者，故是直至此時，才逐步從實際主導現實的特定主體，轉移到眾人身上。另一方面，其他與《滕文公下》相當的先秦歷史階段描述，也透露了類似的訊息。比如前已引述的韓非："上古競於道德，中世逐於智謀，當今爭於氣力"之說——"道德"對等孟子所例舉的禹、周公等行仁而王者，"智謀"對等孔子作《春秋》，"氣力"則無疑地勾勒出東周後期國際與人際之間皆各有立場、互不相讓的實況。[③]三階段將主體之為主體的不同基礎極為清晰地標誌出來，而主體的下墮、主體力量的限縮，乃至最後只能從各種

---

　　① 或溯源至子思。不過，子思是否已針對心性提出系統論述、又如何言性，仍有待釐清。目前推斷可能傳述其說的作品，如《中庸》或出土文獻中的《性自命出》、《性情論》，在時代及理論性質上是否能代表孟子之前之性論，尚有爭議。特別是它們對"物"的強調，更與孟子思想不盡一致，是否為戰國或甚至秦漢之際強烈意識客體世界及其力量時之產物，應有做商榷。有關《中庸》，可參考譚家哲《論語與中國思想研究》，台北：唐山出版社，2006 年，頁 563—587。

　　② 《論語・公冶長》："夫子之言性與天道，不可得而聞也。"

　　③ 莊子固然未做出類似的歷史分期，不過《天下》篇也談論到這最後爭於氣力、處士橫議的混亂階段："天下大亂，賢聖不明，道德不一，天下多得一察焉以自好。……判天地之美，析萬物之理，察古人之全，寡能備於天地之美，稱神明之容。是故內聖外王之道，闇而不明，鬱而不發，天下之人各為其所欲焉以自為方。悲夫，百家往而不反，必不合矣！後世之學者，不幸不見天地之純，古人之大體，道術將為天下裂。"

相對立場之比試中求自身之倖存，都大體呼應了孟子對天下
治亂歷程的描述。又或如老子所云：

> 上德不德，是以有德；下德不失德，是以無德。上
> 德無為而無以為，下德為之而有以為。上仁為之而無以
> 為，上義為之而有以為，上禮為之而莫之應，則攘臂而
> 扔之。故失道而後德，失德而後仁，失仁而後義，失義
> 而後禮。夫禮者，忠信之薄而亂之首。前識者，道之
> 華，而愚之始。是以大丈夫處其厚，不居其薄；處其
> 實，不居其華。故去彼取此。

將"下德"因應"上德不德"而有之德性和作為，評為
"道之華"，"下德"即所謂"前識者"，下德"有德"、"有
為"等舉措故皆為用智的結果，與韓非將"智謀"放在
"道德"之後，所指相同；其最終結果"攘臂而扔之"、"忠
信之薄而亂之首"，亦"當今爭於氣力"之寫照。而"失道
而後德，失德而後仁，失仁而後義，失義而後禮"，更從德
性角度分析了類似孟子在《滕文公下》自暴君代作（失道）
以後，周公相武王伐紂討君、至孔子作《春秋》等不同份
位主體作為之性質，如文、武、周公的"下德不失德"、
"下德為之而有以為"，或是孔子所首重之"仁"、作《春
秋》所竊取的天子之"義"、春秋爭霸等各類紛亂主要爭執
之"禮"，亦可見對上古至今歷史重心的類似認識。顯然，
諸子們價值理論的差異，都不致扭曲了這共同經歷過之事
實，他們的分歧只在於對最後人倫、價值崩裂階段的因應對

策，有所不同。

　　若然，孟子將因應基礎定在人性（或更精確地説，性善），是否適切？對照前後時期諸子之説，可以看到的因應路向大約有兩種：一是類似荀子“虛壹而靜”以求解除片面之蔽（《荀子·解蔽》），莊學“判天地之美，析萬物之理，察古人之全”、“備於天地之美，稱神明之容”（《莊子·天下》），郭店楚簡《性自命出》：“道者，群物之道”，[①]或甚至雜家等，藉全備來彌補混亂中各自執持之非。然而，對全備的要求無論是否僅止於個人智識和內在境界，抑或更要求對具體現實的完整涵容，這試圖統御全體對象的做法，在相當程度上亦一重返主體世界的嘗試。它固然非如孔子般通過辨析事理（褒貶）等“質”的掌握而偏向“量”的整全，也由“義”轉為以理性和物作為世界理序之基礎，但即便如此，這能“知道”者，亦另一形式之至高主體而已，非眾人所能，更難以寄望那些現實中“望之不似人君”（《孟子·梁惠王上》）、卻仍佔據其位的眾多上位者。

　　相對於此，另一類做法則在謀求一足以客觀對應紛亂現況的終極原理，使道更易明、易行。就此而言，這也是追求全備者的目標，全備正反映出人對智識或德行客觀化的期待，只不過它更向對象靠攏，故相應地，對人自身的主體要求也就更高。走向客觀，因此已是天下失去主體典範時，各類思想和措施的共同趨勢。而其中，韓非對法的推崇，則是

---

①　荊門市博物館編：《郭店楚墓竹簡》，北京：文物出版社，1998 年，頁 179。

追求客觀最鮮明且極端的表現。客觀性在韓非手裡，不僅必須直接成為客觀現實、以客觀利害為度，他更首度針對客觀之必要與其所以然，進行了分析。見《韓非子‧顯學》：

> 世之顯學，儒、墨也。儒之所至，孔丘也。墨之所至，墨翟也。自孔子之死也，有子張之儒，有子思之儒，有顏氏之儒，有孟氏之儒，有漆雕氏之儒，有仲良氏之儒，有孫氏之儒，有樂正氏之儒。自墨子之死也，有相里氏之墨，有相夫氏之墨，有鄧陵氏之墨。故孔、墨之後，儒分為八，墨離為三，取舍相反、不同，而皆自謂真孔、墨，孔、墨不可復生，將誰使定世之學乎？孔子、墨子俱道堯、舜，而取舍不同，皆自謂真堯、舜，堯、舜不復生，將誰使定儒、墨之誠乎？殷、周七百餘歲，虞、夏二千餘歲，而不能定儒、墨之真，今乃欲審堯、舜之道於三千歲之前，意者其不可必乎！無參驗而必之者、愚也，弗能必而據之者、誣也。故明據先王，必定堯、舜者，非愚則誣也。愚誣之學，雜反之行，明主弗受也。

批判顯學，動機與孟子面對“天下之言不歸楊則歸墨”而不得不辯，實際上並無不同，顯學也就是天下之言的總體狀態。甚至，從他將問題更溯源至孔子、墨翟來看，他之所以將焦點從楊、墨，轉移至儒、墨，並不只是因為時代不同這樣的偶然原因，相對地，將顯學跨度拉長，更有著對由古至今主要思維模式的整體檢討之意。並列儒、墨，因而除了反

映當時顯學，更重要的是，透過二家相對主張，更可將
"文／質"、"人情／物用"等構成人類世界的主要維度，①
張舉出來，從而使其破與立，不只是針對特定學派，更普遍
地有效。若然，韓非對儒、墨所代表之傳統思維的批評為
何？顯然，即主觀性而已。此從"愚誣"、"雜反"之譏可
知。愚誣乃指無參驗而仍堅持己說的盲目和虛偽，雜反則是
由好惡取捨所致之錯亂矛盾；二者均為輕忽客觀、肆意主觀
之表現。其結果可想而知，將是類似"堯舜之道分為孔、
墨"、"儒分為八，墨離為三"般無止盡分裂的發生，且不
唯學說思想如是，人與人、家與家、國與國的分裂，也想當
然爾。換言之，天下大亂，莫不根源於此。相較於孟子訴諸
楊、墨之自我，韓非轉向歸咎主觀，和他從不承認主體典
範，有密切關係——對他而言，聖人、仁君或智謀之士，都
與戰代時擁有強權力量者本質無別，皆因事備變的產物而
已。②刻意以主體方式行事，卻不能客觀地因事備變，如斯

---

①　《顯學》隨後即以儒、墨治喪之道為例，突顯二家在文／質、人情／
物用上的相對差異："墨者之葬也，冬日冬服，夏日夏服，桐棺三寸，服喪三
月，世主以為儉而禮之。儒者破家而葬，服喪三年，大毀扶杖，世主以為孝而
禮之。夫是墨子之儉，將非孔子之侈也；是孔子之孝，將非墨子之戾也。"墨
者"儉"，不僅節約物資，且致力"冬日冬服，夏日夏服"地順應萬物四時運
作，使物資各盡其用，不因人事而失衡。墨家重"物"是非常明顯的。相對
地，儒者言"孝"，寧可消耗財物、廢棄人世和自然既有的規律，如"破家而
葬，服喪三年，大毀扶杖"地為喪者自盡（參見《孟子·滕文公上》"親喪固
所自盡也"），也反映出對"人"的重視。儒、墨對人、物的偏重也造就了二
者一文一質的表現。

②　《韓非子·五蠹》："今有美堯、舜、湯、武、禹之道於當今之世者，
必為新聖笑矣。"

之主觀性才引致更嚴重的傷害。[①]韓非此看法是否完全正確、或因特定時空使然，顯然有待商榷，但韓非也確實指出了在無正面主體的情況下，主觀所可能帶來的矛盾。[②]韓非因此反其道，針對愚誣、雜反之非，提出了"舉實事，去無用"及"夫冰炭不同器而久，寒暑不兼時而至，雜反之學不兩立而治"(《韓非子・顯學》)兩項原則，其所欲建立的，正是能夠對應外在本末、且具備內在體系性的客觀之學。唯有以此為度，人們才能知所取捨，有所樹立。與前一類全備主張對照，更可以看到，韓非這足以普遍落實的客觀性，實際上已將前者所要求的全備性，從對外在對象的涵攝，內化為人自身思想、行動的系統或一貫性（不雜反）；而全備所需要的虛靜專一，則外化為具體可徵的外在參驗。在如是原理

---

① 見《五蠹》對三階段的具體例舉："古者文王處豐、鎬之間，地方百里，行仁義而懷西戎，遂王天下。徐偃王處漢東，地方五百里，行仁義，割地而朝者三十有六國，荊文王恐其害己也，舉兵伐徐，遂滅之。故文王行仁義而王天下，偃王行仁義而喪其國，是仁義用於古不用於今也。故曰：世異則事異。當舜之時，有苗不服，禹將伐之，舜曰：'不可。上德不厚而行武，非道也。'乃修教三年，執干戚舞，有苗乃服。共工之戰，鐵銛矩者及乎敵，鎧甲不堅者傷乎體，是干戚用於古不用於今也。故曰：事異則備變。上古競於道德，中世逐於智謀，當今爭於氣力。齊將攻魯，魯使子貢說之，齊人曰：'子言非不辯也，吾所欲者土地也，非斯言所謂也。'遂舉兵伐魯，去門十里以為界。故偃王仁義而徐亡，子貢辯智而魯削。以是言之，夫仁義辯智，非所以持國也。去偃王之仁，息子貢之智，循徐、魯之力使敵萬乘，則齊、荊之欲不得行於二國矣。"

② 與之相對，儒家固然亦警惕主觀，而有"子絕四：毋意，毋必，毋固，毋我"(《論語・子罕》)之說，但絕不因此全然否定之。如孔子"信而好古"(《述而》)所說明的："信"之無求參驗、"好"之涉及取捨，正韓非所指為愚誣、雜反者，卻才是人面對古今異變時唯二能體現其真正價值與生命者。反之，對歷史必求徵驗而冷眼旁觀，則無論殷鑑為何，人在歷史之前都不盡誠懇。極致客觀化，如法所構成之世界，更必然禁制主體的至高實踐，這對孔、孟而言更是不可理喻的。

下，人不必全知，也不必先有修養工夫，卻得以客觀；縱然是一般人主或無高度智識、德行之士，亦能夠實踐有功。

韓非的分析，清楚反映了客觀化的目的，一方面在於唯此始足以面對過度紛亂、各自為營的現實局面，找到彼此共同承認的基礎；另一方面，它的可知、可行，也是在價值、秩序全盤崩解的情況下，使人仍能從中重新站立、重啟新局的重要條件。孟子突顯人性，除了它是普遍而非特定個體所有，亦取其如四端之心般為人所明白、如“為長者折枝”（《孟子·梁惠王上》）般切近可行的特質，同樣反映出相當程度的客觀意識。人性論故和其他同時期思想或措施，如韓非等法家所建立之法、荀子之禮、陰陽五行所構建之宇宙規律，乃至名家通過對名、實邏輯的窮究所把握到的思維特性，都是先秦後期漸趨客觀化的展現。而之所以言人性，卻不從任何看似更為客觀的現實制度、宇宙規律、思維機轉與模式著眼，顯然，這代表對孟子等人性論者而言，人性所具有之客觀性超越其他向度，人性是人自身之客觀故。這一態度，即說明了孟子仍然自覺地繼承唐虞三代的人文性格，將文明歷史環繞著人之存有向度而為言。

承擔歷史重心之“人”，故伴隨天下境況的轉變，有着主體之人至人性之人兩種人之存有向度。①而若孟子《滕文

---

① 不過，在實際理論和實踐中，二者未必截然為二。不僅三聖對民之安息與人心之正的承擔，必然以人性依歸；主體性也依然保留在諸子的人論理想之中。如儒、墨從人格或獨立性而言之君子，莊子所謂無待或喪吾之主體，或是更高的至人、神人、聖人，乃至《性情論》、《性自命出》、孟、荀等不同形態的人性思想，所同樣為心、甚至是志的自主性所留下的重要位置。但由此，我們更可見二向度之真實。

公下》尚只是就治亂這一面向言，故多涉現實政治之事，則在此之外，是否還有其他主體典型，以及更多面向的人性觀察，能夠體現人之存有？這都有待本書隨後更進一步的探研。

※　　　　※　　　　※

　　最後，就本書之構成，扼要説明。

　　作為對人之存有的討論，在前述兩種存有向度中，後一種基於人性本然而言的人論，無異更能對應今時處境，本書所關切的重心故集中於此。而為了與前述天、人相映所寓意之“人”觀相應，本書所申論之文獻，也以祖述堯舜三代者為主，這使得儒家及其經典成為本書首重的分析文本。①儒學作為古代中國的正統之學，展示了先秦人論對中國文明道統中的啟示性，其重要性不能不予正視。特別是受到歷代知識分子重視、甚至連現實政治都必須推崇或依託的儒家傳世文獻，更有必要就其獨特意義，做出申説。不過，應注意的是，即使同屬先秦儒家，論者對人性也有不同的偏重和取樣。除了孟子以“人皆有之”、“人心所同然”（《孟子・告子上》）這共同本心為依據；亦有視人之現實存在為更客觀之事實，將觀察重心置於情、欲等與物間的社會人群交接問題上者；又或是將分析焦點放在尋常人情現象，而特為“中人”立論的人性論述等。不同的關切層面與論述目的，使

——————————

　　①　韓非《顯學》固然指墨翟亦自稱真堯舜，但從孟子批評墨翟“無父”、“二本”及韓非將墨翟之宗旨置諸物用，皆可看到其説與三代人本觀之差距。下文將再就其人性論述問題，另作説明。

這些看似均關乎人性的省察和評價，不能簡單並列、比較，而必須置入各自適切的層次，始準確對應其義。本書因而將人性論再分作三種面向："人性"部份是對人自身最本質性的討論；"民性"則從人性的現實、日常體現言；相對於前二項均從共性著眼，"天性"則關注人本然的性情差異。於此三面向之外，另增對"詩性"的討論，藉此呈現以人性存有為基礎所能普遍實現的至高主體形態。詩性主體相對於禹、周公、孔子這類特定的君主性主體，更為各階層、各心志狀態者所可能，如同《詩經》通過《風》、《雅》、《頌》所涵蓋的種種詩性詠歎般，[①]它使眾人各自更趨善美，故應納入對人性的廣義範圍。而詩人之主體意義，同時也與君主主導整體現實境況之主體性不同，詩性主體之所以為主體，和現實力量無關；相對地，詩人締造了在現實之上、卻又極其真實的詩性世界，而其基礎，則在情感與心志，詩人正是以此表述人之存在與個人生命的情、志面向而言之主體。對詩性的討論因此也具有論述性情、主體性的意義。據此，"詩性"一節故置於論人性本質之"人性"後、論人性之現實情況的"民性"前。通過對此四種主要面向的討論，本書論述之細目，將包括心性、氣性、善惡、自我、人倫、人群、性別、人文等各項環繞人論之課題。至於儒學之外，其

----

① 見《孔子詩論》第二、三簡對《頌》、《雅》、《風》的分述："《頌》平德也，多言後。其樂安而遲，其歌紳（伸）而蕩，其思深而遠。至矣！《大雅》盛德也，多言留白"、"留白也。多言難而怨退（懟）者也。衰矣，少（小）矣。《邦風》其納物也，博觀人俗焉，大斂材焉。其言文，其聲善。孔子曰：唯能夫？留白"［馬承源主編：《上海博物館藏戰國楚竹書（一）》，上海：上海古籍出版社，2001 年，頁 127—130］

餘諸子思想或史策所片段或間接反映出的人性內容，則視需
要參酌對照。

　　此外，本書並有部份觀點基於下列已發表論文，分
別為：

1. 《論〈詩經〉詮釋法》，《勵耘學刊》第九輯（北京：北
   京師範大學，學苑出版社），2009 年 6 月，頁 97—114。
2. 《性善論的成立——〈孟子‧告子上〉前六章人性論問
   題分析》，《台大文史哲學報》第七十一期（台北：台灣
   大學文學院），2009 年 11 月，頁 63—98。
3. 《人、物本然之一體——〈孔子詩論〉"民性固然" 思想
   闡釋》，《台大文史哲學報》第七十一期（台北：台灣大
   學文學院），2012 年 11 月，頁 43—72。
4. 《對存在感受之治——以〈荀子‧禮論〉中喪、祭二禮
   的分析為例》，《政治與社會哲學評論》第四十四期（台
   北：《政治與社會哲學評論》編委會，巨流圖書出版公
   司），2013 年 3 月，頁 185—218。

第一篇僅取局部論點；第二、三兩篇經修訂、增補後，完整
採用；第四篇則節錄論析喪、祭二禮的主要文字，但改變了
論述宗旨和推論方向。此外，我們並以舊著：《詩經論稿》
卷一①對 "兩性" 的分析為基礎，增補而成本書 "天性"
一節；但將其中分析莊子 "天籟" 段，移至 "詩性" 之
"論情感主體的成立" 節，與《尚書‧洪範》、《禮記‧樂

---

　　①　台北：華藝學術出版，2011 年。

記》進行對照，論述重心並由"主體"擴展至"情"、"存在"，從而完備對人性本然向度的觀照。又，本書"民性"第二節"現實中民之淳樸與生命力"其雛形，亦見諸《詩經論稿》（卷一）對"民"的討論。

以下，進入正題。

人　性

　　嚴格來說，先秦時期真正自覺反思人性、對其進行專門分析者，唯有儒家，而且時間不會太早。其他諸子思想或文獻固然也不乏與人性有關之觀察和論點，但基本上，能夠不間接言之、不偏重特定面向，而完整盡其對人的全面觀察者，仍非常有限。某些論說，更不如表面般具有人性論述之價值。例如韓非思想，雖描述了人的私心自愛、短視虛偽，但當他主張以"市"為道，藉此全盤改變交易雙方各自自然形成的性向和意欲時，[1]他不只如一般所以為的僅是指出人的功利性，更意圖表明：無論本性為何，對執政者或對人自身而言都不具終極作用，在人身上無任何不可變之必然；人因此可以自行悖逆其性，他人更可透過賞、罰或其他代價，進行超越人性限度的操控和塑造。換言之，在韓非的思想裡，人實無本性，看似本性的所有取向，亦只人某一階段

------

　　① 《韓非子·難一》："明主之道不然，設民所欲以求其功，故為爵祿以勸之；設民所惡以禁其姦，故為刑罰以威之。慶賞信而刑罰必，故君舉功於臣，而姦不用於上，雖有豎刁，其奈君何？且臣盡死力以與君市，君垂爵祿以與臣市，君臣之際，非父子之親也，計數之所出也。君有道，則臣盡力而姦不生；無道，則臣上塞主明而下成私。"

之交易歷史而已，連功利性，在交易中都可隨時被置換。[1]
對於如此漠視或否定人性作用的思想，是無法以其所觀察到
的各種無必然性之人情現象，推論出不矛盾的人性觀的。又
或者，某些學說雖未漠視人性，甚至更以人性趨向作為治道
原理，但從理論實踐的最終結果來說，能夠"人性地"存
在者，卻只有極少數人，多數人則為此不得不扭曲、扼殺其
性。若然，這在其理論中被看做是眾人共性者，是否真如其
所如地具有作為人性之條件，是必須審慎評估的。譬如墨子
論"兼愛"時所反映的人性觀即是一例。若人之自愛自利
（故不相愛、不相利）正是惡亂之所起，[2]而這又是人明知不
足，卻又根深蒂固、難以改正之性，[3]則自愛、自利這如楊
朱"為我"的自我性，就是人在人群世界裡所普遍表現出
的自然性向。據此，墨子在說服為政者行兼愛時，便不斷強
調兼愛跟自愛、自利之間的正向關係：他一方面指出，僅知

---

　　① 　同上，不僅"臣有盡死力以與君市，君垂爵祿以與臣市"中用來交易
的"死力"和"爵祿"，已難以比較執者利多，該段所舉豎刁、易牙、衞公子
開方之弗愛其子、其身、其親，也非功利性可以簡單說明其動機，更遑論在利
害關係下，君臣雙方早已悖逆人性、棄人性於無物。人性，對韓非而言，在君
主知以"市"為道之前和之後，都早已被人捨棄，深察人性與否故對明主之道
沒有影響，人性究竟為何，也無任何意義。
　　② 　《墨子·兼愛上》："當察亂何自起？起不相愛。臣子之不孝君父，所
謂亂也。子自愛不愛父，故虧父而自利；弟自愛不愛兄，故虧兄而自利；臣自
愛不愛君，故虧君而自利，此所謂亂也。雖父之不慈子，兄之不慈弟，君之不
慈臣，此亦天下之所謂亂也。父自愛也不愛子，故虧子而自利；兄自愛也不愛
弟，故虧弟而自利；君自愛也不愛臣，故虧臣而自利。是何也？皆起不相愛"，
不相愛，與自愛、自利一體兩面。家國相亂的理由亦然。
　　③ 　《兼愛中》故有此質疑："乃若兼擇善矣，雖然天下之難物于故也。"

自愛、自利,實際上必然使自身遭遇更大犧牲,①人因此需
要較自愛、自利更有效的方法;另一方面,真正有效的自
愛、自利之道,則唯有兼愛。②易言之,人單純"為我"這
一共性,與天下大治之道("兼愛"),在墨子思想中是性質
一致、無所矛盾的,公共秩序與個人幸福理當合而為一。然
而,人即使明白兼愛之必要性而加以實踐,但若非社會全員
均致力於此,兼愛與自利、自愛皆不可能實現;僅有局部成
員兼愛,也只使他們陷入更大的存亡危境。《兼愛中》故提
出:"苟君說之,則士眾能為之"來促使全體一齊兼愛,以

---

① 《兼愛中》:"今諸侯獨知愛其國,不愛人之國,是以不憚舉其國以攻
人之國。今家主獨知愛其家,而不愛人之家,是以不憚舉其家以篡人之家。今
人獨知愛其身,不愛人之身,是以不憚舉其身以賊人之身。是故諸侯不相愛則
必野戰,家主不相愛則必相篡,人與人不相愛則必相賊,君臣不相愛則不惠
忠,父子不相愛則不慈孝,兄弟不相愛則不和調。天下之人皆不相愛,強必執
弱,富必侮貧,貴必敖賤,詐必欺愚。凡天下禍篡怨恨,其所以起者,以不相
愛生也,是以仁者非之",該段說明了兩種因自愛自利所必然招致的後果:一
是,它將如"舉其國"、"舉其家"、"舉其身"般反以自身為代價;二是,它
必然導致爭端不休,而爭端,將使人再無法免除更強、更高者對己之主宰和
欺凌。

② 《兼愛中》:"夫愛人者,人亦從而愛之;利人者,人亦從而利之;惡
人者,人亦從而惡之;害人者,人亦從而害之",及《兼愛下》:"姑嘗本原之
孝子之為親度者。吾不識孝子之為親度者,亦欲人愛利其親與?意欲人之惡賊
其親與?以說觀之,即欲人之愛利其親也。然即吾惡先從事即得此?若我先從
事乎愛利人之親,然後人報我愛利吾親乎?意我先從事乎惡人之親,然後人報
我以愛利吾親乎?即必吾先從事乎愛利人之親,然後人報我以愛利吾親也。然
即之交孝子者,果不得已乎,毋先從事愛利人之親者與?意以天下之孝子為遇
而不足以為正乎?姑嘗本原之先王之所書,《大雅》之所道曰:'無言而不讎,
無德而不報','投我以桃,報之以李',即此言愛人者必見愛也,而惡人者必
見惡也。"

貌似風行草偃、但實則利用下位者取悅上位者的心理,[1]達成所謂的天下大治。其雖期許君主能夠做到類似文武、禹湯般以德性為所好,由此引領天下,但面對事實上僅知自愛、自利的平庸君主,墨子也始終不敢放棄以"說"(悅)這樣因取得下位者對己好惡之迎合而有之欣喜,來解釋原本不應再言自我得失的務民之義。[2]換句話說,即使內容是兼愛,但迎合上位者好惡,實質上也即要求下位者以上位者之好惡為好惡、以上位者之自我為先("求以鄉其上")而已,滿足上位者之自愛、自利而已。這與人不相愛時所產生的大害——"強必執弱,富必侮貧,貴必敖賤,詐必欺愚",本質毫無差異;君主之所以能易如反掌地改變"乃若兼擇善矣,雖然天下之難物于故也"之難,理由也只是他正是國度中集結了強、富、貴、智之地位或資源,而至尊、至強大者而已。現實中唯有強者能遂行自我的事實,仍未有改變,兼愛反而使其更理所當然,更令自我唯集中實現在君主一人,更遑論實際上能真正以德性為所好之君(而不是以自身之至大利為所好)少之又少。若然,這樣一種看似共性、

---

　　① 試將墨子所舉上行下效之例(如君好惡衣、好細腰、好勇,士則著惡衣、細腰、能勇),和《孟子·滕文公上》:"五月居廬,未有命戒。百官族人可謂曰知。及至葬,四方來觀之,顏色之戚,哭泣之哀,弔者大悅",滕文公守喪而風行草偃之例對照,即能看出二者差異。滕文公收斂年少輕狂,自盡於親,這自身德行、情感的真實遷善,始帶來所謂"草上之風必偃"的結果,所大悅者,更非滕文公,而是百官四方。

　　② 《兼愛下》結論故是:"天下之至難為也,然後為而上說之,未逾於世而民可移也。何故也?即求以鄉其上也",以及"今若夫兼相愛,交相利,此其有利且易為也,不可勝計也,我以為則無有上說之者而已矣。苟有上說之者,勸之以賞譽,威之以刑罰,我以為人之於就兼相愛交相利也,譬之猶火之就上,水之就下也,不可防止於天下",以上位者之悅、至大利為言。

看似最終原理的人之性質（自我性），在其前提般地摒除了
為眾人所擁有的可能時，已不可率然視為墨子對人本質的界
定。尤其當臣民皆必須放棄自我以取悅其君，乃至君主若果
如文、武、禹、湯，使兼愛確然為“若保赤子”般之德性，
而不再顧慮自身之愛、利，都反映出墨子實際上對自愛、自
利這他所視為人性根本取向的實質否定；他對此本性的拔除
既不猶豫、更充滿自信，人在其思想中故仍無真正之本性可
言。凡此種種似是人性而非是的相關論述，都是進行人性論
參照、取材時，必須先予辨認和取捨的。

　　相對於此，儒家對人性的討論，則較自覺地避免了上述
問題，其論述固然也可能具有特定標的，或不同側重（如
心、情或氣），在理論精粗程度上亦不盡整齊，但從中可看
到的人類現象觀察，以及對人本身究竟事實如何、理當如何
的關懷，顯然是更為正面、完整而充實的。①本書故取儒家
在人性論述上的代表著作，作為析論的基本思想材料。其
中，在“人性”部份將以孟子性善論為主體，理由在本文
隨後一段說明。而與之相對的荀子性惡論，雖也有對人全面
性的觀察，但因所聚焦的層面特在現實中人與人的爭亂、無
度量分界上，其所體現的人性，故更多是所謂“中人”（一
般人）的共性，也更見對現實人群常態及其原理的總論意
味。是以，荀子人性論在本書另移入“民性”部份，與
《孔子詩論》“民性固然”論述、《詩經》中《風》所見之
民情，一同作為民性論的依據。其餘如《性情論》、《性自

――――――――――――

①　諸子如道家老、莊，亦對人自身深有關懷，不過，所偏重的更多是主
體性問題，而非人性分析。

命出》、《中庸》、《樂記》等談論性情的系列作品，則因其中最主要的"情"論意見，將於"詩性"節談及，故在此僅視論述需要，酌予對照，不再另做專論。

※　　　　　※　　　　　※

簡言之，本書之所以定孟子性善論為人性論之典型，且以其對人性之觀法為至正確的觀法，理由正在它獨特地提出了那令人無不感到遲疑的"性善"結論。因非常明顯地，在我們所能夠見到的人類歷史、乃至我們自己本身，都非如其所言地是善的。這一事實，非孟子所不知者，此從《孟子》書中對人物行事比比皆是的批判、辨正，以及種種關於不善現象的描寫，即可知道。甚至，孟子更深刻地指出，不善的心態、行為，不必等到實際做出如殺人越貨那樣極端之惡，即能對善有所傷害；因不善在真實世界裡，是隨時得以涉入善的領域而使後者難以持續、難有純粹的。就像齊王以羊易牛之愛、①高子稱孝而固、②象欲殺其兄卻假稱鬱陶思君，③墨家看似若保赤子之兼愛，或是人但知"嘑爾而與之，行道之人弗受。蹴爾而與之，乞人不屑也"、卻於萬鐘之前

---

① 《梁惠王上》："王坐於堂上，有牽牛而過堂下者。王見之，曰：'牛何之？'對曰：'將以釁鍾。'王曰：'舍之，吾不忍其觳觫，若無罪而就死地。'對曰：'然則廢釁鍾與？'曰：'何可廢也！以羊易之。'"這被百姓批評為以小易大之愛。

② 《告子下》："公孫丑問曰：'高子曰："《小弁》，小人之詩也。"'孟子曰：'何以言之？'曰：'怨。'曰：'固哉！高叟之為詩也。'"

③ 《萬章上》："父母使舜完廩，捐階，瞽瞍焚廩。使浚井，出，從而揜之。象曰：'謨蓋都君，咸我績。牛羊父母，倉廩父母。干戈朕，琴朕，弤朕，二嫂使治朕棲。'象往入舜宮，舜在牀琴。象曰：'鬱陶思君爾。'忸怩。"

"則不辯禮義而受之"（《告子上》）。不善滲透一切，以致
"作於其心，害於其事。作於其事，害於其政"（《滕文公
下》）的威力，顯然不可小覷。若然，孟子之仍言性善，就
不是一輕易產生的言論。成立性善論之困難，如同眼前人不
善事實之不可動搖般，是無以言喻的。孟子性善論因此幾近
是人性思想史上獨一無二地直接且全面肯定人性之論述。[1]
其餘論者即使有意循此方向，也不免有所保留。如《性自
命出》："凡人雖有性，心亡奠志，待物而後作，待悅而後
行，待習而後奠"），僅能將善置於特定的領域或層次之中
（如"未發之中"、"義理之性"），以自我節制或工夫論
（如"發而皆中節"）為前提，而不免有克制或轉化其性之
意味。孟子性善論之獨特，以及其說一旦成立所已臻的理論
高度，由此可見。更重要的是，當人性獲得如此全面肯認，
人的存在亦始能純然正面地基於人性而活，人的生命、人的
關係、人的價值……無不隨之而然。唯有性善，人才有可能
成為人自身之前提，人也才是人最終之目的。這是其他對人
性尚有一絲存疑或否定者，所不可能開展的人本世界。

以下，進入對孟子性善論的析論。所分析的篇章為
《告子上》前六章。該六章藉辯難形式，清晰佈建了孟子對
人性的反思規模，並由之論證出性善論的必然成立。在逐章
詮解之前，先就其整體做出簡要勾勒。六章各自涉及的人性
論面向及其子題，依序如下：

---

[1]　盧梭固然以憐憫心為人最初的心靈活動，但其前提仍在能與自我保存
心相互協調、配合的情況下始得以作用，而憐憫心廣義言之，亦非人類所獨有
而禽獸所絕對不能。見《論人類不平的起源和基礎》，頁67—68。

1. 論人性論之目的與人性論構建之基礎（即從何指認人性）。

2. 論人善、不善之因。故亦涉及對善、惡之定義，以及人對善、惡之責任問題。

3. 論人性之獨立。本章因此亦就一般以為導致人性被動或不善之至大因素——生存問題，其對人性之影響，加以提示。

4. 論人性與自我執為真實主體之問題。文中並展示人在人、物及生存問題三類對象前之主體型態，以及人在自身情感、價值與對象所具各類性質前之主體型態。

5. 論人性與其現實實踐。故兼涉心意與行為一致性之問題、客觀現實中常態與權變之關係。

6. 論人性與人性之道。本章以情、才、心、天，開展對人性內容與其向度之說明，並完成對性善之論證。

一　論人性論之目的與基礎

《告子上》第一章：

　　告子曰：“性，猶杞柳也；義，猶桮棬也。以人性為仁義，猶以杞柳為桮棬。”

　　孟子曰：“子能順杞柳之性而以為桮棬乎？將戕賊杞柳而後以為桮棬也？如將戕賊杞柳而以為桮棬，則亦將戕賊人以為仁義與？率天下之人而禍仁義者，必子之言夫！”

從早期趙岐《章句》、朱子《集注》、焦循《正義》以至今
人詮解，縱然對譬喻人性之杞柳是否可順性屈曲為桮棬有不
同的看法，但莫不以為：德性始終須以人性為本。然而，此
結論雖未與孟子矛盾，但也同時是告子的立場。換言之，它
無能分辨孟子與告子的差異，也未真正顯示孟子人性論。即
便學者嘗試將本段主旨導向孟子宣稱仁義一類德性（如桮
棬）乃順乎人性（如杞柳）而成者，但這藉譬喻所做的類
比，[①]並未提供人事根據，作為應辯顯然是過於薄弱的。事
實上，孟子除了並列“順杞柳之性而以為桮棬／將戕賊杞
柳而後以為桮棬”二情況外，未指出究竟孰是，該段目的
因此不在給予性善與否一確切答案。[②]相對地，孟子僅就告
子言論指出後果，這是說：在分辨人性事實之先，人應先警
惕將產生的對人自身之傷害。

　　孟子以此前提作為《告子上》的開始，意義是非常重
大的。對比荀子《性惡》對孟子性善說的批評，可以說，
二者實非如荀子所以為是同一層次之問題。荀子所言，即使
真實，也始終止於事實，而孟子所面對的，卻不只是眼前人
類之事實，更是人類內心之事實，以及未來必然成真之事

---

①　如日人冢田大峰：“杞柳能為桮棬，而松柏不能為桮棬”，或佐藤一
齋：“杞柳有柔曲之性，故能為環曲之器。他木不可以為桮棬，必杞柳而以為
桮棬。”見黃俊傑《〈孟子・告子上〉集釋新詮》，收入氏著《孟學思想史論》
卷一，台北：東大圖書公司，1991年，頁212。
②　孟子並列二情況時採用了不同的語尾助詞“乎”、“也”，或許是造成
趙岐、焦循等人認為孟子批評告子不應以桮棬喻仁義的緣故。不過，從隨後
“如將戕賊……”的假設句法觀之，“將戕賊杞柳而後以為桮棬也”一句，應
帶有疑問意味。《孟子》以“也”字為語尾而具疑問性的例子，尚見於《梁惠
王上》：“何由知吾可也?”“何可廢也?”等多處，可為輔證。

實。從這一點言，其他人性論者幾乎都未能與之對應，更不如其深刻。當他警惕告子深思己言之後果，他同時正對著告子之心與天下人之心而說。告子能思及"以人性為仁義，猶以杞柳為桮棬"，明顯地，是基於對人類的善意所發出的感嘆。但善意若僅止於此，它反而帶來更大的傷害："率天下之人而禍仁義"，它首先使人們不願再承認仁義，即使這樣的德性是人們自己所成就的，即使這是人類曾一代代致力不已的成果和嚮往。作為人自己實現出來的結果，作為人類心力活動的內容，縱然非順性而來，它已是人類之真相。人若對此不願置信，對前人積累的努力嗤之以鼻，甚至視之為對自己的戕害，一切價值必然崩潰，人將無所適從。其結果不只是仁義毀壞，而是人最終對自身的否定。德性之善若不來源於人本身，若人不能單純本於自己地成就美善，人及其所有作為也只是不善而已，如同天下之人禍害仁義般的暴力和醜陋，這群起而發的激憤，也只是人以符合告子之言的方式所做出的回應而已。人們在這刻意醜陋的過程中，對美善之厭惡，實即對自身之厭惡；對美善實悖反於人性之驚懼，如同對自身之惡之驚懼。孟子故提醒告子對人類更大的善意應是如何:①無論發言者以何為據，都應該先對它的後果深遠地考慮。若言論終將帶來傷害，言說者便應加以節制。若對人秉持善意，期望人不因扭曲及自我否定而遭遇痛楚，則他也應該站在這人的角度上，體會人類的情感和他們對自身

---

① 此與見齊宣王以羊易牛，從而忖度其心、勉其推恩的做法相同（《梁惠王上》"齊宣王問齊桓、晉文"章），這是孟子"知言"、"正人心"（《公孫丑上》"知言養氣"章）的一貫態度和方法。

的盼望。人性論若是對人類本身的探究，這將是論者必須且
優先承擔的前提。

　　隱藏在本章論述之後的，還有孟子由天下人之心所做出
的初次對性善之證明。若人對戕害其本性者終以負面方式面
對，特別是在原以為美好且順性而成者上反應更加劇烈，那
麼，這也只說明人心所期望的始終是"人自身可以為善"
而已。此論證固然初步而間接，但人性論基礎卻因之顯露，
因為心在人性理論上的重要性與心指向之層面，皆由此確
立。可以看到，天下人因憤恨而禍仁義的興奮與盲動，以至
於否定自身時的不安和痛苦，雖然是孟子提醒告子必須優先
注意的後果，但由於從這些內心情狀並不能得出性善結論，
故尚非孟子視為能夠反映心之真實者，它們作為對現實現象
的反應，無論產生多少複雜的變化與層次，始終是"耳目
之官不思，而蔽於物，物交物，則引之而已矣"（《告子
上》）。相對地，能夠證明性善之心意，則是在種種外物反應
之上，對自身的再思——人感受自身之感受（如對受到戕
賊之憤恨之感受），人思自身之思（如人對自身不善之無法
接受），此進一步之自覺性才開始出現孟子所謂"心之官則
思"（《告子上》）之心。因為，能由蔽於物或受物所引的狀
態中自反，人方能獨立而純粹作為"人"地思想，心是人
對他自己本身的思考，是人對他自己本身真正的意識，人性
至此始得以呈露，心故是高於其他一切事實的人類真正之事
實，唯心足以表述人性。是以，包括告子之言和其所據以為
論的現象，抑或禍仁義般自暴自棄的負面行動，都不是觀人
時應止的層面。孟子觀人，是穿透外表而對其心思、心意的
直見。心作為人類事實，而非表面呈現者作為事實。孟子這

對"心"意義之認識，根本地調整了人性論涉及的界域；也因為心，所有現象之性質（如內／外、主／客，或善／惡）都必須重新釐定。

二　論善與不善之因

孟子於《告子上》第一章所申明的立場和態度，實是其他人性論者未曾自覺的根本問題。後者始終也只是對外在事實或人未經反思的外部表現（即"物引之而已"之思行）的思想，這是對事與物之思想，故其立論亦只是另一種受物所引之思而已。孟子對人性之論，則本身已是反思性的，它是孟子以自身之心對人性問題所做的實踐與示範。心不僅是孟子人性論的對象，也在孟子本身的論說裡。

對此，告子顯然也已理解，故暫停對仁義究竟順性與否之質疑。原因在於，若關鍵全在人心，那麼，所有由外在角度所言的內／外、順／逆之分，都不足以與之對應——人心既可將"內"外在化，也可涵蓋"外"而使之為內，順、逆亦然。人心作為主動重估一切的判準，其變化與彈性是再不能否認和限制的。然而，也因此，告子接下來提出的疑問將更為尖銳，它直接是對"心"的否定：

告子曰："性猶湍水也，決諸東方則東流，決諸西方則西流。人性之無分於善、不善也，猶水之無分於東、西也。"

孟子曰："水信無分於東西。無分於上下乎？人性之善也，猶水之就下也。人無有不善，水無有不下。今

　　夫水，搏而躍之，可使過顙；激而行之，可使在山。是
　　豈水之性哉？其勢則然也。人之可使為不善，其性亦猶
　　是也。"

以"湍水"喻性，無疑是對孟子以心言性的呼應，萬物中
沒有比水更似心的了。告子不僅見心之無形，也明白心如水
之東、西流般之無必，"湍"更形象化地指出心思而又思等
意念變化之速。①但告子追問：若人性論是基於這樣一種可
無窮塑造、具有無盡層次，且純為人自己所思所想者，易言
之，無本質而任意主觀者，那麼，即使人們因告子之言而禍
仁義，因孟子倡言性善而為仁義，也不過像是決諸東流或西
流般，既毫無必然，更無以言善惡。人性若由心言，如何能
同孟子所說再有必然的善？人又何能評斷它的善或不善？

　　孟子的回答，簡單地說，有四點：

1. 即使是如水這樣表面幾無本質之物，都有其不變之性。無
　 物無性。人性亦然。故絕沒有一物是不可分別善、惡的。②

---

　　① "湍"不必如趙岐等釋為水環回之貌。洄旋並非水性，作為受地勢影
響之結果，它與"決諸東方則東流"的層次是一樣的。相反，若無外在限制，
水必流動無止，"湍"當指此未曾停留、轉瞬即逝之意。故孟子也同樣謂水
"原泉混混，不舍晝夜"（《離婁下》）；孔子在川上亦有"逝者如斯夫，不舍晝
夜"（《論語・子罕》）之嘆；而孟子之外，其他一般有關人性之討論，從《離
婁下》"天下之言性也"章觀之，亦常以"行水"為喻。
　　② 此處"無物無性"之"物"，乃天地萬物之物，非相對於"人"或
"物質性"之物。如同《滕文公上》："天之生物也，使之一本"，同時涵蓋了包
括人在內的萬物一本。而正因物皆有性，物之善、惡不能再由外於其性的立場外
在地加以界定，僅能由性本身作為界定善、惡的標準。如是，物皆可分別善、
惡，而無"無惡無善"之可能。

2. 人性是善的。人沒有不善。

3. 人可以違背本性而為不善，甚至極其悖逆而超出一般常情地極惡，但原因不在人性，而在外來之勢。

4. 人惡，其人性仍是不變地善的。

　　這些回應的意義是什麼？明顯地，孟子固然仍像一般對首章的印象那樣，僅譬喻而沒有直接的論據，但事實上，從他自水也有就下之性開展回應可以看到，孟子其實是在說：由心言人性，確實不能夠再從其他外在角度為之區分善、惡，但之所以無分，也只源於我們仍以為善或不善是由外所定（如由決口之在東、西這水之處境，分別善、不善）。相對地，"人性之善也，猶水之就下也"，就像水就下之性，人性之善也就是人性本身之實現。人性才是對善真正的定義。人性就是善。是以，人無有不善；人若為不善，其必由人性之外之勢所致。

　　孟子此言，將告子自首章以來的所有疑問，全部反轉為對告子的質疑：告子以為德性一類之善，只是對人性之戕賊，孟子同意外來事物正是對人性最大的扭曲和傷害，但這些事物非告子所以為的善，而是相對於人性、故不善之惡；告子以為人應順性而為，孟子亦然，但他指出告子雖如此主張，卻還不能完全站在人或人性的立場，既不能以人性本身作為善的唯一根據，連對人性的評價都始終混雜著其他外來價值、外在視角；告子以為己論是善意的，然而，從人因此做出禍仁義等不善舉動，告子之言實亦"勢"而已，另一種戕賊人的外在之言，惡而已，如同他執著於人受外在激搏而不得不致的不善，卻未見人悖逆自身的痛楚。是以，若首章尚僅是從心意之未夠純善提醒告子，而仍止於主觀層次之回應，本章孟子的回答卻已是對執善、執不善，執內、執外，執為順、執為戕賊之勢的客觀界定了。此二章若呈現的都是心之於性的問題，那麼，第一章言心作為主觀之一面，第二章則已明心之客觀性了。此故同時是對告子以為心主觀而不能作為人性基礎的回應。心，構成事實之所以為客觀事實的最終條件，因此即使在"決諸東方則東流，決諸西方則西流"等不善和任意之中，還有更客觀之真實；性善亦因而是在外表之善、不善之上，更深刻之善。

作為補充，試再就孟子這裡言水之就下的意義，以及《孟子》中其他舉水言性的例子，略作補充。有關前者：孟子的水之分上下，與告子的水之有東西，看似只是對水流的兩個平列的觀察角度，不過，事實上，即使我們不比較上下、東西孰更能決定水的流向，單從二人的譬喻觀之，亦已可看出二者的根本差異。簡言之，告子所謂"決諸東方則東流，決諸西方則西流"，只能發生在下列兩種情況同時成立的情況下：一是水已滿盈，二是水所在地勢東西高低俱同。水滿盈所涉及的"盈科而後進"問題，暫略不論，但單由水所在地勢乃東西高低俱同之平面這一前提，即已得見告子之喻的錯誤。因若湍水首先所比擬的，正是體現人性之心，而水所在之地則象喻心所面對之外在境況，那麼，很顯然地，世界對人而言從來不是像告子所構思的那樣，僅是如平面般、朝往何處奔流都無關痛癢的世界。相對地，如同大地崎嶇，人心實際上是在各種糾纏矛盾的取捨中，不斷掙扎前行的。地勢以及水之就下，正是針對此崎嶇現實，以及人心必然有所取捨這一事實所做的描繪。平面般的世界，與無關痛癢的隨波逐流，是人心所不可想像的。僅此，告子的立論便已失之空洞，抽象而非關人之真實故。

《孟子》另一以水喻性的例子，則示範出孟子本身對應的觀法，見《離婁下》：

> 孟子曰：“天下之言性也，則故而已矣。故者以利為本。所惡於智者，為其鑿也。如智者若禹之行水也，則無惡於智矣。禹之行水也，行其所無事也。如智者亦行其所無事，則智亦大矣。天之高也，星辰之遠也，苟求其故，千歲之日至，可坐而致也。”

呼應“水”喻，“鑿”相當於“決諸東方則東流”之“決”，天下言性者亦如告子般留意到心思特性，故亦欲有所疏通（“鑿”）。但就像治水，在只知水流卻不能純粹本於水性時，所有疏通仍僅是表面的順性之行，即使沒有立即可見的戕賊防堵之害，但所指向的也只是言性者個別所以為之善而已，如“王曰‘何以利吾國？’大夫曰‘何以利吾家？’士庶人曰‘何以利吾身？’”（《梁惠王上》）般，各自肯定之利而已。其不以人性本身之善為善的任意性，故為智者所惡，是對智本欲深省的真正是非、善惡的傷害。相較於水因鑿通而他流，禹行其所無事之行則是“放乎四海”、“以四海為壑”，水之流向在禹手中是定向的、合乎水就下入大海之性，孟子故讚美其如“天之高也，星辰之遠也”，此為“智亦大矣”的意思，再無治水者自以為的偏狹之利。相反，“以利為本”地“求其故”，人也只將原本如海、天、

星辰般高遠之大，輕忽為"可坐而致"之小而已。①反之，
人性之善之大，若同樣以水為喻，孟子是這樣說的：

　　　徐子曰："仲尼亟稱於水，曰：'水哉，水哉！'何
　　取於水也？"
　　　孟子曰："原泉混混，不舍晝夜。盈科而後進，放
　　乎四海，有本者如是，是之取爾。"

《盡心上》在講論君子之志於道時亦云：

　　　孟子曰："觀水有術，必觀其瀾。……流水之為物
　　也，不盈科不行。"

水之"混混"與告子形容之"湍"相同，均如內心思緒之
蜂擁。但這乍看沒有必然目標、僅依地勢奔流者，孟子卻教
人更謹慎地觀看其瀾——觀其遭遇不同地勢阻礙（如
"科"）時真正之反應，此即"盈科而後進"。相較於只關注
水可由鑿通之決口流洩者，孟子看到了水自行前進的能力
（有"本"）；也看到了水在地勢之限制中，固然激起波
瀾，這些波瀾卻不僅是對外在之勢的反動，同時也是水充

----

①　朱熹與焦循等各據理由以為"苟求其故，千歲之日至，可坐而致也"
乃肯定之詞（分參《四書章句集注》，台北：長安出版社，1991 年，及《孟子
正義》，台北：世界書局，1971 年），不過，從"故者以利為本"對"故"的
否定，及"智亦大矣"，實不應再反將"千歲之日至"視為"可坐而致"般可
輕易推論之事。"行其所無事"非指"坐而致"，大禹"八年於外，三過其門
而不入"（《滕文公上》）之勤奮力行，實與"坐而致"相差甚遠，"行其所無
事"之"其"，指水，非禹。

滿起來、再度朝海行進的標誌。換言之，縱然有歧出與阻
滯，但就像水在完成對這些地勢的試探、克服之後仍要前
行入海，人性之善也是如此，這甚至是人志道、達道必先
經歷之術。觀人之善、不善，故應長遠地觀；觀人性，也
應如是。

三　論人性之獨立

　　既然外勢是造成人為惡之因，那麼，人是否可以獨立於
勢之外？換言之，人能否形成純粹的人性生命和價值？此即
《告子上》第三章之問：

　　　　告子曰：“生之謂性。”
　　　　孟子曰：“生之謂性也，猶白之謂白與？”
　　　　曰：“然。”
　　　　“白羽之白也，猶白雪之白；白雪之白，猶白玉之
　　白與？”
　　　　曰：“然。”
　　　　“然則犬之性，猶牛之性；牛之性，猶人之性與？”

有關“生之謂性”，學者主張雖然有別，大抵均指“生之所
以”的自然之性，①加以本章隨後提及各類物種，故也有同

---

　　①　學者之主張，故受其對人“生之所以”者之理解影響。如朱熹以“人
物之所以知覺運動者”為人之自然；程伊川以為乃“氣質之性”；王陽明則以
“生理”（氣）言，但卻是“論性不論氣不備”等的正面之氣。這些內容相
去甚遠，亦可完全相反。

類（"生而然"）同性之意。但如此解讀，將使告子不過又
重複了類似第一、二章順性、不從外在善惡評價人性的意
見，①而未在論辯上有所進展。其次，"犬、牛之性不相類"
一段固然可視作對"生之謂性"的反駁，卻不能充分說明
何以孟子需舉白羽、白雪、白玉之白作為駁議的前奏。羽、
雪、玉並非同類，趙岐、焦循均已指出：色澤之白實不能標
示三者之性，它僅是三者所具眾多性質之一而已。縱使我們
如多數詮釋意見般，以白為三者共同之類屬，但如此將與告
子之說完全呼應，不宜採納。事實上，《告子上》第三章仍
是承前章而來的辯詰。此前，孟子已以人性為準，界定善與
不善，能使人為不善者唯外在之勢，是以，欲再對性善有所
質疑，唯有指出外在之勢實際上亦根深蒂固地內存於人，不
可相離，使人之為不善成為必然，否則論辯是無法繼續的。
孟子之所以再度向告子確認"生之謂性也，猶白之謂白
與?"亦正為點出本次論辯的重心。作為羽、雪、玉之色
澤，白如其本然所有，但歸根究柢，作為外在呈現，白只是
三者存世時不得不有之面貌，它黏附於羽、雪、玉，卻非關
三者之本質。當告子回答"然"時，孟子便確認了白在這
些例證中的定位，正相當於外勢所造成的影響。這也是何以
告子能對白色質感明顯有別的三物之白，承認："白羽之白
也，猶白雪之白；白雪之白，猶白玉之白"，因該句實不指
三物色澤相同，而是指若欲存乎於世，都必須呈顯為白的這

---

①　日人中升履軒故在《孟子逢原》中評道，此章論説始終只是："換面
轉舌，而其説未嘗有少變也。"見黃俊傑《〈孟子・告子上〉集釋新詮》，
頁 224。

一因應性，是三物相同的。"生之謂性也，猶白之謂白與?"之問，故是孟子為了確認告子是否將生對性的意義，等同白和羽、雪、玉之關係，告子答"然"，從而展開了本章關乎勢與性之離、合問題的論辯。[①]

據此，"生之謂性"之"生"所指的，乃是如"白"之於三物般，非關人性但從未離人之勢，並且，作為與性對等之勢，它應是人所需面對的最大、最長久之勢。因而"生"只能解釋為求生，即人作為有生者，因生存問題這無可逃脫之勢而產生的終生影響。[②]"生之謂性"故表明：若人永遠有生存之慮，其便永無純粹人性獨立之時，人無論如何都必與外勢之影響同在。是以，若《告子上》第二章孟子對人之不善的解釋可以成立，那麼"生之謂性"實際上是説：人無人性地善的可能。這必然與外勢同在的存在模式，才是"人性"這一概念的整體，才是人性真正落實時之內涵，人性問題必須如此地被考慮。"人無分於善、不善"及《告子上》第六章近似的"性無善、無不善"，因此不只是主張人之善非來源於人性，更是見人之不善亦人無可奈何的結果。善、不善均是被動的，沒有區隔對錯高下的必要。而從生存作為人不可須臾離的至大外勢，我們亦能夠明白告子視"義"為外時，實有將"義"看作人群因生存需

---

①　反之，趙岐、焦循以為孟子問"白羽之白"句乃針對告子之瑕而詰之，是未顧慮前後章關聯以及第二問發語之"然則"一詞的誤判。

②　以"生"為"生存"、"求生"，見譚家哲《形上史論》下冊《神倫與人倫：西方與中國倫理根源之差異》，頁 404。唐君毅《中國哲學原論：原性篇》，台北：台灣學生書局，1978 年，頁 17—8 亦有此意，不過唐氏乃參照《告子上》第四章告子云"食、色，性也"得出該看法，初仍以"生之謂性"為"未嘗限定生為何狀態之一生"。

要而形成之德性的意味，"義"是因應生存而不得不行之善。①"義外"故非決絕地否定"義"，②而只是對人類德性之被動性及不純粹人性的揭露。

在告子眼中之人，故是受制於外、與外難以分別之人，這或許正是他反過來強調"不得於言，勿求於心；不得於心，勿求於氣"（《公孫丑上》），努力捍衛自身、避免動搖（動心）的原因。然而，相對於孟子從順性與否進而肯定性善，當告子說"生之謂性"時，卻由原先的性無分善、不善，逐漸形成性惡論之雛型了。原因在於：由外而致之善、不善，雖使人免除善、惡之責，但同時也等於，如同外勢必然存在，人善、不善的發生及形態也都是必然的；而若一切善、不善都先本於求生，則作為正面德性之義的重要性，將不若弱肉強食、謀求己利等因生而有之不善，來得根本而普遍，因義也只在群體生活時有其必要。易言之，在"生之謂性"的前提下，人之不善比善更原本、更常態，義不如說是為處理此原本或常態之不善，始有之善，告子因而凸顯

---

① 義與生存需要有關，應是義在當時通用而未細審的意思，墨子便將義與利幾乎等同。孟子亦多次將義與由生存所衍生的利（《梁惠王上》"苟為後義而先利，不奪不饜"）、食之道（《滕文公上》"治於人者食人，治人者食於人，天下之通義也"）、關市之征（《滕文公下》以未能什一者為"非義"）、祿與室（《滕文公下》匡張問陳仲子章、《萬章上》伊尹求祿之問）、取與受（《萬章下》問交際何心時取諸民之"不義"，同篇下章問君餽之粟"受之何義"，及《盡心上》"舍簞食豆羹之義"的"仲子不義"）、死生（《告子上》"舍生取義"）、窮達（《盡心上》"窮不失義"）對舉，顯示它們與義的相關性，所不同的是，孟子仍致力分辨義在這些與生存有關之事上特有的人性意義。

② 故告子仍"義襲而取之"（《公孫丑上》）。

義外而從未強調利欲之外在性。這一推論實際上也是性惡論
或其他無法直接肯定性善者所循之路徑。荀子《性惡》及
《禮論》均可見此思慮過程，不同的只是他以禮取代義，使
人群爭鬥之惡由原本物質資源分配問題深化為人與人之份際
問題；墨子雖不直言性惡，但他從外在不相害之必要言兼
愛、從整體不可躲避之規範言天志（義），以此回應人之自
愛與自利，也出於同樣的考量。本章孟子對"生之謂性"
的回應，故具有解開這一糾結的意義。

　　究竟生存問題，對人類的影響如何？孟子的回答非常簡
明，他將事物分成兩類：一類如白羽、白雪、白玉，一類則
如犬、牛、人，而能夠如告子所言始終不離外勢、以致幾乎
因勢而塑造了其所有存在事實者，只有前一類事物；相反
地，真正具有求生必要的後一類事物，卻不僅在生存模式上
毫不相似，更有完全迥異的本性，犬、牛如是，人更明顯如
是。換言之，即使連生存這樣極致性的外勢，亦始終只是外
勢，它從未真正親奪生物之本性。這一淺近而為人所不言自
明的事實，極其簡單且令人無置喙地證明了：包括人在內
的所有有生者，其性皆足以超越最大且無須臾可離之勢，且
早已經超越了。如"舜之飯糗茹草也，若將終身焉；及其
為天子也，被袗衣，鼓琴，二女果，若固有之"（《盡心
下》），①存在境況之匱乏或豐足，均若終身固有，也若一
刻未曾有，與舜之性終究無關；又如人對於"嘑爾而與之"、

---

　　① 有關《盡心》之真偽，另參譚家哲《孟子平解》，台北：唐山出版
社，2010 年，頁 26—31。

"蹴爾而與之"之食之不屑,亦"所欲有甚於生者,而所惡有甚於死者,非獨賢者有是心也,人皆有之"(《告子上》)而已。

四 論人性主體

上述問題的解決,使對人性及德性的討論,得以擺脫因生存而產生之過度憂懼和想像,而純從人自己言。但即使如此,問題卻是愈為艱難的。因為,如果連生存都不至於左右人性,人為什麼仍有不善?此事實,可以說,才是人與犬、牛等其他生物真正不同之處。也因此,當我們一旦如此提問,即將面對的,將是更嚴峻的一種對人性本身的質問。人縱然應以人性界定善、不善,以人性為善的全部內容和定義,但人性之善顯然有限,基於人性而有的德性與道亦然。這樣的觀察和推論,即《告子上》第四章接下來區分仁內、義外,試圖劃分德性有效範圍時所表達的:

告子曰:"食、色,性也。仁,內也,非外也;義,外也,非內也。"

孟子曰:"何以謂仁內義外也?"

曰:"彼長而我長之,非有長於我也。猶彼白而我白之,從其白於外也,故謂之外也。"

曰:"異於白馬之白也,無以異於白人之白也。不識長馬之長也,無以異於長人之長與!且謂長者義乎?長之者義乎?"

曰:"吾弟則愛之,秦人之弟則不愛也,是以我為

悅者也，故謂之內。長楚人之長，亦長吾之長，是以長
為悅者也，故謂之外也。"

　　曰："耆秦人之炙，無以異於耆吾炙。夫物則亦有
然者也，然則耆炙亦有外與?"

告子之所以由食、色言性，是為了扣緊前章"生之謂性"
對生存外勢的討論，食、色正是對人如何獲得存續的具體界
定——食乃當下存在之維持，色則為存在之延續和繁衍。更
進一步說，食、色更是告子承前章孟子結論，所做出的對人
如何別於其他禽獸、獨立於生存之事的說明。犬、牛固然有
獨立之性，但此獨立性僅能實現在生存事務之外，對於雜
食、草食抑或生殖活動，牠們仍受制於生存需要之驅迫；相
對地，藉食、色，告子洞見人的獨立性是連生存亦無法阻擋
的。從下文以"我"區分內、外及後半"悅"涉及的主觀
感受，告子指出，人在生存之事上亦有類似以自我為起點
（"有於我"）及目的（"以我為悅"）的所謂人性之內之特
質。對人來說，縱然是飲食，飢渴存亡也非常態，《盡心
上》："飢者甘食，渴者甘飲，是未得飲食之正也，飢渴害
之也"，人的飲食與其說是為了解除飢渴，不如說更是為了
滿足口腹之欲而在飲食上偏求甘美。同樣，就生殖而言，人
所欲者亦非異性而已，更求美色及自我因美色而有的愛憎快
感，這與犬、牛單純求交配，完全不同。禽獸故僅稱"繁
殖"（《滕文公上》），"色"則為人所獨用。人類面對生存，
亦有著遠較求生更顯複雜的欲望、作風和道理。如齊宣王之
"好色"、君子聞其聲而不忍食其肉、古公亶父唯愛太姜、
陳仲子因廉而不食、孟子對"口之於味"之同與性命問題

的討論等,《孟子》全書所載多有。①告子將這些已溢乎生存
的人類作為,看作人性獨立的發端,並歸源其本,即"有
於我"與"以我為悅"所環繞的"我"。透過自我之範圍與
感受,人連面對生存之勢亦有獨立自主的可能,則其他輕微
於生存之勢者更無法限制人因自我發展而有的種種實現。易
言之,告子將人實現純粹人性之基礎,奠立在自我,自我使
人可以獨立而主動。"有於我"以心靈和人性自有的內容與
範疇,作為向外劃定人性世界之善的標準;"以我為悅"雖
非向外之作用,但"悅"說明了這自身之快慰,更是人衡
量事物善惡的內在基準。此由我客觀所有者與我主觀之感
受,所構成的與存在世界之關係,是決定何者為人性、何者
非是,何者能成就人性之善(德性)、何者已是外來虛構的
底限。這是說,除非人能在其存在所及之各種關係當中,皆
能自我地獨立,否則人便無法人性地活,其所作所為也始終
無法排除順應於外的被動性。

　　這將"我"視為人最終根本的看法,亦是許多思想中
常見的立場。明顯者如楊朱"為我";不明顯者則如墨家提
倡兼愛時,背後保全眾人自愛、自利的用意。此環繞自我形
成的人性與道德論,在荀子、法家、道家,以至於其他文明
之思想、倫理體系上,都佔有關鍵位置,自我或正或反、作

---

①　將"食、色"釋為在"生"事上的主觀好惡,以之為人獨異於其他
生物之性的說法,見譚家哲《神倫與人倫:西方與中國倫理根源之差異》,
《形上史論》下冊,頁405。不過,這是歸納本章告子對"內"的解釋——
"有(長)於我"、"以我為悅"所得出的結論(且更偏重於"以我為悅")。
本書則分述之,以兼顧食、色問題上人類超出單純好惡而有的其他表現。

為起點或作為終極地主導著理論的路向。孟子於《離婁下》所云："天下之言性也，則故而已矣。故者以利為本"亦是對此之慨嘆，"利"正是自我價值，如前引《梁惠王上》"何以利吾國？"之"吾"。然則自我何以受到如此重視？由"食、色，性也"及"有於我"、"以我為悅"可以知道：無論是客觀之我有、或主觀之我悅，都是主體的展現，自我的突顯故和人對主體性的追求有關。而之所以肯定主體，則只能是因為：論者將人本身之主動性透過"與存在世界相對"這人與世界的對待關係而立。主體問題之本質故無異於《告子上》第三章之獨立性問題，二者一體兩面。告子藉食、色言性，便很好地說明了這一立場。

　　相對地，孟子能夠指出告子以"我"為人性之本的過誤，就從說明人與人之問題不等於與世界之問題開始。更甚者，孟子必須重新定義人與世界（特別是食、色所及之世界）之真正關係，並糾正如告子以"食、色，性也"為人性起點的做法，而以"人與人"這無關外在對象的人性自身界域，作為人擴充、應世的唯一原則。他從三方面回應告子：一、從"有於我"者仍可非自我之有言；二、從心基於人性而非自我之主動言；三、對應"食、色，性也"，言勢與人性之關係。此第三方面，並藉物、自我與人性之對照，說明生存問題的真正性質。孟子這三項意見，對"我"在人性上之意義，給予了根本的釐清。以下詳述之。

　　就孟子所問"何以謂仁內義外也"，告子以"彼長而我長之，非有長於我也；猶彼白而我白之，從其白於外也，故謂之外也"解釋。援"白"為例的做法明顯承第三章對白

的討論而來，該章中白與"生"並舉，故第四章與白相對
之"長"亦應列為與生有關之屬性。對告子而言，能長久
者（長者）亦即能在生存上強韌者。告子藉長證明義外的
意圖因此相當明確，不僅說明義之非有於我，更指出義既本
諸對長者之長，它便與長相同，仍是生存轄下之行，它的外
在性或被動性甚至如白作為羽、雪不可離卻之勢那樣，是沒
有獨立在生存之外的人性基礎的。此立論將衍生兩難：一是
若孟子以外勢為不善，則義便不可能是純然之善；二是若孟
子必以義為善，則人便必須根據生存利害形成德性，否則德
性無法完備。後者也等於證明：人性既無法有純粹之時，亦
沒有純善的條件，人之不善故亦必然。對此，孟子增加了
"馬／人"這一組直接涉及事物異類之"性"的元素，以別
於作為事物性質的長、白，使辯論中交疊錯雜的層次得以釐
清。不過，學者多數逕據下文"且謂長者義乎？長之者義
乎？"之意加以解釋，僅從長之者對長馬、長人不同的內在
心意言，[①]而沒有對長本身屬內或屬外進行辨證。若然，告
子仍可反駁人之所以產生不同心意，正源於"從其長馬、
長人於外"。且即使"長"較"白"為內，人既有"從白
於外"的事實，亦難免有其他德性外來的可能。更何況不
只白羽、白雪、白玉之白各不相同，白馬與白人之白差異更
甚，不應混為一談。這些詮釋細節的忽略，使學者對
"異於白馬之白也"的說解逸離了原意，或以為內有衍文或闕

---

① 如朱熹："白馬白人，所謂彼白而我白之也；長馬長人，所謂彼長而
我長之也。白馬白人不異，而長馬長人不同，是乃所謂義也。"

文，①或在斷句上斟酌。②實際上，對於告子將表象或屬性視
為事物對象所有而不有於我，孟子真正需要説明的是：長、
白等縱使非我有，都始終未外於人性或甚至為人性所有；反
之，一性質若無法為人性所涵蓋，其原因或範圍又何在。這
是説，除非孟子能直接針對性質本身予以界定，而不只是從
人主觀的內在心意立説，才足以對應告子"有於我"這自
我之客觀面向，"長之者義"的成立必須以此為前提。那
麼，孟子"異於白馬之白也，無以異於白人之白也。不識
長馬之長也，無以異於長人之長與"四句，應如何解釋？

　　首先，由於"異於白馬之白，無以異於白人之白"不
可能解為"白馬、白人之白無異"，二者之白殊異，二句因
此不應看作相互比較的一組説話，隨後關於長的二句因而亦
無相對比較的關係。四句話其實是由白、長兩屬性和馬、人
所排列組合的四種各自獨立不同的情況：

	馬	人
白	異於"白馬之白"	無以異於"白人之白"
長	不識"長馬之長"	無以異於"長人之長"

馬與人具有兩種截然不同之性，白、長也分屬兩類性質，白
為物性性質，長則只有在有生者上可見。在四組合前所加的

---

①　主要爭議在"異於白馬之白"之"異於"。以朱熹注解為例："張氏
曰：'上異於二字疑衍。'李氏曰：'或有闕文焉'"。
②　如焦循《孟子正義》引孔廣森《經學卮言》："古人文字，不必拘定
以白馬與白人相偶。若必謂'白'字當屬'馬'上，或絕'異'字為一句，
下乃言人之於白馬之白，無異於白人之白，文義亦通。"

"異於"、"無以異於"、"不識"，則是循告子回答"何以謂仁內義外也"時舉以分辨內、外的原則——是否存在"彼"、"我"之異，所顯示的同、異比較，即：彼所有者是否同為我所有，抑或唯彼所有而與我之所有相異。"異於"是指其後所言之事物及其性質，確實存在彼、我之異；"無以異於"則無，該性質固然為彼者所有，但同樣內在於我；至於"不識"，則是不能識知而無法判斷的意思。此安插在四種排列情況前之用語也是對本章整體論辯重心"仁、義是否存在內、外差異"的回應："異於"者與仁之內在性有別；"無以異"則與仁之內在性無異，亦是本於內的。孟子的意思因此是：

1. 白馬之白確實異於仁，乃單純為彼所有的質素，人僅能依據白馬所顯示的白而稱白（"從其白於外"）。白人之白則否，當人們稱某人白時，此"白"非必色澤之白，而僅是從與他人的比較而言，故黃種人也有膚色黑、白的分別，其白實黃；此白甚至可以只顯示其人之安逸（相對於勞動者之乾枯剛硬）或對自身之修飾妝容（相對於粗糙或不均），而與色澤無直接關係。是以，白在馬或人身上的意思不同：作為白，他人之白仍是與人心本有對白之意識相應的素質，或更精確地說，它是人根據自身構想所命名的素質；而於馬之白，若非白馬先顯示此色，人是無以自行知識、構造其內容的。白人之例說明了：物性性質一旦落在人身上，它便再不能從純粹物性立其內涵，相對地，它被人轉化，甚至由人所定義。孟子因此反駁了告子的說法：若在人身上物性都非單純

物性，而是人性化的，那麼無論長或白，都不能據此以
為它是離開人性而獨立的一種外在質素。

2. 作為非物性性質，長應用在馬與人上意涵亦有不同，且
與物性性質所涉及的問題不相似。"不識長馬之長"便直
接點出了這一事實：除非是已經年老力衰、幾乎失去奔
馳、跳躍能力之馬，人對馬之長是無法辨識的（"不
識"），①人不能從其長於外。換言之，長如果只是以生理
年歲上的多寡為內容，它對人們來説不可認知，故毫無
意義。此道理應用在人身上亦然，年歲之一、二差距同
樣不能直見，能直見的僅有因老而現的癥象。然而，人
仍可以稱某人為長，這是因為長對於人而言，實際上並
非由生理年歲所標誌，而是關乎人格成熟、學問閱歷、
生命經驗，或是如《告子上》第五章的"在位"等人類
對生命共同的理解與價值。人之長，故可以辨認，其作
為性質，純然人性。

歸納此二點，孟子指出幾項事實：

1. 能使人單純從其於外的，只有物性性質，如白。
2. 無論是否為物性性質，一旦落實於人，必全部轉為人性
化之性質。故即使僅為彼所有而似外於我，對人性而言
則再無外在性。

———————————

① 若"長"乃代表生存力量上的強健，則馬之"老"，實已因生命力衰
敝而不同於"長"。至於仍屬青壯之成馬，人則無以辨識牠們間生理年歲的差
異。

3. 人所能辨識的性質，唯有純粹物性和人性性質。長馬之長則不能。

4. 長，作為對應“生”之性質，其內涵卻從未由“生”所賦予。人之長明顯如此，年歲之健長不必然衍生他人對其之敬重。①而就馬來說，它固然有客觀之長、幼，但於人觀之，除非已衰老疾病，人都難以察識其長。這是說，人能識知的反而是它趨近死亡之徵，是馬生命消逝而物化的狀態，是從馬物性上之古舊破敗見其長（人之長若亦僅止於生理之長，其情況與馬之長亦同）。相對地，如果人欲知馬生命力之長，唯有透過日復一日對其之養育和共處而能。易言之，使馬轉化為生活中之對象或甚至人性情感之對象時，馬之長始因其人性化而能正面地呈現。歸納地說，長之外在與否的關鍵，仍同前述第 1、2 項原則。是以，告子試圖類同長、白，使長不離於外在之勢——生所造成的兩難局面，是不成立的，敬長問題與生無關，也非人性之外之事。

孟子所云，故糾正了告子以“我”取代人性作為量度內、外的錯誤。自我固然在食、色上使人自主於外勢而異於犬、牛，但此獨立性始終僅相對於外勢，如食、色之於生，如我之於彼。然而，長雖因生而有，長人之長卻已在生之外開啟了人性獨有的意涵。此無關生之人性存在，方為人相對於生之獨立。而對人來說，所謂內在性，亦非同告子或一般所以

---

① 《告子上》第五章公都子回應“鄉人長於伯兄一歲，則誰敬？”時答“敬兄”，即此意。

為的從自我之內言內在性，如個人獨自之內心或自我主張；
孟子之內在性從人性言，故不致人與人、人與世界之隔閡和
對立。也因為告子不知人性這較我性更高的獨立性，其
"內"不僅令德性與人性有限，亦難以體會人性開展其世界
時，順隨人性對種種性質的包容、充實和轉化，所能體受的
存在之浩然朗闊與一體感。①由此錯誤，更不明人與物（人
性與物性）、人性德性與生存問題的界線。孟子最後故云：
"且謂長者義乎？長之者義乎？"長之意涵與意義唯由"長
之者"——這因人性而非如告子或朱注等所以為的"我"，
始內在而真實；基於人性之主體性，亦始為主體之為主體。

　　《告子上》第四章後半，仍是就人性與我孰真、孰能代
表人性原則的商榷。此前，告子尚將長與義視為與外在生存
有關之事，下半章告子修正，將敬長問題單純自人與人之交
往對待言，此時堅持義外，意義不同。如果義之所以為外，
在於它相應生存所需，則縱然非人性之善，它始終是客觀而
必然的。但若義外來自人為，那麼人性究竟如何，便有另外
之意思。告子分析其本質，指出此表面似是人與人間之義，
實還是生存問題的變形——因是對他者的取悅，故從目的來
看，也僅是將生存利害轉移至人際往來上而已。另一方面，
即使取悅他人非基於功利考量，敬長也無法證明自身之真實
性，因人實際敬長時，並未如孟子所言完全依據人性對長的
理解與尊敬而致，其無視真實之長的任意性，也同樣是自我
之呈露，間接而已。人與人之問題故仍應由"我與彼"這

----

　　① 《公孫丑上》孟子言塞於天地間之浩然正氣時，故以"告子未嘗知義，
以其外之也"言其義襲之饞。

一模式所涵蓋，自我主體仍應是人性最真實的樣態，沒有另一種人性可言。

告子對敬長之任意性的批評，見愛弟之例的討論。然而自朱熹開始，即錯誤地將本例視為與仁有關的例證，以為告子藉仁之所以為內駁斥孟子義內之說。[①]事實上，觀《孟子》言仁時通常舉用之例，除了表徵仁心端始的"乍見孺子將入於井"之怵惕惻隱，[②]及仁民這一類已擴充之德外，蓋以"事親"為主，它與"從兄"（意同於敬長），同為孟子從人倫言仁、義之實時的基本用例。[③]愛弟則未具相等的重要性。如告子所云"吾弟則愛之，秦人之弟則不愛也"，雖是情感事實，但也因為這一差等性，使愛無法為仁之本。故將王者"若保赤子"之仁詮釋為"愛無差等，施由親始"、以愛作為仁之意思者，乃墨者夷之，非孟子。試圖由此差等性之情感變為無差等性之愛（兼愛），實是妄圖將兩相反者合而為一，是不可能有結果的，孟子批評"天之生物也，使之一本，而夷子二本故也"原因在此。[④]相對地，人雖對兄之子與鄰之子有不同之親愛程度，但面對赤子入井，人心之

---

① 見朱注本句："言愛主於我，故仁在內；敬主於長，故義在外"，對告子"愛主於我，故仁在內"亦無所置疑。學者如日人佐藤一齋便均循此成論。

② 見《公孫丑上》"人皆有不忍人之心"章、《滕文公上》"墨者夷之，因徐辟而求見孟子"章。

③ 《離婁上》："孟子曰：'仁之實，事親是也。義之實，從兄是也。智之實，知斯二者弗去是也。禮之實，節文斯二者是也。樂之實，樂斯二者，樂則生矣，生則惡可已也，惡可已則不知足之蹈之、手之舞之。'"

④ 以上見《滕文公上》："夷子曰：'儒者之道："古之人若保赤子。"此言何謂也？之則以為愛無差等，施由親始。'徐子以告孟子。孟子曰：'夫夷子信以為人之親其兄之子，為若親其鄰之赤子乎？彼有取爾也。赤子匍匐將入井，非赤子之罪也。且天之生物也，使之一本，而夷子二本故也。'"

怵惕惻隱則無有分別。"君子之於物也，愛之而弗仁；於民也，仁之而弗親。親親而仁民，仁民而愛物"（《盡心上》），愛、仁、親故非同一之事，孟子從未混淆。《告子上》第四章後半告子愛弟之例，故與"仁內"意涵無關。那麼，愛弟究竟對應什麼而說？明顯地，從兄、敬長為義，愛弟則為其反面；弟是少者、幼者，非兄長般之長者。告子的意思因此是說：若長人之長是由於人性，為何人亦對其反面愛惜？為什麼人在面對不同長者時，卻同樣長之而不分辨？縱然它從屬於人自身之判斷，但這樣不穩定而矛盾的性質，實沒有真正如其所宣稱之意思，也沒有真正之價值性。若不是為了生存利害而不得不為，人是無需不辨執長地取悅他人。相反地，吾弟這無論生存能力、人性素養或現實成就皆較己匱乏者，人對其無條件之愛，才顯示人性自有之內容；而在愛弟問題上，能無慮於他者之悅地差等對待，更說明弟作為性質和價值時的明確與真實。此更真實之人性性質與情感，基礎並不在孟子所言之人性上，而是我——"以我為悅"。告子此項回應也等於指出：假若排除食、色這樣的自我主體模式，人也不可能再於生存層面上樹立其他純粹人性之素質，如孟子所謂"長"，其無法恆定一致的原因在此。從而可以說，所有人對外在屬性的轉化，仍帶有自以為是的虛構成分，對"長之者"而言它是任意的，對"長者"才是必然的。換言之，告子全面否定了孟子前此之說。

　　孟子如何面對這些駁難？通過耆炙之例，孟子舉出三點：

1. 耆炙之悅乃為己之悅，而能因食炙此外在物事而悅、異

炙而同悅，均已說明以"我"為準的內、外差等，非人
是否能悅的唯一與最終依據。

2. 若悅確實是人極真實之狀態，而又不受物（如秦人之炙
與吾炙）、我之限，則悅當有其他基礎。這能超越物、我
之基礎，如人轉化白人之白、長人之長般，也即人共通
之性，人性。

3. 悅可與物同在，可由食炙而致，易言之，人性可與外在
之勢同在。

此三點，完整地否決了告子的疑議。孟子舉耆炙為例，或正
是為了與告子愛弟之例及本章最初的"食、色，性也"相
對的緣故。愛弟作為自我之實現，其所具有的主觀好惡明顯
甚於敬長之以長為悅的客觀性，但耆炙一方面因直接符應生
存所需而較敬長更為客觀、外在，一方面作為嗜欲，其所達
成之悅卻又較愛弟更為主觀，使原本在敬長和愛弟之間的差
距突然失去意義。並且，縱使是嗜欲之悅，它仍然可在不同
事物上獲得同樣滿足，既未計較其中差異，亦未有無止盡之
欲求，相較"食、色，性也"所提示的自我意味，它實現
出另一種在生存之事上的獨立性，這是對自身所需的自知與
自然之節制，也是別於飲食品味和色欲享樂的真實之悅。是
以，"夫物則亦有然者也"、"耆炙非外"，人性所及之幅度
是顯較告子主張之"我"更大的。告子不明義內，因他始
終僅訴諸特定的幾項原則來論人性，而尚未真正觀見人性全
部之可能。

五　論人性之現實實踐

《告子上》第五章：

> 孟季子問公都子曰："何以謂義內也?"
> 曰："行吾敬，故謂之內也。"
> "鄉人長於伯兄一歲，則誰敬?"
> 曰："敬兄。"
> "酌則誰先?"
> 曰："先酌鄉人。"
> "所敬在此，所長在彼，果在外，非由內也。"
> 公都子不能答，以告孟子。孟子曰："敬叔父乎?
> 敬弟乎? 彼將曰：'敬叔父。'曰：'弟為尸，則誰敬?'
> 彼將曰：'敬弟。'子曰：'惡在其敬叔父也?'彼將曰：
> '在位故也。'子亦曰：'在位故也。庸敬在兄，斯須之
> 敬在鄉人。'"
> 季子聞之，曰："敬叔父則敬，敬弟則敬，果在
> 外，非由內也。"
> 公都子曰："冬日則飲湯，夏日則飲水，然則飲食
> 亦在外也?"

本章無論主題（義內或外）、用例（長、弟、飲食），都與
前章相同，在告子已退出論辯而無進一步質疑的情況下，或
可視為對前章之補充。不過，由於所據以論證者恰好相反前

章，使學者之解釋與前章無明顯區別，①或有如毛奇齡説，
以為此前、後二章分別以仁內駁義外、以義外駁仁內。②前
者不辨四、五章差異的解釋固然粗率，但後者將仁內、義外
相互駁詰，也僅能得出無論仁、義均矛盾不真的結論，非
《孟子》之意。《告子上》第四章之論證如已成立，類似愛
弟這樣基於親疏之分的主觀意欲，便不再是第五章孟季子
"鄉人長於伯兄一歲，則誰敬？"的重點，因敬長之義之內
在性不出於"我"，而來源於人性之共同價值。本章因而更
不應看作是對自我任意性或不一致的批判，它其實再與
"我"無關。相反地，包括孟季子之所有提問，以及孟子、
公都子之回應，皆屬自我所不能介入的必然事例，故在公都
子回覆之前，孟季子實已預知"誰敬？""酌則誰先？"之答
案；公都子舉冬、夏之飲，也是完全客觀而必然的；孟子教
公都子之對答，更顯示所有答覆均無任意變異的可能。是
以，四、五章事例之相反情況，也只是對義超越這表面相對

---

　①　在鄉人與伯兄間孰敬，實與第四章對吾弟及秦人之弟相異之愛，原理
相當，然而，第四章以差等反襯不分對象而同敬之外在性，本章卻正以此作為
敬長之實，而由"先酌鄉人"違背原有差等而斥義為外。其後，飲湯、水之異
和耆秦炙、我炙之同亦然。

　②　焦循《孟子正義》引毛氏《四書賸言》："嗜食在內，與敬長在外正
別，此何足以辨，亦何足以服告子。冬日則飲湯，夏日則飲水，與'嗜秦人之
炙'二句相反。使難者曰：'冬則飲湯，夏則飲水，果在外，非由內也'，何
以解？嘗以二者問先仲氏，先仲氏一曰：敬長無人我，以長在人耳。今嗜炙
亦無人我，此非人也，物也。且其無人我而必長人者，以長在外耳。今嗜炙主
愛，而亦無人我，而惟外是愛，此非長在外，即愛亦在外也。上言長馬之長異
乎長人之長，則人物有別矣。此緊承'長楚人之長'二句，愛在外與嗜炙在內
大別，此借仁內以駁義外也。一曰：以在位而易其敬，猶之以在時而易其飲
也。夫嗜食甘飲者，愛也。愛亦在外矣。嗜炙是同嗜，此是異飲，嗜炙以仁內
駁義外，此以義外駁仁內，不同"。

性，而有更絕對、真實的基礎的說明。

　　重審第五章諸例，若存在孟季子所觀察的內、外不一之狀，實源於人之敬與其實際執行間產生出入，內在心意與外在行動不能一致，故敬長之義終究為外。本章內、外之辨，故是由心與行之分裂而起，非我與彼；論辯最後推向的面向，因此是對人性在心與行上之實現問題的討論。相較先前圍繞人性與德性關係的論辯，第五章已開始轉移焦點至後天的實踐層次，問題已非性善與否之爭論，而是即便性善（且無關任何外勢），在人實際之現實中，人自己是否能夠如實地實現其性；若否，則此體、用間的差距，仍然顯示人本身之不真和不善，人之不誠。①

　　讓我們歸納孟子與章末公都子回應的重點。首先，孟子設想之問答與孟季子問公都子者模式相同，都是所敬與實踐時所敬發生相悖。不過，孟子為突顯此相悖情況，更刻意舉出弟尸這樣的極端例子。這是因為伯兄與鄉人同為長者，即使酌有先後，對二者之敬基本上仍是真誠的，實踐時先後倒置之偽，並未動搖敬長之原意與內在性；②反之，連面對幼少者、面對明知僅為象徵而非神者亦行敬，這長之反面、對象之不真，卻更顯實踐之荒謬，亦令人對敬意本身之真偽、對錯有所疑。然而，就像"彼將曰：'在位故也'"，人仍十分自覺行為之理由，非無知於弟尸與常態中"長"的差

_____

　　① 孟子言"誠"故也由"誠身"言之，見《離婁上》"居下位而不獲於上"章、《盡心上》"萬物皆備於我矣"對"反身而誠"的討論。
　　② 事實上，酌飲之主次先後，是禮的問題，非義。亦參考顧炎武《日知錄》："酌鄉人、敬尸二事，皆禮之用也，而莫非義之所宜。"

異。"在位故也"，是"位"使人向弟尸行敬，所敬不在弟，亦不在作為象徵之尸，而是它們所代表之宗公先祖。宗公先祖非現實存在者，對其之敬故是人心無待而極純粹之實現。敬意能超越眼前具體之弟、象徵性之尸而投向不可見之祖考，也說明敬本非被動於外在對象或情況之事。以明顯幼弱之弟、子為尸，實欲使敬者更自覺所敬在神、不在此之故。敬弟尸之荒謬，是以正顯示敬之內在性，覺其荒謬者反而因固執於外表而自致荒謬。同樣，"先酌鄉人"的關鍵亦不在"鄉人"這一目前對象，人不先酌伯兄而酌鄉人是因為敬"賓"。賓作為所敬之價值，高於伯兄與鄉人個人對己之意義，甚至高於"長"所具有的價值意義。事實上，孟季子之問段涉及的敬之對象可區分為三：一是"鄉人長於伯兄一歲"生理年歲之長。二是伯兄對己提攜、帶導之長，較鄉人齒長更為切近而真實；它等同第四章所謂的人性之長，人之敬伯兄故非基於愛吾弟、不愛秦人之弟這類偏愛的緣故，而是對比兩種"長"義時對其中人性者之敬；本章叔父之長，亦屬此類。三則為"賓"，它是人更自覺地超越親疏遠近之限而主動為人與人之締結、互重而出現之身份，它甚至代表著人不計自我而欲與人交換、分享其情感與德智之形象，[①]因而更高於伯兄或叔父這最原初的人性之長。孟子"在位故也"的說明，故指出在實踐中種種狀似悖反本心之行動，其背後之本仍在內心真實之敬，這呼應了《離婁上》

---

　　① 如《詩經・小雅・鹿鳴之什・鹿鳴》："我有嘉賓，德音孔昭"而"人之好我，示我周行"等在燕飲時所歌詠之內容。

“誠身有道，不明乎善，不誠其身矣”之意。

可以注意到的是，孟子除了指出這些行為的心意與所敬內容之變化外，另提到“庸”與“斯須”的對比。相較於心、行或性與其應用之分裂，“庸／斯須”的問題是更為尖銳的。這是因為，心與實踐間的不一致，尚只是個人修身不誠的問題而已，但承認斯須，卻直接從客觀的道理意涵與性質上動搖了庸所具有之善，而使常道無常，常道因應境況而權變。如是，實無庸、無常道了。“庸／斯須”的點出，因此是孟子針對孟季子心、行內外之論，所做出的對於人類現實存在之體、用問題其關鍵之修正——“常／變”才是現實層次中人性問題最重要的疑議所在，幾乎以斯須之變為現實全部內容的事實，才可能令人徹底地無視人性。是以，孟季子對孟子教公都子語的進一步駁難：“敬叔父則敬，敬弟則敬”，也相應地離開了先前的焦點，而直批斯須之行。他的疑問是：縱然敬叔父與弟各有真實原因，但人因所敬內容的深淺或輕重差異而取捨行敬，這斯須做法已說明對所捨者無持恆之敬，而敬之不恆，實即無真正之敬。換言之，現實中一時的心、行固然真誠而善，也僅是一時而已，無法擴充為所有時地境況之道理，人仍然不知作為人其一貫的原則與道路何在，如同沒有實際上可依本之人性。

於此，公都子與孟子各提出解釋。公都子舉冬日飲湯、夏日飲水為例，人在“飲”這一現實事務上全為斯須之行，從未庸常，然而“飲”作為人之庸事，其“庸”之意義卻是凌駕在諸斯須之飲之上的，非湯、水可以標誌或取代。斯須因而不能與庸對等，庸是更根本的，即使表面不可見

（隱，故亦是內在的）。同樣，敬叔父與敬弟雖然有不同的敬意程度與理由，但亦無妨“敬”在人與人間作為肯定和推崇人性價值的德行真實，敬故不應從個別事例中看，而應從事例中見其共同的人性意義。孟子的看法則與公都子略別，他並未將庸與斯須視作一隱、一顯之事，相對於公都子將庸抽象為一更高不變之共理，“庸敬在兄，斯須之敬在鄉人”中的庸則與斯須一樣仍是一具體事務，只在事務內容上出現差異，但無性質上的截然之分。對孟子來說，“庸敬在兄”，庸也即日常而已。庸若標誌常道而為斯須之本，只能從其日常性言。兄固然不比賓、尸之位，而僅實現出敬最基本的對象——“長”，但這在日常中切近的從兄、敬長，才是支持其他更高價值對象和敬意的源頭。人是由對身邊兄長的敬重開始，以至於明白各種人與人間相扶持、教導關係之珍貴，對賓朋與先祖之敬是在這樣的基礎上深化的。斯須與庸故非相對之事，斯須甚至不是庸在對應現實境況時所做的權變，它仍然以人性（如敬長）為原則，沒有一時之偶然。

孟子以日常為庸，與公都子所以為的以斯須背後之共理為庸，二者之差異是我們極應注意的。因為，如孟子所指出，真正之庸、真正之常道——日常之常，實非恆定不變的。是以，公都子所視為斯須的冬日飲湯、夏日飲水，實際上亦日常（庸）而已，日常是在如此一種細微無奇的變化和週而復始中實現者，它既是變、又不變，既是不變、又未停止於變。此本質上無恆定性的日常始為人在現實存在中之常。歸納本章，孟子指出：一切對象在人性現實當中，既非心、行內外割裂的，亦非作為體、用內外般概念性地分別開的，一切莫不是生活之遠近、經常與否而已。

六　論人性與人性之道

公都子對"庸／斯須"的歧出詮釋，在隨後《告子上》第六章轉化為另一問題被突顯出來，見原文：

公都子曰："告子曰：'性無善、無不善也。'或曰：'性可以為善、可以為不善，是故文、武興則民好善，幽、厲興則民好暴。'或曰：'有性善、有性不善，是故以堯為君而有象，以瞽瞍為父而有舜，以紂為兄之子且以為君而有微子啟、王子比干。'今曰性善，然則彼皆非與？"

孟子曰："乃若其情，則可以為善矣，乃所謂善也。若夫為不善，非才之罪也。惻隱之心，人皆有之。羞惡之心，人皆有之。恭敬之心，人皆有之。是非之心，人皆有之。惻隱之心，仁也。羞惡之心，義也。恭敬之心，禮也。是非之心，智也。仁、義、禮、智，非由外鑠我也，我固有之也，弗思耳矣。故曰：求則得之，舍則失之，或相倍蓰而無算者，不能盡其才者也。《詩》曰：'天生蒸民，有物有則。民之秉彝，好是懿德。'孔子曰：'為此詩者，其知道乎！故有物必有則，民之秉彝也，故好是懿德。'"

對於公都子本章之問的解釋，戴震以降清代漢學與程、朱所代表的宋代理學間，有極對立的意見；孟子以心回應，也使得本章成為明代心學據以論爭的焦點。焦循《孟子正義》於此首度引述了包括王充、陸九淵、王陽明、程瑤田等說，以及戴震對程、朱的回應意見，並針對孔、孟、荀、揚、韓等性論加以比較。此囊括各說之總體述評是先前五章所未見的，顯示公都子問題之特殊性，它表徵了這些同異相參的人性論交鋒不已之所在。可以看到，公都子所提到的三種說法中，告子之非已見第二章；另外兩類說法——以上位者之賢與不賢而或善或惡，或是從極其相似的養成背景與血脈關係中，爭論人是否能夠相應出現可預期的結果，亦重複前數章對人性與外在環境（勢）、自我等影響關係的探究，非新的議題。即使不然，但就公都子的情況來說，其能以敬為內、以斯須無悖於庸，這對人性價值與恆常性的認識，是不致質疑性善的，故他僅問“彼皆非與？”而非問性善是否為是。問題只是，三種觀察作為人類實際發生之現象，同樣無可否認，公都子困惑的因此是：即便“性善”確有其理，它又如何與人類的具體事實一致？孟子隨後以涉及後天作用之“情”、“才”、“端”回應，故也標誌出相同的現實面向。若公都子的問題亦是後世探討人性且特別是持性善主張的代表論者均必求解決的問題，導致他們發問的原因是什麼？從《孟子》安排公都子緊連著第五章後再度出現，以及公都子將庸從孟子的日常義抽象為形上之庸等線索來看，如此之問實是肇自這隱微的偏轉而有的。換言之，當論者將人性及其

道視為一不可變之本體時，問題便似是真實地發生了。①實
際上，相對於先前五章直接對應外勢、自我以及實踐等各種
可能使人不善之因素的討論，第六章的問題並沒有真正的對
象；或更精確地說，對公都子或其他性善論者而言，問題發
生在人自己內部——作為本體的“人性”與實際的“人”
兩造之間。然而，人性與人不可能為二，若不是反省性地反
思自身，②自身是不可能以自身為對象的。這虛擬之思因而
非真實的提問，循此發問所做出的解答，亦勢必不能完整解
決人與人性兩造之矛盾，二者之矛盾乃由於預設的前提所
致。相對於此，孟子以日常釋庸，雖似與批評程、朱截理
義、氣質二性的戴震“人倫日用”無別，但後者在仍以血
氣心知為不變且唯一真實之本性時，所能據以致道的原理，
僅能是日用中事務之應然無失而已，與孟子透過日常切近之
人倫關係而致“中也養不中，才也養不才，故人樂有賢父
兄也”（《離婁下》）內在昇進之“養”，或前述基於敬兄而有
的更深層次的斯須之敬，明顯不同。孟子並未對人性之限度
有所遲疑，除了人本身，他也不依賴其他（如事理或天理）
原則作為擴充其善的憑藉。正是因為人性地看待人與人性本

①　戴震亦意識到此問題，故歸咎程、朱雖主性善但實與公都子所引或曰
相容的原因，乃在二者“視理儼如有物，以善歸理”，扭曲孟子“人無有不
善”為“性無有不善”，將現實之“人”與作為本體之“人性”二分的緣故。
然而，戴氏雖有意矯正，但其“血氣心知”之說只是程、朱之對反而已，非對
此思維型態本身的糾正。因而無論是對人生活境況的主張，或是基於同情前提
所提出的“反躬”工夫，均同程、朱般，仍企圖從分殊不齊中尋求一普遍的標
準，並藉此否定或輕忽種種分殊樣態的意義。見簡良如《戴震〈孟子字義疏
證〉對人性及人群問題的反省——以〈孟子〉相關思想為參照》。

②　即孟子“反身而誠”、知言養氣章“自反”之思維，這與心、行等實
踐問題相關之思，也已見於《告子上》第四章。

身，所以庸與斯須之善也都必須先是人性的；無論所視為常道（庸）之內容為何，始終是人性為本，而非庸為本。那麼，究竟什麼是人性？

對比前數章，《告子上》第六章沒有真正對應對象的問答，正顯示本章就人性論人性的宗旨。故，孟子至此始全面指出心之四端及性善之具體內容（仁、義、禮、智），補足了自首章以來均告闕如的直接論述，並別於先前告子或公都子亟待辨證之言而引用了《詩經》和孔子的正面說話，本章之特性由此可見。以下，便對應公都子之提問，簡述孟子所見。

（一）人性之性質，及總論人情時"性善"之意思

公都子所問三種人性論——"性無善、無惡"否定性可以以善、惡界定，性在善、惡之外。人非不為善、惡，而只是善、惡均因外而致，也因此，如水之東、西終不等同水性，人之善、惡亦與人性無關。告子故從未質疑人性本體這不可動搖的獨立性，即使這並非意謂人現實上真有獨立於外勢的存在時刻，他亦以不動心為守且先孟子而不動心。相對地，"性可以為善，可以為不善"雖頗近於告子"性，猶湍水也，決諸東方則東流，決諸西方則西流"之喻，但與告子以善、惡為外，人性本身實無異動的立場相較，本項說法中的性卻得以受到塑造。對該說而言，性善或不善之問題乃是一形成（"為"）之問題，故對人性之討論，不應由其原本觀，而應自形成之可能性與型態觀。在此類主張下，人性成為一種可資教化或塑造之客體而進入人性論的領域；或若仍必以人性為人性論之主體，此時原初之人性便既非第一種

"性無善、無惡"般超善、惡之主體，亦非受善、惡所轄者，而是一空無的主體（無論這是從其本來而言，或從功夫之收斂虛靜言），在此條件下始有可以為善、可以為不善之彈性。最後，"有性善、有性不善"則一方面對立"性無善、無惡"而"有"，另一方面，因人倫上下（君／父）、內外（父兄／君之教、治）均無以改造人性，它亦對立人性形成論。由於性善、性惡幾乎是命定的，因此，善者不可能為惡，不善者亦無以為善，論者同樣亦不可能在善者及不善者身上試圖做出任何異乎其性的作為。換言之，第三說雖似是三種人性論中唯一將善、惡一開始即內在於人性者，但無論是善或惡，作為不可變之本性，它亦自然地排除在人類問題的反省對象之外，無可處理。換句話說，第三說將善、惡內於人性本然的論點，卻正是使人之問題離卻人性、離卻善、惡的起始。

　　歸納上述，表面截然不同的三種人性論，實際上均有意無意地將善、惡和人性分別開來。其原因，或在三者無一能夠明確而肯定地說明人性究竟是一可以正面肯定的內容抑或必須負面否定者，而以不同模式擺動在善、惡之間或迴避善、惡問題的緣故。如此之擺動以及對人性無真正之主動性，顯然源於人類長久以來之事實正是如此。然而，孟子面對同一事實，他的回應代表什麼？"乃若其情，則可以為善矣，乃所謂善也"，若三說背後隱藏著面對人類事實時內心之保留、甚至無奈，而為人反觀自身時普遍之感嘆，孟子卻超越這心態主觀之共同處而見事實本身更客觀、一致之事實。"情"正是對應三說所指之實。趙岐、朱熹、戴震等，均將本句"情"釋為與性相對之情、因物而動之情，再藉

情、性相為表裡，或情動之初之誠、情之不偏，來說明何以
"乃若其情，則可以為善矣"。①不過，《孟子》中"情"凡
四見，除本句外均作"實"解，即事物之真實情況，《離婁
下》"聲聞過情"是最簡明的例子；而此真實情況更特指事
物實際實現之事實，非從本質、本體而言，故如《滕文公
上》"夫物之不齊，物之情也"，不齊並非麻、縷、絲、絮
等物本身之性，而是指它們相較時之現實情狀，同樣，《告
子上》第八章見人違禽獸不遠，而以為未嘗有才，孟子反
問："是豈人之情也?"也都是專對"放其良心"及"才"
這一類應世層面而言，"乃若其情"之情故亦如是。學者以
情為因物而動之感受，應是循《禮記·樂記》或《中庸》
"中／和"的說法，然而，就二文獻對喜怒哀樂應"中節"
及先王對音、聲之塑造與規範觀之，情仍需受進一步約束或
引導，非本身自足而必然正面者，故縱使它自然、無造作，
但"物交物，則引之而已矣"，始終別於"心之官則思"。②
即便是同情，因歸根究底也僅止於情之類比，非在情之外有
另外之體認，故若旁通他人之哀苦而有所作為，也將止於哀
苦的解除或哀苦之反面——悅樂之實現而已，這與惻隱之心

---

① 戴震似也注意到《孟子》對情字的用法有另外的意思——"猶素也，
實也"，因而做出了較為繁複的論證，但總其大意，情固然非"性／情"相對
之情（故亦非相對於性之不動的因物動之之情），而直接同惻隱等四端之心般
是性本身之能力——"旁通者情"，然而，作為同情能力，它仍是基於五倫互
動時之喜怒哀樂而來，非別有其他涵義。見黃俊傑《〈孟子·告子上〉集釋新
詮》，頁 252—255。

② 不過，《樂記》撰寫目的非在個人，而是從群體音聲意義著眼，從人
群整體心境感受及其影響切入的有關治道之討論，重心放在上位者與其制定、
施行之禮、樂，與《中庸》自個人喜怒哀樂發而皆中節的自我修養、或是
《孟子》言人心之官之思不同。

之"不忍'人'"，不忍見人因危難或痛楚而不能人性地為人，其目的和用心不同，也和羞惡之心或敬長等對人性價值的自覺意識迥異。孟子"乃若其情，則可以為善矣，乃所謂善也"由"情"見人性，因此與三論從人類事實言人性是站在同一立足點上的相反結論。甚至，相對於三論同見人類事實卻各執一說，"乃若其情"則連三論皆納入考察。換言之，若欲直視人類事實，必須如此沒有遺漏地見人的無善惡以至或善或惡之全部事實，否則只是對事實一隅之見而已。如是，"則可以為善矣"便絕非從第二類論點裡擷取而來，它非指人可以後天的方式形成善，而預留人同樣可以為惡之餘地；本句也不能指人縱有差等，但均可各行其所能之善，若然，則此差等之人、差等之善，亦僅意謂著孟子已承認了性有善、有惡。"則可以為善矣，乃所謂善也"是歸納全部人情的的結果。

　　那麼，在三說各舉一隅的情實中，什麼是它們所一致的？明顯地，如前述曾提到的在善、惡間之擺動，三說無不與"善／惡"或更廣義地說之"有／無"、"先／後"、"內／外"、或"是／否（不）"等相對性之意識並存，甚至，這也是《告子上》前數章其他論辯意見共同的現象，如分"人／我"、"心／行"、"真／偽"、"庸／斯須"等。這無時不處在相對間之分辨和取捨，正是不由純粹的人性本體而單從人類事實言時，涵蓋在所有狀態下的特質。不論人實際上以何種態度或方面對此做出結論，此特質必然存在，即連告子言"性無善、無惡"而似超然於此相對性之外，也僅是嘗試將相對性從世俗之善、惡拉至一必然（相對於善、惡或東、西決口之外在性）的層次而已。此必然特質之意義，遠較它在個人身上各自實現的結果來得重要。這是因為，它隨時保留了人往善的可能性，而沒有絕對之限制；並且，當人一直維持在取捨之中，即使人最後所行仍為客觀之惡，但他無論如何都已選擇了一自以為在其狀態下較好的路向。換言之，固然這可能只是主觀或狹窄於一己之善，然而，選擇的道路始終向善。"則可以為善矣"故是基於此而言的，它不只是表明人可以為善，更指出人唯可以為善；"乃所謂善也"——孟子因此能夠說人類性善，而所謂性善，也指此而已。

可以看到，孟子所謂"性善"，既否定了前述三種人性主張，亦對應了三者對人性性質的定位，而一併兼有。這是說："性無善、無惡"對人性之獨立自在的認識，"性可以為善，可以為不善"所言人性之無限性，以及"有性善，有性不善"的人性之必然性，都收攝在孟子"性善"意涵之下。此三項性質，故也是孟子對人性本身作為性質時其必要屬性的說明。

（二）心，與四端之心之意義

"若夫為不善，非才之罪也"以下至"不能盡其才者也"論才。透過這一段文字可以知道，孟子所謂才，也即四端之心，非才性或其他分殊類型之才，且由四端之心"人皆有之"，才亦無關智愚這一類具有高、低能力之質，眾人在才上所表現出的差等，孟子認為，也只是人是否求、捨其心的結果而已，非真有差異。那麼，孟子為何在總言"性善"之意義和性質後，進入對才、心的討論？

四端之心，人皆有之，這是連性惡論都無法否認的，故為人皆具備可以為善之才提供了條件。不過這似非孟子最主要的目的。因為，即使無此四端之心，"乃若其情，則可以為善矣"已完成對性善的定位和證明，四端的提出，反而衍生更多的疑問，包括人心非唯惻隱、羞惡、恭敬、是非，此四端有何代表性？或它們如何總括心之內容？如何面對同樣蠢動於人心中的欲念、感受或其他負面之思？這些問題都不是孟子在本章甚至全書內試圖解釋的。[1]關鍵反而僅在心對人的意義，特別在孟子竟將它等同人之才，後者卻往往被理解為個人天賦所命定者時，孟子的看法正說明人作為人真正應憑藉的實非那可資憑藉者。人藉才智聰敏所達致的成功是才智之成功，非人自己的；相對地，在命運之下仍"順受其正"不失正道地努力，這自由、自主之承擔，始使其成敗純本於人自己。心之於人之意義正是如此——"求則得之，舍則失之"，心無關稟賦而純因人的主動求索而得。孟子對心之主動性的說明，更包括：[2]

1. 心是人皆有之的，卻又非理所當然、原本即有的，它"求則得之，舍則失之"、"操則存，舍則亡"。易言之，

---

　　[1]　《孟子》並列四端之心的文句，除本章外，僅見於《公孫丑上》"孺子將入於井"句（禮之端則以辭讓之心，取代恭敬之心），且同樣未有說解。我們所能見到孟子對心之官能的說明，唯"心之官則思"，見本文對《告子上》第一章之討論。

　　[2]　《告子上》多篇論心及其工夫，以下僅按《告子上》第六章"求則得之，舍則失之"，以及與之意思相近的第八章孔子言"操則存，舍則亡。出入無時，莫知其鄉。惟心之謂與！"加以整理。工夫論不論，《告子上》其他有關人心之同然、心之為大體等之說明，均屬心與其他官能之比較，非直就心本身言，故本處略之。

除了人之主動，沒有其他使之存在之依據，主動性故為心之所以為心之本。

2. 心純然自由，無所止限，孔子故形容心："出入無時，莫知其鄉"，它之自由無任何內、外規限可以約束。"出入無時"不只說明心之得、失完全基於主動，更顯示它在各種情境與客觀條件下之自由——心面對外在情狀之隨時可在；"莫知其鄉"則言心無對其自身之限，因連最終安止之處（鄉）皆是人所不知的，心自己未嘗預知。[①]此同乎鬼神及其來格者，[②]即心所具有之自由。

心這絕對主動與自由，終結了在人之外一切之超越性，無論是由世俗或生存利害而言之勢、鬼神或其他隱而不顯之意志和力量，心都具有與之對等或甚至更高度之素質。諸超越者固然未必為心所取消，卻已不再以其超越性作為心之對象，孟子在《盡心上》首句故道：

　　　盡其心者，知其性也。知其性，則知天矣。存其心，養其性，所以事天也。殀壽不貳，脩身以俟之，所以立命也。

————————

　　① 《告子上》第七章云："心之所同然者何也？謂理也，義也"非對心之居鄉的規限，因孟子仍保留了盡心與四端擴充之可能。

　　② 《中庸》形容鬼神之為德之文字與《孟子》對心的形容頗見呼應，如"視之而弗見，聽之而弗聞"與心之非耳目之官，"體物而不可遺"、"洋洋乎如在其上，如在其左右"與心的"出入無時"，"《詩》曰：'神之格思，不可度思，矧可射思'"與心的"莫知其鄉"。

心與性之關係已數見前文討論，這裡應特別注意的是心、性和作為最高客觀真實的天與命的關係：天之能知與能事，人力所不能改其夭壽禍福之命之可俟、可立，都顯示在心之前天、命之同樣"人性"性，故和知性及性之養得以並行。更簡明地説，若連天、命皆只以盡心、存心處之，那麼對人而言，人所唯一需要致力的也即因心而做的關乎人性自身之努力了。人心之性質與意義如是，故人若仍為不善，也只源於其未能主動、未能盡心，非真有不善之才、缺陷之才。此為孟子在"乃若其情，則可以為善矣，乃所謂善也"之外，對"性善"的再一次證明。相對於前者由人類全體情實證之，這次則自人本身所有之才證之；若孟子於前一情況下從人無奈或偏頗不定之事實證明性善，後一情況則以人之所以能自主而無所限，説明人實現性善之必然。孟子故非由四端證明人心之善，而是心本身即是對性善的保證。

　　事實上，惻隱、羞惡、恭敬、是非四端的提出，仍與公都子所問三類人性論有關。即使三類説法未能完全肯定人性，但在理論背後，仍可見三者亦主張了某些其所不願意放棄和貶抑的人類面向。告子"性無善、無惡"自然是出於對人性獨立性的重視，故既排斥外力戕賊，追求自身存在，並對自我之任意與情感極其肯定。[①]"性可以為善、可以為不善"所關注的則非人性獨立之價值，它反而由性的涵容與彈性，以及性的有所為，見人性之意義。"有性善、有性不善"則完全如實地接納了人有善、有惡的事實，接納了

---

① 分見《告子上》第一至四章告子之言。

人各自多樣的面貌且均視之為真。三者藉此實踐了對人的肯定，是毋庸置疑的；即便它們未曾直接承認性善，但這有關人之獨立、自由有所為以及其本然，都是三說所見的人之善——在人身上無法否定之正面性。對此，孟子藉惻隱、羞惡、恭敬、是非之心，進一步做了細微的分辨，從而對等地說明何謂對人真實之肯定。有關獨立性，《孟子》書以仁者為實現最高獨立性之主體，仁者至高、無與之匹偶者，[①]其發端在惻隱之心，那麼，明顯地，孟子實將心之獨立性建諸惻隱——對他人之不忍，較諸告子藉判別內外、人我等建立自我之方式以實現人之獨立性，是多麼不同！人之獨立非從執著於特定之界限言，若然，這仍是一抽象而任意之獨立，如自我之以自身為唯一真實般，人之獨立是由人對人類自己

----

① 如孟子數言的："仁者無敵"（《梁惠王上》）、"夫國君好仁，天下無敵"（《離婁上》）、"仁人無敵於天下"（《盡心下》）、"國君好仁，天下無敵焉"（《盡心下》）、"王發政施仁，使天下仕者，皆欲立於王之朝，耕者皆欲耕於王之野，商賈皆欲藏於王之市，行旅皆欲出於王之塗，天下之欲疾其君者，皆欲赴愬於王。其若是，孰能禦之？"（《梁惠王上》）"王發政施仁"句解釋了無敵的原因——天下之仕、耕、商賈、行旅、欲疾其君者皆歸向仁王，仁是超越階層、背景、權力規範等外在影響和條件而為人所共同歸向的。近似的例子尚有"民之歸仁也，猶水之就下"（《離婁上》）。易言之，仁所實現的正是人性所肯定者，甚至如"仁也者，人也"（《盡心下》）、"夫仁，天之尊爵也，人之安宅也"（《公孫丑上》），它是凌駕一切外在善惡的人自己本身之德性。故一方面，仁超越外力，如《公孫丑上》"以力假仁者霸，霸必有大國；以德行仁者王，王不待大"，仁絕非力量等外在之勢，並且，以強力而霸者始終必須假仁；另一方面，也沒有其他正面事務、德性得以優位於仁，人除同依於仁外，其他皆無必然，即使連"道"亦無此特性，如"三者不同道，其趨一也。一者何也？曰：仁也。君子亦仁而已矣。何必同！"（《告子下》）之評語，而"仁則榮，不仁則辱"（《公孫丑上》）更以仁作為人群之間根本之價值原則。仁因此也是告子唯一承認為內的德性。

作為"人"之致力開始,①甚至是由對人已失去作為人時之
不幸或不善的彌補而致,如文王"視民如傷"(《離婁下》)
而王。而相對於"性可以為善、可以為不善"這對人性可
有之作為("為")與變化的肯定,羞惡之心的存在卻指出,
人對不善的發生和持續,仍自然地感到羞恥與憎惡,非無限
度、無所謂地為所欲為。甚至,基於羞惡之心之義,也即
"人皆有所不為,達之於其所為"(《盡心下》),能有所為之
自由,實從有所不為而致。自由故非僅發展而已,它仍應本
於自覺,從自主之克制("不為")與擴充("達")而致。
最後,對人各種本然狀態之態度,也只有兩方面,一是從不
同狀態者作為"人"這一前提言,另一則由該狀態作為客
觀之"事"言。恭敬之心為禮之端,故同於禮對人與人間
之節文,為人面對人時之心;是非之心則純是對客觀是非的
判斷。相對於對人善或不善直接全面之肯認,對人之恭敬與
仍就事論事地明辨是非,始真正正面接納當前狀態,對人與
對事始終應分別之故。人在理智是非之外仍有人與人間單純
的重視和信賴,這是人性的,亦是在人身上互為主動的條
件,無恭敬,是人之不善轉變為事實客觀之不善的原因;②
對等地,若無客觀是非之心,混淆了人和事之份際,也是對
其事的否定。恭敬、是非之心合為一組問題,可從孟子論述

---

① 《盡心下》:"仁也者,人也",並且,惻隱對象無論從個體或人群言,
都同以"人"為內容,無特定個體、族群之限制,如"非所以內交於孺子之
父母也",或發政施仁之保"天下萬民"。
② 參《萬章下》孟子對交際之禮的討論。孟子以"不恭而辭"類比
"不教而誅"之非,恭敬甚至是下位者(如孔子之仕於魯)面對上位者(魯
君)、面對人群整體之不善(魯人獵較)時仍"行可"(仍足以為善)之基礎。

仁、義、禮、智時常以仁、義為一組，禮、智另列的做法中
見到，較明顯的例子如《離婁上》論仁、義、禮、智之實
時以仁、義之對象為本，而禮、智則為對仁、義之實的反思
與進一步之行，①四者分明屬於兩類層次。《離婁上》的例子
更顯示，真正面向對象的僅仁、義而已，禮與智所面對的則
是"對象與己"這一整體，禮關注整體之型態與方向，智
則對此整體給予評價和取捨。這與公都子提問的三類人性論
說法中，唯有第三類因否定外在對人性的影響，故再無實質
的"內／外"（主／客）議題，略為相似。我們也應注意
到，仁、義內容固然不同，但在所有並列討論中從未相互矛
盾，顯示它們在性質或取向上確實屬於獨立的兩種範疇；仁
與智、義與禮，以至於禮與智間則往往有所衝突，若仁與
智、義與禮之間的衝突來源於彼此相關但層次不同，那麼，
同屬一層次的禮、智之矛盾更說明它們的對照性，如恭敬與
是非在人、事上既相連又相對的關係。這些特質都可視為恭
敬、是非之心得以取代"有性善、有性不善"對人性整體
表現之肯定的理由。

（三）道與德

作為結論，孟子在最後引述了《詩經》與孔子之言，
這自然是對應公都子所引用之言論以及前五章告子、孟季子
諸言，所展示的言論之正；另一方面，相反於公都子所引三
說，孔子"為此詩者，其知道乎！"則點出後者由"道"著

---

① 《孟子》其他仁、義對舉之討論甚繁，單獨探討禮、智者，則如前註
《萬章下》問交際何心章等。

眼，而不止於現象事實的言論特性，乃對人性之道最簡要之
總結。

　　首先應注意到，由於在"有物有則"一句後立刻指出
"民之秉彝"，顯示詩句之重心確實在"彝"這具有恆常意
味的部份，而呼應了"有物有則"之"則"。是以，"物"
在此對於人性、道的重要性較"則"為低，特別是在前述
論證性善時所標舉之心並不等於因物而動之情時，這一分別
更應重視。"則"指出人在與物之主、客關係中的主體地
位，乃一本諸人自己而有之原則，對等心之主動與內在性，
非反以物或物所引導之情為則之來源與內容。"有物有則"
的意思因此是說：（人）有種種對象（物），但也同時有種
種基於人自己本身的處物之則。詩句故以"天生蒸民"而
非"天生萬物"始，在天為人所營造的存在世界中，物與
則都圍繞人而有，如"萬物皆備於我"（《盡心上》），及在
口、耳、目、心接物時必有同然的基礎上，"天之所與我"
（《告子上》）而"不可奪之（物交物而引之）"（《告子上》）
者。這樣的物與則之世界乃天所賦予眾人之世界。詩人更藉
著"天生"一詞，說明這有物有則之存在，不僅是天作為
至大、至真實之整體所確認的人類存在最客觀之樣態，同時
亦是天孕育（生）蒸民的方式，易言之，人們獲得最客觀
之生發的方式。如孟子以心及其擴充（盡其才）而致性善
之無可限量。對比公都子所問三說藉觀察人類現象，以完成
他們對人不同面向之肯定或維護，"天生蒸民，有物有則"
無疑是由更高之整體（天）、內在於人本身足以應接萬物之
彝常（則），以及論析人性之目的（生民），來展示對人的
反思。人不能孤立地活，人必然活於物事對象之中，這才是

人所在之天地萬物世界，但無論物何其繁多，人之接物如"在位故也"、"四端之心"般終究有其原則，孔子評此："故有物必有則"，在"有則"的前提下，物之博雜也僅是對應四端之擴充而令人性與其德性更形深遠（"相倍蓰而無算"）而已，這正是天客觀生民之道，孔子因而感歎："為此詩者，其知道乎！"而孟子以此回頭重新詮釋了自《告子上》首章以來，人與外來戕賊者、人與勢、人與生存、人與他人、人與物、人與時空，以至於人與其既有之事實、人與人反身對己之理解等一切人與其對象間之關係，成為真正人性的、合於天的正面關係。

最後，有關"民之秉彝，好是懿德"，該句應為對前句"有物有則"之"則"的說明，彝指人性或實現人性之心，秉彝故意同求心、操心之謂，"好是懿德"則是對此心之具體內容的說明。其中，"好"所代表之好惡無疑是心所具有之主動性之雛型，它與"愛弟"、"愛物"之愛不同，無論多麼偏執之深愛都與愛者自身心思、生命之投入無涉，但好戰、好勇、好色、好樂、好貨等卻直接關乎人對自身人格、功業的構想和評價，梁惠王、齊宣王等故以此作為推拒孟子勸諭的最先藉口，而孟子同樣亦必由其所好切入，作為引導在位者行仁政之契機。不過，孟子引"好是懿德"一方面再次歸納了如惻隱、羞惡、恭敬、是非四端之心的本意，指出心始終以善（懿德）為好；另一方面，藉"是"字對懿德的指定，也將人心所好之最懿美之對象指向了"天生蒸民，有物有則"這天予人如此整體世界之德，人對天之德性的愛好。易言之，人所秉持、愛好之德性——人性之德性，與天至為客觀、整體之德性合而為一。孔子特別將二句

拆分、藉"故"字連結起來："民之秉彝也，故好是懿德"，
亦對此人和天、主觀之好和客觀之整體其一致之道的強調。
人心之好惡，因而非如表面所以為地可以任意，即使已如
"性無善、無惡"之說般將所有愛、惡或内、外之界定全由
人自己言，在其仍將人視為獨異於天地萬物之一類，而僅以
"人"這一立場愛、惡萬物，其愛、惡仍是不夠真實的。這
基於個別立場而有之取向，實與個體自我之偏愛，性質無
別。"有性善、有性不善"之例證"以堯為君而有象，以瞽
瞍為父而有舜，以紂為兄之子、且以為君，而有微子啟、王
子比干"，很好地說明了個體之愛及人性之好的差異：象、
舜、微子啟、比干並非缺乏一主動轉變其本然狀態的可能
性，之所以不因堯、瞽瞍、紂而變化，只是因為對後者的一
切情感始終只是對一個體對象之情感而已；他們與公都子所
引第二説"性可以為善、可以為不善"之例："文、武興則
民好善，幽、厲興則民好暴"由君主興起所造就的客觀整
體對人之影響，是截然不同的，故人知堯、舜，是不若人活
於堯、舜所實際實現之德性世界，所明白得深刻和切實。引
文甚至藉列出象、舜、微子啟、比干、堯、瞽瞍、紂，來與
"民"之無個體性相對，暗示後者較個體更為真實之"人
性"性，而這正是對應"天生蒸民，有物有則"天之懿德
而有之主體。至此，孟子完成對人性之道、人性之世界、人
性之主體的説明。

※　　　　　※　　　　　※

通過對《告子上》前六章之分析，孟子人性論之概況
與規模，已大體呈現。作為有意言距天下之言而致力辯析價

值、正誤的思想，孟子以有限的篇章，循序漸進且極其扼要
地展示了他對人性問題的系統意見。該六章對人性問題之窮
盡，不僅是其他直接、間接論及人性者所未及的，更有孟子
所首先提出、或至今仍未能被人所自覺的課題。可以看到，
除一般人性論必然具備的對人性本身之分析與定義（第六
章）外，孟子的反省更擴及了對人性論述自身意義之重審，
而人性與他者之交涉、人性與主體建立問題之關係，乃至人
性內部之矛盾、人性的實踐途徑等各方面相關問題，在此亦
全面獲得檢視。如此之反思規模，使其所宣示之人性，無論
從事實與應然上來說，俱為真實，而不只是一孤立於其他領
域，或基於個別訴求所致的片面觀察。孟子將講述人性內容
的第六章置於最後，正清楚反映出，人性論必須在如此全面
反思的背景下成立的先設立場。這全面之反省與關懷，亦始
是人性論不致如"天下之言性也，則故而已矣"地"以利
為本"（《離婁下》），因刻鑿不真而為智者所惡的關鍵。

　　作為結論，試再就《告子上》此六章在論辯人性以外
的意義，略作補充。該六章除了對人性論做出全面性的反思
之外，實際上，也透過論者對人或人性的質疑，將後者與人
自身之不安和困惑，以及人類存在所感痛苦、無奈之原由，
做出了連結。內容約略整理如下：

對人或人性之質疑	人存在趨向負面之因
人無德性	自欺而無力為善
人無定性	外在價值或勢力的加諸人
人無純粹本性	現實生存之傾軋

续表

對人或人性之質疑	人存在趨向負面之因
人之狹隘與矛盾	自我
人內外之不一致	存在與思行之虛無
人類事實之歧異與不可窮盡	捨棄自心而無所好

　　左、右二欄均已大致窮盡了人對人本身的質疑，及人類存在有感困難、沈重的主要原因。透過這一對舉，我們一方面得以更具體地看到，孟子構思人性論時所面對及承擔的課題，實則多麼完整，且基於對人類多麼切實而深沈的關懷之上；另一方面，對人自身之質疑與人存在之負面性，也因著這一對舉，使我們看到它們彼此助長、難以分別孰先孰後、孰為因果的事實。人的困境因此是人反身質疑自身的理由，而人對自身的不能肯定，也帶來了人的憂懼和悲哀。此二者之糾纏難分，故也促使人性論往往不能純粹由人性論人性，從而帶來更普遍的箝制和傷害。而這，顯然是孟子有意克服、導正的偏向。孟子性善論最初的原點，故必然是對"人性論必須不傷害人性"這一前提的率先實踐。對人性的維護，始是人性論必須出現的唯一原因。《告子上》選擇以告子作為最主要的論辯方，正因一切對人性觀法的切磋和修正，都必須在論者雙方皆已自覺於此的情況下，[①]始真能有所討論。而能否如實地立定這一立場，則需要論者不懈地自我檢視，以及更重要的，對人類真正的深愛與遠慮。人性論本身亦應是人性的，這也就是孟子性善說之心了。

----

　　①　告子以杞柳、桮棬譬喻人性與義，已顯示他對人性是否遭受扭曲、戕賊的關切；其後，性無分善、不善的主張，也都隱含類似的態度。

詩　性

　　若孟子在《滕文公下》歸納"天下一治一亂"時所提出的主體至人性的向度變化，已合理勾勒出不同世道及人倫實況下人的存有形態，那麼，如禹、周公、孔子三聖這樣足以影響天下治亂的主體典範，確實已非春秋之後能夠輕易再現。①孟子透過人性論中之"心"，使主體從君主或類君主（如孔子作《春秋》之為天子之事）的層次下放至眾人，可以說，已是在此背景下對主體性如何可能的最後答覆。老、莊等陳義極高之主體，乃至在儒學極為重視的君子人格，固然也是春秋以後主體形態的重要類型，但他們的建立條件，顯然都未如心那樣根本，且可以作為"人之所同然"地全然普遍。就此而言，透過心以外條件所樹立的其他主體形態，都可說是前期主體典範於當世之形變，其寄託特定個人或稟賦修為的立場，仍是前期模式的重演，而不像孟子這基於人性而言之主體，創造性地切應當世所具有之條件。若

---

　　① 《孟子·盡心下》故云："去聖人之世，若此其未遠也；近聖人之居，若此其甚也。然而無有乎爾，則亦無有乎爾。"孔子亦對此況有所嗟嘆："鳳鳥不至，河不出圖，吾已矣夫！"（《論語·子罕》）

然，是否還可能有在這發端於心、成於德性的人性主體之外，其他同樣根本而普遍的主體類型？或者，於前期所示範的主體典型中，是否提供了某種向度，在可能情況下，亦具有再現於世之條件？

　　對於前一問題，答案應是明確的：此時之主體亦需建諸一相當於心的人性意識上，它不能夠是一個異質於人性主體的主體樣式，否則必定缺乏根本而普遍之立基。而至於後一問題，則應自諸子以前、由經典所傳錄的主體類型，獲致線索。極概括地説，如以經典性質作為分類基準，則六經（或五經，《樂》已亡佚，或原本不存）透過所陳述之內容或著述者自身之定位，所展示出的主體向度，主要有三大類，包括：

1. 《尚書》、《春秋》所展示之君主主體。此亦孟子《滕文公下》"三聖"所屬之形態。《春秋》指涉君主主體的理由，已見本書"導言"。然除此之外，它與《尚書》均以上位者為對象分別記言、記事，甚至同列於史的特質，①也顯示視二者為一系的傳統共識。事實上，史官的成立及其獨立性，首先只能源於王者的意志，否則不可能在一政治體內部無由出現如此超然、但又不構成權力矛盾的他者。理由非常明顯，因史官所記為天子之言與動，天子將因此失去任何私下性，從而無自我或自由之

①　《禮記·玉藻》："天子玉藻……動則左史書之，言則右史書之。"

可能；如此之約束故只能由王者自行加諸和維繫，反之必然流於虛設。《文心雕龍‧史傳》："《曲禮》曰：史載筆左右。史者，使也。執筆左右，使之記也。"①刻意強調王者之"使"，正是為了指出此一前提。若然，史縱然非出自君主之筆，它所代表的卻是王的意志與王之自我約束等君主主體性在其自身之實踐。②

2. 《詩》、《禮》、《樂》所展示之情志主體。如《論語‧泰伯》："興於詩，立於禮，成於樂"對三者之並列，③三者具有性質、本末一貫的關係。就所具體形成的人文成果而言，詩為其本；就三者直接關連的性情面向來說，禮、

---

①　范文瀾並引《白虎通論‧記過徹膳之義》"所以謂之史，何？明王者使為之也"作為解釋（見《文心雕龍注》，台北：台灣開明書局，1985年，卷四，頁1，註三）。

②　葛兆光僅由史所掌握之知識系統（特別是與巫覡、卜人有關的超越知識，如星占曆算所連結之自然、祭祀儀軌所連結之鬼神、醫藥方技所連結之人的不死）來分析史的原初意義（《中國思想史‧第一卷》，頁100—102），實只是欲藉史（精英而獨佔性的知識系統）與人間（即一般知識或思想）的對立、甚至是天與人的對立，來詮解史的本義；但如此，即使合乎事實，也只是從"非史"這相對異端所得出的外在界定，未觸及史的本質。反之，由王與史關係分析史官或史的意義，始準確地從同一知識系統或政治權力內部言史。葛氏所據文獻，因此除了《禮記‧禮運》"王前巫而後史"並舉巫、史外，無其他直接相關者，而本句實際上也清楚地將巫、史區分為二。

③　詩、禮、樂三者在先秦經常並列，且均以詩為本。除了前引《論語‧泰伯》說，《性自命出》、《性情論》等亦以三者同為心術之道："凡道者，心術為主。道四術，……詩、書、禮、樂。"三者兩兩並舉的情形更為常見，如《孔子詩論》第一簡："詩無隱志，樂無隱情，文無隱意"，《尚書‧堯典》的"詩言志，歌永言，聲依永，律和聲"，《左傳》季札觀樂，或是《禮記‧樂記》等諸多對比禮樂的敘述，都反映出三者密切一貫之關係。譚家哲《論語平解選篇》指出《論語》以"文"統括三者（頁255）；戰國以後文獻則多由表述"性情"這一角度定位三者之關連。

樂以情為主,①詩則兼情、志。②

3.《易》所展示之創生主體。有關卜筮之意義,已見本書
"導言"對《尚書·洪範》"稽疑"問題的討論,卜筮正
是解疑之途徑。面對此未知、不定之對象而仍為主體,
即《易》通過卦爻及其辭理所指向的主體向度。而若將
所疑推至極致,則將顯示本類主體之典型——立於天地、
幽明、死生、鬼神、萬物規律、道、命等種種超越人之
極限範疇之上之主體。③《易傳》故對《易》(卦及卦爻
晉辛)之作者只有兩種推斷:一是文明之創造者,這包
括對生產方式、生活、技術、知識、禮文、政教等各種

---

①　《禮記·樂記》:"禮、樂之說,管乎人情矣",此說除了與荀子的禮、
樂觀大體相同外,《性自命出》、《性情論》對樂的討論也以喜樂悲哭之情為
主,對禮的討論則如:"拜,所以□□□其數文也。幣帛,所以為信與證也,
其貽宜道也。"[簡文參考《郭店楚墓竹簡》及季旭昇《上海博物館藏戰國楚
竹書(一)讀本》(台北:萬卷樓圖書公司,2004 年)之隸定意見],對照
《孔子詩論》連結禮贈和人與人情感的討論(見本書"民性"節),亦當與人
情有關。

②　詩言志,見前引《尚書·堯典》、《孔子詩論》;詩涉及情,則與詩之
合樂有關,《毛詩大序》故結合《堯典》與先秦樂論來界定詩之本質:"詩者,
志之所之也。在心為志,發言為詩。情動於中而形於言,言之不足故嗟歎之,
嗟歎之不足故永歌之,永歌之不足,不知手之舞之、足之蹈之也"。情亦同時
是中國後世詩學中自覺歸諸詩者,如陸機《文賦》"詩緣情"說,以及《昭明
文選》、《文心雕龍》等之意見。下詳。

③　《易·繫辭上》:"易與天地準,故能彌綸天地之道。仰以觀於天文,
俯以察於地理,是故知幽明之故。原始反終,故知死生之說。精氣為物,遊魂
為變,是故知鬼神之情狀。與天地相似,故不違。知周乎萬物,而道濟天下,
故不過。旁行而不流,樂天知命,故不憂。安土敦乎仁,故能愛。範圍天地之
化而不過,曲成萬物而不遺,通乎晝夜之道而知。"

開創性的文明建制；①作為史無前例之創造，主體獨一無
二地開啟了人類所未曾踏足的世界與意識，而為人類經
驗所驚嘆。二是於性命（天命）或人文斷絕之際，使之
重生、再興之主體，②其對世間道理之明哲睿智，及自身
卓絕之德性，使之臻於與文明始創者對等之地位，亦另
一意義底下之創生者。

　　此三類主體向度，分別立諸現實、情志、未知界。故明
顯以第二類最無外在或稟賦條件之限制，而可望在當世境況

---

　　①　《繫辭下》："古者包犧氏之王天下也，仰則觀象於天，俯則觀法於地，
觀鳥獸之文，與地之宜，近取諸身，遠取諸物。於是始作八卦，以通神明之
德，以類萬物之情。作結繩而為罔罟，以佃以漁，蓋取諸離。包犧氏沒，神農
氏作，斲木為耜，揉木為耒，耒耨之利，以教天下，蓋取諸益。日中為市，致
天下之民，聚天下之貨，交易而退，各得其所，蓋取諸噬嗑。神農氏沒，黃
帝、堯、舜氏作，通其變，使民不倦，神而化之，使民宜之，易窮則變，變則
通，通則久，是以自天祐之，吉无不利。黃帝、堯、舜垂衣裳而天下治，蓋取
諸乾、坤。刳木為舟，剡木為楫，舟楫之利，以濟不通，致遠以利天下，蓋取
諸渙。服牛乘馬，引重致遠，以利天下，蓋取諸隨。重門擊柝，以待暴客，蓋
取諸豫。斷木為杵，掘地為臼，臼杵之利，萬民以濟，蓋取諸小過。弦木為
弧，剡木為矢，弧矢之利，以威天下，蓋取諸睽。上古穴居而野處，後世聖人
易之以宮室，上棟下宇，以待風雨，蓋取諸大壯。古之葬者，厚衣之以薪，葬
之中野，不封不樹，喪期无數，後世聖人易之以棺椁蓋取諸大過。上古結繩而
治，後世聖人易之以書契，百官以治，萬民以察，蓋取諸夬。"
　　②　《繫辭下》故數問："乾、坤，其易之門邪？乾，陽物也；坤，陰物
也。陰陽合德，而剛柔有體，以體天地之撰，以通神明之德，其稱名也雜而不
越。於稽其類，其衰世之意邪？"、"易之興也，其於中古乎？作易者，其有憂
患乎？""易之興也，其當殷之末世，周之盛德邪？當文王與紂之事邪？"其目
的，非只為證明文王演易繫辭，更是為了與前一類文明創造者所帶來的大治做
出對比，以推出另一種與之對等的主體典型——衰末之際重新再興之主體。

中繼續實現，甚至普遍於各階層、背景下之人；其之訴諸情
志，也是三類向度中最直接反映人性意識者，並因此得以在
中國歷史上通過文學實踐持續不已。①該類主體故是轉入人
性存有後最重要的主體形態。不過，與此同時，我們也應該
注意到樂亡，以及禮在東周的崩壞事實；而即使因文學實踐
而保留了詩，孟子此言也同樣令人在意：

　　　王者之迹熄而詩亡。（《孟子·離婁下》）

"詩亡"——《詩經》作品特有之情志性格，確實亦未在後
代詩章中得到重現（縱然刻意復古、仿作）。若然，這代表
什麼？

　　以下，即以詩為主，進行考察，並就《詩經》詩性主
體之成立條件加以説明。

　　　　　　　　※　　　　　　※　　　　　　※

　　隨著作品的積累，詩之所以為詩這一本質問題，愈難界
定。然而，無論強調的是"言志"、"緣情"，抑或提出"興
趣"、"神韻"、"境界"不同審美典式，傳統詩學多數都反
映出這樣的共識：本於創作主體的創作元素，始終是詩性的

---

　　① 《文心雕龍》故以文學取代經學，將文學視為對經、聖、道的真正繼
承者。參見簡良如《文心雕龍之作為思想體系》，北京：中國社會科學出版社，
2011年。

基礎。它們不僅是詩的生發之源，更構造了詩的境界和價值，較之格律、意象、語言形式等所達致之創造性，更是詩的根本。於此共識下，對創作主體的界定與分析，成為探索中國傳統詩歌本質極其重要的途徑。詩性與詩人、詩學與人學，不可二分。①

而《詩經》所映現的詩性主體，無疑在中國傳統詩文歷史上，意義獨特。不論是從這部典籍被賦予的特殊經典地位來說，抑或是從她的作品風貌而言，確實都有著與一般詩文不能簡單相提並論之處。《詩經》的詩人形象，是否為後代所繼承？其所展示的詩學意義，又是如何？

在以下的討論裡，將首先針對當代對中國詩學的反省，進行檢視，以之為重探《詩經》詩性主體的對照材料。選擇的切入點，乃二十世紀六〇年代以降，由陳世驤為首，②高友工、蔡英俊、呂正惠、柯慶明、張淑香、鄭毓瑜、廖棟樑、陳國球、蕭馳等起而呼應，③所形成的"抒情傳統"論述。該論述雖緣起於中、西文學比較，非原本傳統脈絡底下的問題意識，但在學者相繼投入的情況下，不僅已將"抒情"意涵中國化，更側重抒情性質、乃至創作主體本身的

---

① 本書以下對詩性主體之討論，爲臺灣國家科學委員會補助學術研究計劃（編號：102—2410—H—007—049—）之研究成果。

② 陳世驤《中國的抒情傳統》一文，為抒情傳統論述之首發。該文收入楊牧編《陳世驤文存》，瀋陽：遼寧教育出版社，1998年。

③ 其他以不同角度參與論述的尚有龔鵬程、顏崑陽、孫康宜、林順夫、王浩威、黃錦樹、宇文所安（Stephen Owen）、浦安迪（Andrew Plakes）等。

分析。①詩在其中承擔了其他文類所不能取代的抒情本源與抒情活動首要載體的角色。②這趨近並試圖涵蓋中國詩學特質的走向，③使它與傳統詩學有了溝通的可能，並足以碰撞出可深思的課題。通過它，將觀察到文學作品與論述者對創作主體之理解異同，並對情感之可能性、情感之詩性意義與詩性表現，以及以情感作為主體體現形式所衍生之問題，做

---

① 陳世驤之所以突顯出中國文學的抒情特質，乃有與西方文學傳統進行比較的理論企圖，見《陳世驤文存》，頁1—2："當我們説某樣東西是某種文學特色的時候，我們的話裡已經含有拿它和別種文學比較的意味。我們要是説中國的抒情傳統各方面都可以代表東方文學，那麼我們就已經把它拿來和西方在做比較了。我們所以發現中國的抒情傳統相當突出，所以能在世界文學的批評研究中獲致更大的意義，就是靠這樣的並列比較。……中國文學和西方傳統（我以史詩和戲劇表示它）並列，中國的抒情傳統馬上顯露出來。……抒情傳統始于《詩經》。《詩經》是一種唱文（詩者，字的音樂也）。因為是唱文，《詩經》的要髓整個説來便是音樂。因為它瀰漫著個人弦音，含有人類日常的掛慮和切身的某種哀求，它和抒情詩的要義各方面都很吻合。"不過，"抒情詩"這一分類，實源自西方，與後來抒情傳統論述裡所指認的中國抒情詩，並不完全一致。若然，以抒情傳統對比史詩、悲劇傳統，就不是那樣性質對應的比較。此可從赫德林（Johann C. F. Hölderlin, 1770—1843）、尼采（Friedrich W. Nietzsche, 1844—1900）等對抒情詩、悲劇、史詩神話等的界定和闡釋，略觀大概。
② 陳世驤所列舉的中國文學代表——《詩經》、《楚辭》、樂府、辭賦，均屬詩文學，而元小説、明傳奇，甚至清代的崑曲，亦被視為"名家抒情詩品的堆砌"（《陳世驤文存》，頁3）。高友工更直接指出："我個人以為這個傳統特別突出地表現了一個中國文化的理想。而這種理想，正是在抒情詩這個形式中有最圓滿的表現。"見《中國美典與文學研究論集》，台北：台灣大學出版中心，2004年，《文學研究的美學問題》節。
③ 顏崑陽：《從反思中國文學"抒情傳統"之建構，以論"詩美典"的多面向變遷與叢聚狀結構》[收入《東華漢學》（花蓮：東華大學中國語文學系，2009年6月）第九期，頁1—47]，指抒情傳統論述乃是一種"覆蓋性的大論述"，並就其未兼顧之詩文表現提出評議。不過，從另一角度看，"覆蓋性的大論述"正反映抒情論述嘗試穿透詩文現象，把握詩文共性的意圖。此對詩文共性的把捉，超出單純歷史紀實，而使文學傳統和文學本質密切連結起來。

出闡明和評價。對於是否有較抒情更為詩意的主體呈現等進
一步問題，也就找到了入手的契機。

以下，便從對抒情傳統論述的商榷開始。

一　抒情傳統論述作者論商榷

如前所述，抒情傳統論述固然以整體中國文學為範圍，
但"詩"作為該傳統能夠被勾勒出來的關鍵，無疑是它的
本源與核心。①我們故可逕將該論述對等詩學而觀。然而，
抒情傳統論述雖已是當代規模最大、耕耘最深的詩文論述，
但也引發了不少質疑，特別是它與中國實際詩文現象、情性
思想間之落差，更令部份學者有所保留。指出這些疑慮的，
包括龔鵬程、顏崑陽、柯慶明等，分別就"情"未能上承
傳統性情論，論述的過度覆蓋，以及"抒情"涉及之底蘊
緣起西方，非內在於傳統脈絡底下之意識等，做出評議。質
疑強度或有不同，但對落差的存在，則莫敢取消。不過，正
因如此，反而可以讓我們更單純地看待（或正視）論述的
思想意義。理由非常清楚，抒情傳統論述既不以事實歸納為
前提，"抒情"作為特定詩學意識或詩學觀照的特質，也就
更為明確。高友工跳脫作品實然面，將"抒情"定位在文
化意識的說法，即準確指出了抒情傳統論述所實際指向的

---

①　陳世驤將中國抒情傳統的源頭定在《詩經》，而在《楚辭》的拓展中
定形；蔡英俊則認為"抒情自我"起於古詩十九首，此說亦為呂正惠所同意；
龔鵬程則上推到秦漢之時；鄭毓瑜更從《左傳》、《月令》等找尋氣感或身體
感知說的起源。諸說雖別，但所推斷之源頭都是在詩文、思想上相當早期而深
具影響者。

層面：

> "抒情"從我們以前的討論中看，已說明它並不是
> 一個傳統上的"體類"的觀念。這個觀念不是專指某
> 一個詩體、文體，也不限於某一種主題、題素。廣義的
> 定義涵蓋了整個文化史中某一些人（可能同屬一背景、
> 階層、社會、時代）的"意識形態"，包括它們的"價
> 值"、"理想"，以及他們具體表現這種"意識"的
> 方式。①

在此定位下，詩文形式、內容等任何具體表現，乃至文學此
一領域，無論是否出現抒情現象，都不能完全對應"抒情"
所指向的層次。文學史中的實際事實，因此也就不是衡量抒
情傳統論述對錯的標準。詩及文學固然有語言經營之實，但
抒情傳統論述欲觀察的標的，更在語言表層之外、那體現傳
統底蘊或理想等更深層之詩文意義。文學作品只是論者藉以
考察抒情意識及其表達的資材，"抒情"本身所呈顯的理念
內容才是辨析、反思之對象。文明對詩文的價值理念，和詩
文的實際操作之間，仍有本末次第之故。

　　這一立場，同時也解決了抒情傳統論述內部的歧異。因
為，即使對"抒情"意識具體成形的時間看法不一，對於
情感之本真當植基於身或心，抒情理想情境究竟止於悲哀感
傷或和諧自得，乃至對情與物、興與怨、意象意義與性質、
浪漫或英雄之情有不同的看法，但只要這些意見不至於撼動

―――――――――

　　① 《中國美典與文學研究論集》，頁95。

"抒情"意識之核心,則仍可以視為是對整體抒情創作活動的多元闡釋。若然,找出抒情傳統論述的一貫理念,便是當務之急。那麼,什麼是這一理念?顯然,人情、人性,乃至其他人道視野和美感,均可收攝至作者主體情性的一切內容,即我們首先從"抒情"中所普遍觀得者。抒情傳統論述所欲彰顯的,即文學中人本精神之體現。不只如此,抒情傳統論述更進一步將此人本主體,全然歸諸個體,以個體情性的實現,作為抒情之所以為抒情的必要條件。鄭毓瑜對漢魏抒情典型建立過程的描述裡,"個體自我意識"與"人的自覺"、"文的自覺"因此毫無意外地被視為同一之事;① 柯慶明則直接將個體定為"人的實體"。② 同樣地,陳世驤判斷《詩經》為抒情詩的根據,正鑑於"它瀰漫著個人弦音";③ 蔡英俊另標古詩十九首為中國抒情傳統之始,④ 亦因接受朱自清對"詩言志"、"詩緣情"的劃分,⑤ 而將共體政教成份排除在個體情感之外;即使是點出自我與外物的交感興會不必限於個體自我的鄭毓瑜,⑥ 或主張抒情傳統是直接源自

---

① 鄭毓瑜:《從病體到個體——"體氣"與早期抒情說》(收入楊儒賓、祝平次編《儒學的氣論與工夫論》,台北:台灣大學出版中心,2005年),頁417:"在古典文學研究中論及兩漢至於魏晉的文學發展,所謂'人的自覺'或'文的自覺'常常被引用來綜論當然文化背景或文學潮流,而關於這個體自我意識的興起。"鄭氏對此看法尚有修正,但亦只以"隨時牽引於環境的變動狀態"這氣態性之個我說明個體自覺(見同頁),個體意識仍受到突顯。

② 《中國文學的美感》,台北:麥田出版社,2000年。

③ 《陳世驤文存》,頁2。

④ 《比興、物色與情景交融》,台北:大安出版社,1988年。

⑤ 《詩言志辨》,台北:開明書店,1947年。

⑥ 《〈詩大序〉的詮釋界域——"抒情傳統"與類應世界觀》,收入氏著《文本風景——自我與空間的相互定義》,台北:麥田出版社,2005年。

"本身文化中一種強固的集體共同存在的感通意識"的張淑香等,①亦絕不反對個體在抒情實踐上所具有的優位性。環繞個體而有的各類意識經驗,因此亦廣泛應用在論者對抒情審美的建構上,例如高友工強調的"自我現時的經驗",②即將意念或意向經驗中關涉個體主體面之"自我感",與個體之客體存在面的"現時感",視為創作活動所應致力保存和表現者;又或是刻意對立公／私、理性／感性,著眼偶然與隨機的時間流變,乃至以意象、詩詠、心境體驗來延續當下,而與永恆相互流注,都可見"個體"這一特殊意識的影響。③換言之,個體性,實抒情論述最根本之理念。抒情傳統論述對個體主體的分析和演繹,故也是通盤省察該論述得失的最重要依據。

　　那麼,抒情傳統論述對個體性主體的處理,是否如其所如地實現了人本精神或人文理想?

　　如果不考慮"抒情"之本義,單從中國抒情傳統論述者之說法而言,其所以特重個體,非由於個體素質特為優越,而來源於對其反面——群體——的質疑。漢魏以下作品所表現出之個性及其所洋溢的情感,不過是更加強了抒情論者對此之確信。個體通過文學,掙脫了群體所帶來的莫大造作、下墮和壓抑。但是,從文學事實來看,抒情論者亦不得不承認:人並沒有因成為個體而獲得完整的救贖;回歸情感或生命之真實並不必然帶來對人自身之肯定。這一點,在那

---

① 《抒情傳統的省思與探索》,台北:大安出版社,1992 年。
② 《中國美典與文學研究論集》,頁 107、110。
③ 王德威:《"有情"的歷史——抒情傳統與中國文學現代性》,《中國文哲研究集刊》,台北:"中研院"中國文哲所,2008 年,頁 77—137。

些最能表現抒情意識的詩詠作品上，至為明顯，不僅《詩經》的坦直光明不復再現，即連屈原在騷辭裡所實現的高大秀偉，亦難以重製。作者縱然面對的已是自然、生命這對個體而言極其真實之對象，其情感感受都仍然和他在群體現實中時一樣，有著揮之不去的暗晦性。自然在其眼中，是呂正惠所謂的悲哀自然，[①]生命則如蔡英俊所點出的唯生死愴痛之匯集，[②]面對二者所能興發的情感，因此也就以悲哀愁怨為基調。[③]這一事實，清楚說明了：人一旦離開群體的保護，以個體獨自面對生命和世界，則其於逝變不居的現實之前，最先獨自品嚐的，將是那對照自身有限性所激湧出的無盡感傷。就此而言，所謂的個體性主體，無論其最後是否實現了超越悲哀的更高體悟，個體在自然與生命中都先是作為一無力自主其全部存在處境之人，個體也沒有在情感上曠達自適之必然。此時，唯一可望的正面性，將僅繫諸個體能否正視這一境況，無條件地承擔起自身的一切事實。易言之，個體性之主體，即承擔自身有限性之主體。抒情詩文作者在其敏銳感觸和悲哀中所展示的生命形象與力量，即此而已。如斯之主體，故非相對於對象而言之主體，而是反身於己之主體。

　　此創作主體觀，反映在漢、魏以降許多被高度評價的詩

---

　　① 呂正惠：《物色論與緣情說——中國抒情美學在六朝的開展》，收入中國古典文學研究會編《文心雕龍綜論》，台北：台灣學生書局，1988 年，頁285—312。

　　② 《比興、物色與情景交融》。

　　③ 王國瓔：《個體意識的自覺——兩漢文學中之個體意識》，《漢學研究》（台北：漢學研究中心，2003 年），第 21 卷第 2 期，頁45—76。

文作品上：作品一方面憂思愁怨，一方面則因個體承擔此悲怨而反面映襯出另一番正向光景。故古詩十九首在嗟嘆之外，有其樸實直率；曹魏的悲涼，與灑脫壯朗不能切割；潘岳哀誄，卻見高情；①庾信的輾轉、沈痛，更顯生命之蒼勁；陶淵明"清和靜遠"，②和耕稼勞作所產生的悲哀、對自身生命的感慨，連成一氣……悲哀與對悲哀之承擔，構成了抒情作品必要的（或理想的）情感結構。反之，若不能兼具二者，則無論作品體材、文辭如何，亦乏深韻。這是漢大賦、玄言詩等一旦離開特殊時代背景，便必然遭致藻飾虛誕、淡乎寡味等歷史評價的主要原因。

　　抒情傳統論述所肯定的個體性主體及其情感，故如上述。其對本真情性的實踐，以及所塑造的境界與深沈之美，不待贅言。然而，哀情卻已清楚指出了個體揮之不去的晦暗性。當作品反因高大壯偉、清和靜遠等相反的精神境界，獲得極高評價，則傳統對個體晦暗性的警惕，乃至包含作者在內，其深層意識裡對個體存在的不安與焦慮，也是十分明顯的。若然，這種美則美矣的主體形象與情感，是否已是中國詩學的理想基礎？在以個體性主體為前提的情況下，有無純然光明的可能？

　　　　　　※　　　　　※　　　　　※

　　抒情論述內部對此提出了許多可能的解決方向。例如：

---

　　① 元好問：《論詩三十首·六》："心畫心聲總失真，文章寧復見為人。高情千古《閑居賦》，爭信安仁拜路塵。"
　　② 蔡瑜：《試從身體空間論陶詩的田園世界》，《清華學報》，新34卷2期，2004年6月，頁151—180。

從意象、審美體驗所展現的正面情愫，或更藉西方現象學對
意向經驗其純粹、完整性的肯認，尋繹抒情作品所體現的和
諧一體精神……種種論述嘗試，都說明了論者試圖轉化悲
情、解開個體侷限的努力。不過，整體而言，仍同前述詩例
般，即使指出了更為開闊的心境與意象空間，個體的哀怨、
困頓仍然存在，未能根本勾消。唯一例外，出現在鄭毓瑜以
身體氣感取代心靈，且以之為情感本質的論著中。[1]表面上，
該類研究只是補充了抒情傳統論述未予關注的體氣層面，然
而，正是由於體氣，它首度改變了"哀感"的本質──作
為人與其對象的同情共感，[2]哀感再沒有人情意義底下的哀
戚意味。各種興感內容在體氣抒情論中，與其說是人的主觀
歡戚，毋寧說更接近嵇康《聲無哀樂論》裡因應各種聲音
"猛"、"靜"、"舒"、"疾"、"和比"形態所產生的客觀躁
靜感。體氣抒情論故使個體抒情活動及其情感性質，產生了
足以反轉暗晦性的根本質變。藉體氣等身體經驗所做的作品

---

[1]　包括前引《文本風景》，《從病體到個體》，以及《連類、諷誦與嗜欲
體驗傳譯──從七發的療疾效能談起》（《清華學報》，新36卷2期，頁399—
425）、《抒情、身體與空間──中國古典文學研究的一個反思》（《淡江中文學
報》，第15期，頁257—272）、《替代與類推──"感知模式"與上古文學傳
統》（《漢學研究》，28卷1期，頁35—67）、《類與物──古典詩文的物背景》
（《清華學報》，新41卷1期，頁3—37）、《"文"的發源──從"天文"與
"人文"的類比談起》（《政大中文學報》，第15期，頁113—142）等數篇文
章。

[2]　《文本風景》，頁304—305。鄭氏引《春秋繁露‧天辨人在》："天乃
有喜怒哀樂之行，人亦有春秋冬夏之氣者，合類之謂也"，說明："喜怒不但是
身體（不專屬於心靈）也有的感覺，甚至天地也可以有喜怒，而人當然也可以
有四時之氣象。"

分析，也因此增益了超出內在情思的空間面向，①若然，以鄭毓瑜為代表的體氣抒情論，究竟如何達致上述目的？其理論本質為何？

推究其實，體氣抒情論涉及的興感體驗與它們所營造的整體觀，帶來了與抒情論述相反的結果——對個體界限（個體有限性）的瓦解。鄭氏數度強調人"沒有任何心情表達是完全內在的"、②"所謂'抒情'創作其實有無法完全發諸個我意向的部份"、"所謂'個體自覺'，不但不僅僅是內心的自覺，也不會是一個有獨特個性或整一表現的個體，反而是隨時牽引於環境的變動狀態"、③"所謂'抒情'應該可以容納各種不同向度的體氣震盪，這不拘限於任何題材（聲色萬物或情志個性）或目的（如群己關係或天人關係），而是體現一個動情盪氣的世界"、④"人身的種種狀態，不但不分內外，而且應該推拓到一個更大的、甚而就是大氣所在的場域，才能完整地理解或看待"，⑤都可清楚看到她企圖藉氣化流行，開放人身與內外，從而質變原有個體觀，將個體界限虛化，使之既為整體世界（或場域）中之一部，更不可與世界分割的意圖。蔡瑜的看法與之相類，包括藉田園

---

①　如蔡瑜《試從身體空間論陶詩的田園世界》即為一例，她更被視為以身體分析具體文本的成功範例。不過，蔡氏實際上對純粹身體層面之感受甚少著墨，僅將後者詮釋為個人存在氛圍，且更關注身、心相互涵攝，乃至生命、人格的整全意蘊。就對體氣抒情意義的闡釋而言，其說故未如鄭氏論點具有代表性。
②　《從病體到個體》，《儒學的氣論與工夫論》，頁447。
③　同上書，頁417。
④　同上書，頁418。
⑤　《文本風景》，頁307。

"虛室"指出"身心與世界交滲"的可能,[①]又或是認為
"聯覺或通感現象"所反映出的"各種知覺越界、交滲的關
係,才是人在世界中根本性的經驗"、[②]"身體空間與外部空
間共同構成一個系統,任何的物象都是由外部空間和身體空
間的雙重界域所定位"[③]等。建構如是理論的關鍵,在體氣
之超自覺性。以體氣為本的個體抒情活動因不具心靈自覺,
故既不主觀,與興感對象間的關係更是渾融而互為主體。個
體再非興感活動中的唯一主體,其所感應或渲染為悲哀惆悵
的客體對象,如萬物世界,反過來也有自身之喜怒哀樂和起
伏弛張,並同樣主體地從不同向度搖蕩個體,人與萬物在此
渾為一體,互相開放、互為主客。作為世界一體進行的動情
盪氣,悲哀愁怨因此不能再看做個我對自身有限性之慨嘆,
相反地,它是萬物不再自我封限的證明,它是個體與其對象
之共感,縱然表現為悲哀,也是跨越彼、我界限後的一體共
鳴。鄭氏甚至創造性地將個體有限性詮釋為個體之極限性,
促使原本消極意味較重的"有限性",轉為同樣標誌界限但
卻明顯積極、動態且具推拓意味的"極限性"。如此一來,
個體雖仍需面對自身限度,但結果卻必然正面明朗,限度對
人而言再非是一種侷限,而是朝往未知、未來,甚至越界性
的極致體驗。除此之外,鄭氏對個體世界的論證——將個體
對宇宙、生活的整體認識,歸源於類應式之聯想,也使個體
不受感性、知性規律所拘泥,從而活潑、無待、乃至創造性
地將萬物連結起來。……此種種突破個體界限所產生的變

---

　　① 《試從身體空間論陶詩的田園世界》,《清華學報》,新 34 卷 2 期,頁
151、163—164。
　　② 同上書,頁 151。
　　③ 同上書,頁 156。

化，勾消了個體的暗晦性。即使人仍以個體立場興感抒情，即使人所面對的仍是同樣逝變不居的時空和易脆飄搖之生命，甚至縱然人仍流露著悵惘不已之哀情，一切卻都因氣之流行互滲，而正面光朗。鄭氏這根本改變既有個體觀之個體論述，不僅擴充了抒情的內容和層面，也在解決個體價值缺陷上，提供了可觀的答案。

　　然而，這從身體氣感切入的一連串推論，是否已是取消個體暗晦性最好且唯一的路徑？當個體與世界的關係重新定位，個體所興發之情不再分內外，個體是否仍是人之實體、人的理想樣式？此時所構成之詩意為何？詩意尚存嗎？

　　　　　　　　※　　　　　　※　　　　　　※

　　非常弔詭地，打開個體界限、使其擴充至世界（大氣）場域，也將使個體的命運再不可與世界分割、必然為世界所滲透，乃至隱沒其中。個體即使不是任何群體理想或宇宙圖式的投射，亦只如鄭毓瑜所稱之"通氣孔"，[①]乃氣化流行所行經之一個位址、一個可被穿透之單子、一名義上的個別者、一未定型之狀態，而絕不是具有主動自為意義之主體。這可由鄭氏特重欲望、時氣感，得到證明，二者受外物牽引、擺弄的性質明顯與主體性矛盾。在此情況下，鄭氏雖更從極限性及類應知識系統兩方面，來為體氣抒情主體解套，然其結果，卻避免不了情感素質的改變（世俗化），以及個體讓位於群體意識的結果。

　　以對欲望極限性的討論為例，鄭毓瑜將它形容為"人

---

　　①　此借自 Shigehisa Kuriyama（栗山茂久）的說法，數度見諸鄭氏文章，如《"文"的發源——從"天文"與"人文"的類比談起》，《政大中文學報》，第 15 期，頁 120，註 10。

身在整個世界中的極限推拓"①所產生的一種瀕臨臨界點的
整體處境，對此的承受極限則"逼顯出個我的邊界"，②此
"處境知覺的關結點"③即個體自覺之始，個體主體之邊界故
不侷限於一己，更是不斷探測其極點的界域。鄭氏説：

> 所謂個人、自我的邊界從來不會是一種本然存在的
> 概念，比方説無法僅透過宇宙圖式或群體的理想去設
> 定，如完全和諧於時令或禮義的個體，或透過主動意志
> 所及的實踐範圍（如遇不遇或得不得）去解釋，反而
> 必須依賴與外在環境的相遭逢、相磨蕩，才能窺臨那臨
> 界點的演出，或可能談到表現出來。換言之，個體的表
> 現不是憑乎固然，而是奠基於感知場域的開拓以及某種
> 感知極限的動態傳達。④

然而，即使人對極限的反應不一，但這些個別差異亦只能標
誌詩人面對極限的方式，卻不能作為劃定感知極限的真正原
因。極限作為極限，非個人所以為之極限，相反地，如同
《七發》、《高唐賦》所描繪的經驗般，以整個世界為推拓範
圍的結果，任何個體所以為之極限對所有人而言亦同為極
限。是以，所謂"個人、自我的邊界"實乃人類性、而非
個體性之邊界。人所對應體現之情，因此亦是人類性的。它

---

①　《從病體到個體》，《儒學的氣論與工夫論》，頁435。同頁並説明此推
拓："不僅僅是單一欲望對象，而可能是欲望世界的推拓"。
②　同上書，頁440。
③　同上。
④　同上書，頁443。

大約只有兩種可能：若非西方由生命力或內在心靈理性而言
之"崇高"，①就是如鄭氏般從身體欲望著眼的那近乎性愛之
感受。②此二種感知取向，固然迥異，卻無疑地有著必然的
內容和發展，非個人可以動搖；看似有別之情感，也只是共
通之情的分支形態而已。易言之，共同且一致的感知，才是

---

　　① 崇高（又稱壯美）為西方最重要的美學範疇之一，在十八世紀首度和
優美嚴格區分開來。其對極度、甚至超常對象的體驗，由消除痛苦和危險而產
生歡欣之情，均頗類於鄭氏對極限性及病體抒情療癒的討論。不同的是，崇高
具有的偉大感、生命感或激情，則是體氣面對極限性時所不能迸發的。以康德
《判斷力批判》說法為例，即可見二者之別："因為固然我們在自然界的不可
度量性裡，和在我們的能力不足以獲得一個對它的領域作審美性的'大的'估
量相適應的尺度中，發現我們的侷限性，但是仍然在我們的理性能力裡同時見
到另一種非感性的尺度，這尺度把那無限自身作為單位來包括在它的下面，對
於它，自然界的一切是渺小的，因此在我們的心內發現一優越性超越那自身在
不可度量中的自然界；所以它（自然在不可度量中）的威力之不可抵拒性雖然
使我們作為自然物來看，認識到我們物理上的無力，但卻同時發現一種能力，
判定我們不屈屬於它，並且有一種對自然的優越性，在這種優越性上面建立著
另一種類的自我維護，這種自我維護是和那受著外面的自然界侵襲因而能陷入
危險的自我維護是不同的。在這裡人類在我們的人格裡面不被降低，縱使人將
失敗在那強力之下。照這樣，自然界在我們的審美判斷裡，不是在它引起我們
恐怖的範圍內被評為崇高，而是因為它在我們內心裡喚起我們的力量"（宗白
華譯，北京：商務印書館，1987 年，頁 101—102）。
　　② 如《從病體到個體》，《儒學的氣論與工夫論》頁 441："在極盡鋪張
之能事的風光、美色中，人身被探測、擴張、沈迷、到飽覽一切，之後，幾近
不辨天日、不知所在（'闃然而暝，忽不知處'）的虛脫狀態"、"呈現這種探
測之後的虛脫狀態，或說是縱恣飽覽後戛然而止的茫然無措，讓之前承受的層
疊感知反而成為推向解脫出口的梯階，歎息垂淚或驚恐出汗，也許就是一種興
奮到放鬆、亢進到降返的轉折體驗"，實與性愛體驗沒有分別。若《高唐賦》、
《風賦》、《神女賦》所描繪的確如鄭氏形容，則不同的山水風雲，也只是藉以
再現肉體交歡所體驗過的弛張感受的媒介，試探其所可能達到的強度變化及後
果。山光美色、乃至作者特殊的觀覽經驗，因此均可以無窮地被替代，也不阻
礙讀者的感同身受。這都反映了該類感受的普遍性，而非個體性。Georges Ba-
taille（1897—1962）《情色論》從情色分析越度對自我主體的消融，可為對照。

極限之情之實。鄭毓瑜故亦云：

> 所謂"自覺"並不能只聚焦在獨一的個體，而是
> 如何由自我的身體卻朗現普遍經驗。[1]

"普遍經驗"一語已說明了全部事實。甚至，不可忽略的
是，當所強調的極限感受限制在身體層面，其所能夠實現的
個別差異，實比不上心靈在崇高感中所造成的形態為多。原
因非常簡單，因身體氣感的運作模式，大體是循《禮記·
樂記》：

> 凡姦聲感人而逆氣應之，逆氣成象而淫樂興焉；正
> 聲感人而順氣應之，順氣成象而和樂興焉。倡和有應，
> 回邪曲直，各歸其分，而萬物之理，各以類相動也。

或《呂氏春秋·應同》的説法：

> 類固相召，氣同則合，聲比則應，鼓宮而宮動，鼓
> 角而角動。

乃各從其類地進行搖蕩，人與人唯體氣收放、強弱、疏密程
度上的分別，而沒有真正性質迴異的應物方式。但像屈原
"自鑄偉辭"般在作品中體現自我崇高情懷的手法——"朗
麗以哀志，綺靡以傷情"（《文心雕龍·辨騷》）等，將具正面

---

① 《從病體到個體》，《儒學的氣論與工夫論》，頁 422—423。

意味的朗麗、綺靡，與負面的哀、傷並列，這刻意不從其類
而致的複雜曲致，則必屬心志或人格層次之操作，是人有意
識、有目的地重構人、物關係的結果。能標誌作者獨特個性
或生命的偉辭，唯由此得見。鄭毓瑜著眼體氣、主張由抒情
醫治“病體”到發現“個體”的看法，故實際上是將個別
性泯除、推向非個體的舉措；作者一旦通過體氣抒情，確實
治癒了病體而完全開放身體與四時陰陽的交流應對，則其書
寫便如《七發》末：

> 渢然汗出，霍然病已。

戛然而止。作品終告完結的理由非常明顯，超越個體的這一
制作目標已然達成之故。抒情文學在體氣抒情的前提下，正
是此超離個體過程的具體實踐。

　　若然，鄭氏對時氣感的處理方式是否亦有類似傾向？

　　簡言之，兩漢以前即已流行的典型思維方式——類應
（引譬援類），及其所構成的時物知識，縱然可如鄭氏說，
實現人與世界的完整統合，既不受官能所限，也不為知識檢
證所制約，更不能視作個我主觀、內在的心情反應，故能保
證受動內容的客觀真實，也因此令個人具有“以小知大”、
“以近論遠”主動推論、評價整體之能力，[1]並作為主體地與
整體應和；但反過來說，類應原則是否也就不可避免地突顯

---

① 《文本風景》，頁302：“‘類應’所提供了跨越物類、物我的係屬連
結，其實等於張設下等待觸引現見的各種或顯或隱之關係據點；掌握引譬援類
的原則，一切現象都可以由小及大、見微知著，進行整體性的推測、評斷。”

了整體的優位性？特別是當鄭氏多番強調：這基於類應所構
成的時物系統，實是“累積前人論述”①的一套“用詩或作
詩時熟悉上手的知識成説”時，②此相當於“固有的世界觀、
宇宙觀”（或稱“共識性的世界觀、宇宙觀”)③的知識系
統，已清楚反映出它與文明背景間關係之密切。若然，個人
在此所實現的主體性——如用詩或作詩時的引喻、聯想，或
是對整體之推斷，會否將僅是一代表族群而非個體意識的主
體，甚至是人文層累後離個體本真更遠的人為產物？鄭氏從
範圍（宇宙、世界）的闊大豐富及主客交接關係來詮釋所
謂“整體性”，又會不會只是一種追求量化和與外在接引的
整體觀？其與“群體”集結眾人、捨小我而就大我之取向，
有何根本差異？再是，從自然氣化角度重新確立群體模式之
正當性與價值，如對病體的療效或從極限欲望、類應知識所
構成的一體存在感，是否已確實彌補了群體與個體之缺陷，
切實地實現了人本精神與人道意義等文明對文學之期待，抑
或反而驅使情感意識走向欲望化、粗糙化？凡此種種，都顯
然有待商榷。

　　歸納上述，體氣所樹立者，實偏向以整體意識為實質的
情感主體。個別性固然出現在體氣抒情過程中，但個體既非
終極，也非主體性的真正基礎，一切個性都在實現整體交融
的前提下，減除自身。即使得以避免道德名教或世俗利害之
箝制，其實質，仍只是群體意識的自然化或氣化，個體自己

---

① 《文本風景》，頁269。
② 同上書，頁265。
③ 同上書，頁267、299。

仍遭消融，不復保存。作為抒情傳統論述內部對個體問題的反思，體氣抒情的結論不僅恰好相反抒情論述的既有立場，更突出了後者以個體為抒情主體的狹隘性。那麼，在個體、群體皆不足以為理想抒情主體的情況，上述種種論説無異證明了一項事實，即：人本前提下的主體理念，非個體或群體任一意識所能充分概括，情感主體當有其更高或更兼蓄性的樹立層次。

二　情感主體的成立

　　由於情感是人切實體驗到之感受，人們確實不可能再將任何是非判斷加諸其上；它雖發生在人與人、人與物，乃至萬物之間，但始終和人倫之義、萬物之理或修身立命等具有客觀正誤、善惡之分野者，性質不同。然而，不以是非善惡觀之，情感的合理界限究竟何在，也無以討論。就像"人之親其兄之子"必超乎"親其鄰之赤子"（《孟子·滕文公上》）、"吾弟則愛之，秦人之弟則不愛也"（《孟子·告子上》）、甚至"食、色，性也"地面對客觀之需亦以偏好為先（《孟子·告子上》）般，即使盲目、私愛、無良善，作為情感，亦無可非議。抒情傳統論述以個體性為軸心進行對文學中抒情現象的討論，可以説，正是站在這一認識下為情感所設定的最後底線。其後對個體作為人之實體的肯認、對個體抒情作品中美典的建構，這一視個體情感以真、一視其以美的嘗試，更加強了承認情感感受的必要性。但，如前所述，以"群體／個體"界定情感真偽，是不成立的；而如何使美典所宣稱之美，既不致成為另一種加諸情感之上之規

範，又能為眾人所稱道，也明顯不屬於個體情感的權限，因
美相反於情感之非價值性，本身即是價值範疇之一種。在
真、美兩種切入角度都未有所定的情況下，對抒情傳統的描
述和討論始終擺脫不了界定模糊、各自為說的尷尬。體氣抒
情論故捨棄上述做法，另從情感內部，找尋本真與境界
（如萬物流行互滲、普遍經驗之體現），不過，由於它仍不
離"群體／個體"這一相對框架，貢獻終究有限。而在抒
情傳統論述此種種看似呼應、成理的討論之外，一個更簡單
明瞭的事實是：情感運作從不以體氣或心靈單行。一件抒情
作品裡所表達的情感，不只是針對詩中所述一時事件或際遇
的感懷，在事件之外、之先，乃至與事件無直接關係的記
憶、想像、學思，都可能是作者沒有言明但其實一同促成
其情的對象。同樣地，在每一次情感活動中，人需發動多
少面向、以何比例和交互牽引作用進行感知，更非每人、
每事盡同。情感活動之複雜，所涉興感元素之多，由於非
只是動情者自身之問題，更關連其所處之人、事、時、空
等客體對象，單由標誌動情者興感機制之身、心，實無以
概括其性。

　　若然，如何從情感本身論析情感，既全面、又避免了茫
然失據或別加規限的窘境？

　　先秦對"情"的討論，給予我們重要的示範。簡言之，
先秦情論雖可能在特定情況下根據具體情境分析情的內部成
份、或它與情感主體身上其他如志、德行、學養等之關係，
但基本上，"情"都被視為一綜合性的活動及內容，既包納
身、心，更不必限制在感性層面。對如此綜合、多樣式之對
象，先秦找到一個窮盡、概括它的方式。試由《禮記・樂

記》對"情動於中"的解釋為例：①

　　　人心之動，物使之然也。

對於情，《樂記》從人與物的關係著眼，人因物而動心，心
動之感受反應，即情。②這裡所謂"物"，可以是人、事、
物、時空等一切對象。而"心"，與其說特指主觀心靈，毋
寧說泛指包括氣在內的全部感受力；③它對比"性"所代表
的人之在其自身，指人對應外界對象之作用，《樂記》故謂
心為"非性也，感於物而後動"，而與性之"人生而靜，天
之性也"相對。《樂記》由此涵蓋了各種可能的興感層面和
對象，極其簡明地克服了抒情傳統論述始終未能做到的對
"情"範圍的全面窮盡。其關鍵，乃在於它不由動情者性質
（如個體或群體）、情感內容等抒情傳統論述所採取之解度
（如生命或自然）、情感之主要官能（如身或心）切入，而
僅從情的發生本末言情：因所有情感的產生都循此軌跡、都
涉及物與受動方，故得以由"物"與"被物所動者"這一
情動關係，總括一切情感。如此觀情之角度，是先秦相關論

---

　　① 《樂記》固然或非完成於先秦，但就其內容而言則應為先秦樂論。
　　② 如《樂記》下段所列舉的："哀心感"、"樂心感"、"喜心感"、"怒
心感"、"敬心感"、"愛心感"等。
　　③ 見後文描述各種物動感應的結果或用語：如"情動於中"、"感於物而
動"、"物之感人"、"應感起物而動"等，便沒有強調"心"；而"凡姦聲感
人，而逆氣應之"、"正聲感人，而順氣應之"直接言"氣"，或是將物動感應
範圍擴及萬物時所言之"流而不息，合同而化"、"地氣上齊，天氣下降，陰
陽相摩，天地相蕩，鼓之以雷霆，奮之以風雨，動之以四時，煖之以日月"，
更可見各種互動與感受形態。

述共同論情之方式，如《性自命出》："喜怒哀悲之氣，性也。及其見於外，則物取之也"，① 或是《中庸》自"已發"言喜怒哀樂，皆屬同一觀法。

那麼，此觀情方式意義何在？毋庸置疑地，其意義首先便在突出因物而後動這"非性"性。這是說，此時所關注的，將是人之存在──相對於性從人之在其自身、主體性從人的獨立自為而言，情所涉及的乃人的客體性問題。《性自命出》故在指出喜怒哀悲"及其見於外，則物取之也"之後，直言其旨：

性自命出，命自天降。②

"出"對等前述"取之而見於外"，"命"對等"物"所代表之意義，而更強調那形構個人一生存在境況的物之全部集合，這一集合由於非人力所能主導，故曰"命自天降"。該篇後文所言："凡性，或動之……或出之"、"凡動性者，物也"、"凡見者之謂物"、"出性者，勢也"、"物之勢者之謂勢"，③ "物"由一時所見、以迄聯合成足以引出其性的整體之勢，都不斷強調人客體存在之事實，以及後者對人自身（性）的深刻影響。

---

①　《郭店楚墓竹簡》，頁 179。
②　同上。
③　同上。簡文中其他使"性""逆之"、"交之"、"厲之"、"養之"、"長之"的"悅"、"故"、"宜"、"習"、"道"，實際上也屬於廣義之"物"，涵蓋了性質和向度上種種不同之物。這裡僅引"動之"之物、"出之"之物勢，則是為了對應前引"情動於中"、"人心之動，物使之然"之"動"，以及"性自命出"之"出"，更清楚地顯示"物"、"物勢"與"命"的同義性。

先秦情論所關注的問題因此是這樣的：人一旦存世，便有著不能夠完全按其本性、甚至必然被引動或被雕塑的命運；這始終須反應他者而不可能孤立自在的事實，才是情所導引出的真正問題。從而，應如何看待人類自身之客體存在？如何克服最終可能出現的物化或人化物之結果？乃至於，可有什麼樣關於人、物共同的存在理想？……此種種，始為環繞“情”而有之提問。對比抒情傳統論述藉文學這非現實空間的防護，反以抒情為人的本真實踐，並毫不遲疑地逕視抒情作者為實體、主體，先秦的觀法與關切，顯然遠為真實。早期詩學（《詩》學）故亦持此觀情，例如針對《詩經》取材及編纂目的所提出的采詩、獻詩、聽政之說，[1]《左傳》季札觀樂對各國歌詩所體現之心態的觀察，都明顯點出對詩文背後所具體置身之存在境況的關注。存在世界與人之情思二者間關係的平衡、正向，為當時詩論最在意的問題。目前可見最早的詩學專論——戰國楚竹書《孔子詩論》，更直接就人心因各類境況而動的結果，做出原則性分類，如：

留白曰：《詩》其猶平門。與賤民而豫之，其用心也將何如？曰：《邦風》是也。民之有罷惓（戚患）也，上下之不和者，其用心也將何如？殘【《小雅》、

---

① 如《國語·周語上》：“天子聽政，使公卿至於列士獻《詩》，瞽獻曲，史獻書”，或是漢初常見的采詩說，如公羊壽解釋魯宣公十五年“什一者，天下之中正也。什一行而頌聲作矣”時所提到的：“男年六十、女年五十無子者，官衣食之，使之民間求《詩》。鄉移於邑，邑移於國，國以聞於天子”等。

《大雅》】（《孔子詩論》，4 簡）

　　留白 是也。有成功者何如，曰：《頌》是也。(5 簡)①

將用心和人本身之心理素質〔如是否為"賤民"，"罷倦
（戚患）"與否〕、存在情況之好壞（如"有成功"，或"罷
倦（戚患）"所反映的存在境況之勞累、不寧）連結起來，
說明不同的物動反應可成就的詩之類屬。《詩論》並進而分
析各種情感及其表達的樣態與合度問題，如："《東方未明》
有利詞"、"《揚之水》其愛婦烈"（17 簡）、"《大田》之卒
章，知言而有禮"（25 簡）、"《邶・柏舟》悶。《谷風》
悲"（26 簡）、"《牆有茨》慎密而不知言"（28 簡）等。乃
至舉出各種具體情況下情思之典型，以作為對客體之道的示
範，如第 10 簡：

　　　　《關雎》之改，《樛木》之時，《漢廣》之智，《鵲
　　　巢》之歸，《甘棠》之報，《綠衣》之思，《燕燕》之
　　　情，曷？曰：童（終）而皆賢於其初者也。②

凡此，都說明了情之於先秦詩學，與它在禮論、樂論中的意
義相當，皆作為反映人之客體存在、人物關係的重要載體。
對情之反思，故亦全部由此角度切入，情不再無涉價值正
誤、善惡，相對地，等同對人、物存在理想之勾勒，它亦有

---

　　① 《上海博物館藏戰國楚竹書（一）》，頁 130、132。補字以粗括弧（【】）表
出。
　　② 同上書，頁 139—141。

其終極美善之形態，且極其客觀。

※　　　　　　※　　　　　　※

　　回到先前對情感主體的討論。由於情正是人應物而動的結果，所反映的乃人作為客體這一事實，在此情況下欲言主體，顯然有所矛盾。這並非是說，人在情感活動中沒有任何主動、獨立性，但縱然是多麼深具主體人格者，亦沒有辦法自主其遭遇（"物"）；即便隱逸，亦有不可卸下的農事與生老病死之遇。人作為客體，甚至較主體地活，更是人之事實。若然，仍有所謂情感主體嗎？如有，它是所有應物者皆能實現之姿態嗎？

　　讓我們先從分析現實情感運作，切入上述問題。承接抒情傳統論述的討論，明顯地，從性質來說，體氣流行確實即情感活動最基礎、持續的一面，它對情感內容的影響不曾間斷。然而，體氣的超自覺與開放性，亦使它遭受更多的干擾。被他者所轉化的氣行狀態，才是氣感活動的常態，它能夠純粹實現的機會當比其他興感能力更少。那麼，興感能力相互作用、干擾的結果，通常如何？想當然爾，其中愈不易受動者愈扮演重要角色。心因此必然凌駕其他，主導情感。孟子："夫志，氣之帥也"、"夫志至焉，氣次焉"（《孟子·公孫丑上》）即指出這一必然。同樣地，當代強調身體觀者經常引以闡明體氣影響的文獻，也透露了類似訊息，見《左傳》昭公元年，子產答叔向問晉侯疾段：①

─────────

　　① 引述本段者，除鄭毓瑜外，亦見楊儒賓《儒家身體觀》，台北："中研院"中國文哲研究所籌備處，1996年，頁42─43。

> 君子有四時，朝以聽政，晝以訪問，夕以脩令，夜
> 以安身。於是乎節宣其氣，勿使有所壅閉湫底以露
> （嬴也）其體，茲心不爽，而昏亂百度。今無乃壹之，
> 則生疾矣。

氣的不節、不時固然造成身、心兩方面疾患，但，這明顯是
意欲放縱所帶來的結果；而意欲，亦心之面向。子產“節
宣其氣”的建議，故不只是就氣論氣，更是就心對氣進行
自主控制的一項要求。其看法與孟子“夫志至焉，氣次焉”
之說無異，心足以改變氣的流行不已，對其進行操作和引
導。《左傳》或其他相關論者因此並沒有像鄭毓瑜所推論的
那樣，認為在尋求體氣的動態平衡中，沒有“一個絕對是
非或確切有用的標準”，[1]而將體氣視為獨立不可干涉的自動
機制，乃至把“節宣其氣”等心志對氣的自主調度，看成
類似物質或能量的收放、調節運動。相對地，即便是被歸類
為氣性一路的荀子，[2]他對類似晉侯般淫亂問題，也都有積
極性的應對，除了以禮、樂管治之，更直接對心在一切身體
感受上所具有的優位性，做出強調。見《正名》：

> 心平愉，則色不及傭而可以養目，聲不及傭而可以
> 養耳，蔬食菜羹而可以養口，麤布之衣，麤紃之履，而

---

① 《從病體到個體》，《儒學的氣論與工夫論》，頁429。
② 見鄭宗義《論儒學中“氣性”一路之建立》，收入《儒學的氣論與工
夫論》，頁247—277。

可以養體。局室、蘆簾、藁蓐、尚机筵，而可以養形。
故無萬物之美而可以養樂，無埶列之位而可以養名。如
是而加天下焉，其為天下多，其和樂少矣。夫是之謂重
己役物。①

心先平愉，則至少在視、聽、口、體、形、樂、名這類現實
面向上，由萬物引致的一切身體感受，以及自身在世界中的
存在狀態，都可隨之轉化。這人盡皆知的事實，甚至使物境
直為心境之反映，使心超越外物，直接作為塑造興感內容之
源。而荀子對反面心境——心憂恐的對稱描述，則更將情感
元素間的主從位階，幾近絕對地界定下來，見同篇前文：

　　　心憂恐，則口銜芻豢而不知其味，耳聽鐘鼓而不知
　　其聲，目視黼黻而不知其狀，輕煖平簟而體不知其安。
　　故嚮萬物之美而不能嗛也，假而得問而嗛之則不能離
　　也。故嚮萬物之美而盛憂，兼萬物之利而盛害，如此
　　者，其求物也，養生也？粥壽也？

對照平愉、憂恐兩種心境：在人不能脫離群居，故不能擺脫
利害、榮辱的前提下，前段所言心靈的平愉，尚可看成是心
刻意反身修養的結果，其對內、外全體之制約，是自始即自
覺為之的。“心平愉”段因此只能證明在工夫積累下，心能
夠抑制並取代體氣興感，卻終究不是本來或絕對可實現的狀

① “局室、蘆簾、藁蓐”原作“屋室、廬庾葭、薬蓐”，據王念孫據
《初學記》改，王先謙：《荀子集解》，台北：華正書局，2003年，頁287。

態，無反身修養工夫則無心之主控性。但相反地，後段心之憂恐卻非有意而致，它甚至是人無力把持心境後的結果。在此情況下，可以說，心役於物，就如憂恐所反映的心、物懸殊之強、弱關係，心純然被動。然而，十分明顯地，如此的心理狀態同樣能夠左右身體感受，甚至在現實世界已以"美"、"利"姿態出現時，可以仍然保持"不知"地封閉在固有心境中。易言之，物雖令心憂恐，但心在自己不主動活動的情況下，仍能反過來無視於物，凌駕在一切體感與事物客觀的性質、利害之上。若然，對人的感受而言，現實生活中心之於身、物的優位性，便是極其客觀、必然的了。

　　現實中的情感常態，故不僅是心與官能體氣感受的結合，並且，心無論自覺與否，其在情感活動中的主體地位，亦難能撼動。不過，若謂體氣活動只能被動於其他身、心面向，亦是不準確的。事實上，體氣固然與心對他者所產生的轉化程度不能相比，但其影響同樣可輕可重。孟子所謂"今夫蹶者、趨者，是氣也，而反動其心"（《孟子・公孫丑上》)，是從最輕微、偶發之例說明氣之動心；前引《左傳》子產答叔向段裡，氣的壅閉湫底，導致體羸、心不爽等疾患，則程度嚴重且持久得多。唯此類事例中，即使氣變化了身、心，它本身卻不是情動的最初成因——蹶、趨之發生，來源於莽撞無心或過度急躁的性情習養；而晉侯之氣的阻滯不通，則肇因於意欲放縱。氣所引發的身、心變化，多半只是感發過程中之片段；心的怠惰、自棄，或是以"義襲"取代"集義"等揠苗助長、急功近利之做法，方引發骨牌般後續的連串反應。類似事例因此尚不能說明體氣的優位性，它們與一般以心為主導的情感常態相較，情況非常接近。真正純粹肇始於體氣的情形甚少，此時氣對心所產生的影響也大異其趣。《文心雕龍・物色》所敘述的這類情動過程，是其中一個具有代表性的例子：

> 春秋代序，陰陽慘舒，物色之動，心亦搖焉。蓋陽氣萌而玄駒步，陰律凝而丹鳥羞，微蟲猶或入感，四時之動物深矣。若夫珪璋挺其惠心，英華秀其清氣，物色相召，人誰獲安？是以獻歲發春，悅豫之情暢；滔滔孟夏，鬱陶之心凝。天高氣清，陰沈之志遠；霰雪無垠，矜肅之慮深。歲有其物，物有其容；情以物遷，辭以情發。一葉且或迎意，蟲聲有足引心。況清風與明月同夜，白日與春林共朝哉！

本段所述之情感動向和前引《左傳》等例非常接近，均可見氣感對心的作用，唯氣感在此更躍升為情動的第一成因。並且，對照本段與前一類事例中氣所帶來的影響，可以看到，在前一類例子中，無論是氣或心，均只體現為氣性化的氣行狀態，如通塞、動靜、緩急等，見《左傳》該段所描述的氣之“壅閉湫底”、心的“不爽”現象，以及《孟子》提到的因蹶、趨所造成的慌亂停滯或緊迫感。易言之，即使言心，也從擬氣化的不暢朗感（阻滯不通）來說。此類事例中氣感對心所造成的影響，因而是對心的同化——氣化；其結果，則使後者不論積極或病態，都不純然自在，甚至負面幽暗，心已非心之故。反之，在《物色》描述的情況裡，氣感雖然影響心，卻未對心的感性性質有所改造，如“獻歲發春，悅豫之情暢；滔滔孟夏，鬱陶之心凝。天高氣清，

陰沈之志遠；霰雪無垠，矜肅之慮深"般，四季物色、陰
陽寒暑等氣化流行，對心而言，只是一種召喚共鳴的引信、
一個對內在相應之情的催促，心始終仍是精神性的情思志
慮。如同"迎意"、"引心"般，在春日蓬勃活潑之生生氣
息裡，與之對應的悅豫之情因之獨顯；在暑氣炙燠過盛之
時，獨拔於其他情思之上的，則是同樣濃重、難以冷靜的鬱
陶之心；而面對秋天的天高氣清，人反以表面上看來相反的
陰沈之志相迎，這是因唯有以此內在凝聚之志，始能對應
"天高氣清"這客體世界的廣遠純淨，實現自身的闊大與純
粹；至於冬雪的覆蓋無盡，不僅令萬物寂然止息，萬物更彷
彿自世界退場，在皚皚白雪的遮蔽下，天地差異全泯化、抽
象如一，心對應此，故亦返回自身，如"心之官則思"(《孟
子・告子上》)般，唯克盡其本性——思維而已，"矜肅之
慮"是思維多麼專注而超越現下耳目聲色的自為活動。這
些順隨四季突顯的心靈面向，故非時物或氣感所塑造、移植
而成者，其作用唯加強心中某一固有內容而已；並且，作為
"情往似贈，興來如答"(《物色・贊語》)的兩造共鳴活動，
心以特定之情對氣化流行的回應，乃自發之呼應，非被動使
然，更不是不得已之順應。是以，氣雖不改造心，氣性卻已
巧妙地融合在心靈之中，一如情志思慮之本然，見："悅豫
之情暢"、"鬱陶之心凝"、"陰沈之志遠"、"矜肅之慮深"
諸句中勾勒氣行現象的形容——"暢"、"凝"、"遠"、
"深"。此數字，或描述動靜(通暢／凝結)，或指出動靜所
達之空間維度(深沈／遼遠)，代表著各類情思中的擬氣成
份，也是情志思慮最主要的外顯模樣。然而，細加觀察，可
以看到："暢"、"凝"、"遠"、"深"等氣性卻不與四時完

全對應──"暢"、"遠"確實符應"獻歲發春"、"天高氣
清"之表現，但"凝"則相反於"滔滔孟夏"，"深"也和
"霰雪無垠"不屬於同一質量向度，①換言之，氣性在此被自
由地予以配對，而非以四時節氣為本。它的配對原則為何？
明顯地，配對所考量的標的乃在情志思慮，氣性成為對情志
思慮臻於最佳狀態時最適切的形容──唯"暢"始足以體
現悅豫的健朗繹如；唯"凝"始將狀似糾纏過甚的鬱陶之
心向內收斂、終獲寧止；而僅有寬闊不自限之志，生命始成
其為生命；至若思慮，若無自身之矜肅，以及更重要的，穿
破對象表面之深刻洞察，思都不足以成其真實。在此所實現
之心、氣關係，故純然正面，相互增益。如此之情感活動和
結果，始是心、氣間真正的一體實踐，截然不同於《左傳》
等例所刻畫的負面病態，也與一般由心主導的情感有明顯的
分別。此般情感，故才是從身、心兩面而言理想的情態──
心靈、體氣都能夠保持如此活躍、又不失其自己。動情者至
此，亦始有了作為自身情感主體的條件。

　　然而，什麼原因使得情動反應能夠實現如此理想的運作
狀態？對比《物色》和前面所曾談及的各項情感事例，可
以看到，《物色》有兩項特色值得重視：一是，《物色》僅
以自然作為情動對象，而《左傳》子產答叔向段、《荀子》
心平愉、憂恐段等例，則以人事世界為背景。二是，《物
色》面對自然時所呈現之情懷，其情致始終正面，並沒有
出現類似抒情傳統論述所謂的悲哀基調，縱連"鬱陶之

────────────

　　① "凝"與"滔滔"在狀態上一凝聚沈靜、一發散湧動；"深"之言精
微、深度，和"無垠"之言鋪陳、廣度，也明顯相對。

心”、“陰沈之志”也無關對自然逝變與死生流轉之傷感。
這代表，《物色》雖然面向自然，但造成情動的關鍵對象，
則非自然本身；故雖反應物色之動，卻沒有對物色背後代表
自然本質的生生規律有所反應（一旦對此有所反應則必然
為物之生、滅不已而傷感）。相對地，他所反應的單純只是
物色之“動”——對“動”本身之感受。這是說，如同自
身因物而動之“動”般，他也感受到了物因他者而動之事
實。換言之，無論作為引動者的物，或是作為受動者的人，
都反過來同時也成為引動他者之物、或是受動而有情者。如
該篇贊語：“情往似贈，興來如答”所總結之意，人、物在
此體驗了彼此呼應、互為主客的關係，再沒有一者不是主
體、再沒有任何一方不作為客體地面對眾物。此至和諧、明
朗的關係，無異是對客體存在之道的揭示。也正因他所真正
感觸的是這客體存在之道，故能始終正面。反之，人間意欲
之事不能使人如此，純粹自然亦同樣不能。人故非只反應對
象，他更反應自身與對象間整體之關係。《物色》之情真正
對向的層次，因而非表面的物色形聲，而是萬物彼我間通過
形聲所呈現的情與呼應。它一方面說明了此時之情感已是一
種對眼下物、我之情的再感受，一種反身以“情”自己為
對象的感歎；情感非率然外向而無反躬性之活動，[1]由此可
知。另一方面，由於所真正感觸的乃客體存在之道，此時之
情感，故為一種對道的直觀和感動；道可為人的情感對象，
亦由此可見。人的情感，若正由反應道而成，亦始有正面之

---

　　① 即非《禮記・樂記》“物至知知，然後好惡形焉。好惡無節於內，知
誘於外，不能反躬，天理滅矣”之情。

實現。人因萬物之情而對存在純然肯定，情感主體由此而成立。

試再舉另一段在闡述人物情動關係上同樣極具代表性的例子，見《尚書·洪範》對庶徵的討論：

> 八、庶徵：曰雨，曰暘，曰燠，曰寒，曰風。曰時：五者來備，各以其敘，庶草蕃廡。一極備，凶；一極無，凶。曰：休徵：曰肅，時雨若；曰乂，時暘若；曰晢，時燠若；曰謀，時寒若；曰聖，時風若。曰咎徵：曰狂，恆雨若；曰僭，恆暘若；曰豫，恆燠若；曰急，恆寒若；曰蒙，恆風若。曰，王省惟歲，卿士惟月，師尹惟日。歲月日時無易，百穀用成，乂用明，俊民用章，家用平康。日月歲時既易，百穀用不成，乂用昏不明，俊民用微，家用不寧。庶民惟星，星有好風，星有好雨。日月之行，則有冬有夏；月之從星，則以風雨。①

“雨”、“暘”、“燠”、“寒”、“風”五者，在配合“時”、“恆”因素之後，產生了它們對百穀草木的影響，從而區分出“休徵”、“咎徵”兩類情況。而“休徵”、“咎徵”既指以百穀草木為基礎所構成的存在境況（即由“時雨若”、“時暘若”等所致之“歲月日時無易，百穀用成，乂用明，

---

① 屈萬里：《尚書釋義》，頁101，註70引南宋·龔明之：《中吳紀聞》余㬌上書事，主張自“曰王省惟歲”至“則以風雨”凡八十七字，與上文不相應，當移至五紀“五曰厤數”之下。案：該段實有闡明人與情感意識差異的用意，非與上文不相應。下詳。

俊民用章，家用平康"，及由"恆雨若"、"恆暘若"所致之
"日月歲時既易，百穀用不成，乂用昏不明，俊民用微，家
用不寧"），也同時指向生活其中之人的心境、性情或心智
能力的表現（"肅"、"乂"、"哲"、"謀"、"聖"，及相反
的"狂"、"僭"、"豫"、"急"、"蒙"）。①該段因此也描述
萬物彼此之呼應關係，而各項休徵，更相當於《物色》所
描寫的正面之情，本段正是《洪範》中闡述萬物存在之道
的段落。可以看到的是，決定休、咎的關鍵，並非五種天
候，而是它們的或"時"、或"恆"——"時"指"五者
來備，各以其敘"，"恆"故相對地應指五者的"一極備"
或"一極無"。能夠帶來正面之情者，唯節候與人、物間的
合時協作。而當特定生長條件被過分突顯，或反過來受到壓
抑，則人、物世界相應的不成與不寧，也就可以預見；僅極
備於一者而不見其他，或使其一徹底消失於序列，都是對原
本動應關係的終止和破壞，故縱然仍有所動，亦已流為咎
徵。這以萬物整體呼應為休美的觀法，和《物色》態度相
同。特別當休徵、咎徵並非從"雨"、"暘"、"燠"、"寒"、
"風"，而由"時"、"恆"這兩種不可一時俱見之對象中見
時，它較《物色》更清晰地顯示出：人、物對此應和之道
的回響，實深刻於任何當下之情。此超乎片刻物色的更根本
對象，即使人未察覺，亦已深沈地引致整體境況、心境、性
情，乃至心智能力的相應變化，而為其他片段、表層情致的

---

① 此從休徵的"肅"、"乂"、"哲"、"謀"、"聖"，亦《洪範》："二、
五事：一曰貌，二曰言，三曰視，四曰聽，五曰思。貌曰恭，言曰從，視曰
明，聽曰聰，思曰睿。恭作肅，從作乂，明作哲，聰作謀，睿作聖"，即可
證知。

背後托體。

　　《洪範》本段另一不可忽視的重點是，較諸《物色》，它進一步將情的觸角延伸至人自身世界之中，不僅涉及實務性的現實生活、具體家用，更已見職官階層、政務及發生在人與人間的種種實質關係。本段因此補充了《物色》所未言的人事層面之情感問題，也因緊扣人事現實，使休、咎諸徵不唯顯示喜怒好惡，更及於德性素質。此時所體現的人物整體之正面性，故更能對人客體存在之道提供具體的説明。歸納本段對此之看法，大約有如下幾點：

1. 如本段休、咎諸徵所闡明的，即使存在場所已由自然轉向人間，從審美轉向現實生活，情感的根本對象仍然不變，仍以對存在之道的感受，作為一切當下情興之基底和概觀。情感不分對象之自然性或人間性而性質一致。

2. 承上，情感固然以道為一切感受之基底，但透過人世情感，可以看到一項在自然中較不易發覺的事實，即：人對道的自覺、所致力之範圍、層次，實有所差異，非人人盡同。"王省惟歲，卿士惟月，師尹惟日"、"庶民惟星"正表明了人與人情感素質與意識能力上的客觀分別。不過，縱使如此，從王、卿士、師尹、民所省者，仍是歲、月、日、星這類足以表現天候序列之或時、或恆的時間單位來看，可以知道，人們始終以道為其根本對象，大小、本末之分而已。

3. 構成前述差異的關鍵，不在個體（包括環繞個體所衍生的一切個體性素質，如才性與存在背景），因若本於個體差異，本段應如鄭毓瑜討論極限推拓中的個體之情，或相仿於抒情傳統論述對作家個別情致的討論，更多地列舉於同一情境底下各種不同的感興型態；然而相反地，無論自覺的存在道域有何不同，在同樣的時、恆條件下，休徵、咎徵中所見之人情不僅相同，更未有形態上的分歧。①就《洪範》此處對人之分類——王、卿士、師尹、庶民——所著眼的角度，可以知道：劃分人情差異的真正界線，客觀地繫諸人在人世中主動自為範圍之小大。②易言之，人現實主體性之小大。這亦使我們理解，為何在自然面前，人更易於體驗他對存在整體之道的情感，人在常態自然之前更能保有其主體的緣故。

4. 透過"王省惟歲，卿士惟月，師尹惟日"、"庶民惟星"，人所對應之存在道域，約如下所述：就王、卿士、師尹"歲→月→日"來看，道域範圍乃隨著主體性之遞減而遞減，唯"庶民惟星"之"星"，卻因標誌著以四季為代表的各項節候，③而似超出了卿士之月、師尹之日。不過，確切而言，四季節候所勾勒的對象亦唯自然時序，一如《物色》以"四時之動物深矣"描繪自然之情，代表著情感主體的最基礎情境，故隸乎庶民，是庶民亦必能主體地實現其情感生命之所在。相對地，人事世界要求更高的主體性，故自"師尹惟日"開始，具有更高現實主

①　且正因庶徵皆是人所共同的（也是草木百穀物況上所共見的），始能作為洪範九疇之一地為君主嗣敘彝倫之參驗。

②　抒情傳統論述以個體為抒情主體，因此也命定了其情必以悲哀為終，個體實主動自為範圍最基本之單位故，其對自我生命之有限性之嗟嘆，乃屬必然。

③　星象之標誌四時，如《尚書‧堯典》堯"乃命羲和，欽若昊天，厤象日月星辰，敬授民時"時所舉"星鳥"、"星火"、"星虛"、"星昴"。

體位階的師尹、卿士、王，必須承擔人事世界有道、無
道之責，而庶民不與。[1]"日"除了原本的自然面外，[2]亦
人作息之基本單位，故指向事務勞作世界；而王所省察
之"歲"，則既是四時相序所成之萬物整體，亦標誌著人
為勞作之至大週期，[3]它同時包含了日、月、星之所指，
有概括世界全體之意。定位較為特殊的則是中介於歲、
日間的卿士之"月"，它雖然也有界定時間週期的功能，
並因圓缺而可觀可感、影響潮汐，但對比日之於作息、
歲之於四季與農時，月和世間規律卻顯然沒有那麼直接
密切之關連，其跡象似只是配合日而構成夜宵之短長，
或只是循環締連成歲，其標的在他者而不在自身。《尚
書·堯典》堯命羲和觀象授時之事中，月故在日、星之
外獨未成為殷正季候時所憑藉之象：

　　乃命羲和，欽若昊天，厤象日月星辰，敬授民時。
　分命羲仲，宅嵎夷，曰暘谷。寅賓出日，平秩東作。日
　中、星鳥，以殷仲春。厥民析，鳥獸孳尾。申命羲叔，
　宅南交。平秩南訛，敬致。日永、星火，以正仲夏。厥
　民因，鳥獸希革。分命和仲，宅西，曰昧谷。寅餞納日，
　平秩西成。宵中、星虛，以殷仲秋。厥民夷，鳥獸毛毨。

---

　　① "庶民惟星"故未與"王省惟歲，卿士惟月，師尹惟日"並列，而百
穀、乂用、俊民、家用等整體世界之有道、無道，也僅繫之於"歲月時無易"，
庶民則只"星有好風，星有好雨"從其所好而已。
　　② 除了晨昏，日在如前註《尚書·堯典》中亦同星一齊標誌四時，如
"日中"、"日永"、"宵中"、"日短"所示。
　　③ 如《論語·陽貨》宰我云："舊穀既沒，新穀既升，鑽燧改火，期可
已矣。"

申命和叔，宅朔方，曰幽都。平在朔易。日短、星昴，
以正仲冬。厥民隩，鳥獸氄毛。帝曰："咨！汝羲暨和。
朞三百有六旬有六日，以閏月定四時成歲。允釐百工，
庶績咸熙。"①

能夠作為具體觀象者唯日、星，月並沒有因圓缺起升而
在時序殷正工作上起作用。該段唯一言月者，只有最後
的"以閏月定四時成歲"，但顯然，因是"閏月"——
純然基於人為計數所定義之月，月不以具體之象為用，
是非常明確的。月這協日、成歲而連結日、歲兩端，卻
無涉四時，且不以象而由抽象如計數般的思謨遠慮為用
的特性，②故也表徵了卿士在庶民、師尹、王，以及自然、
人事界、世界整體間的角色，此其主體之道。③

5. 最後，四種存在意識及其主體間之關係，則為：由師尹、
卿士的人事之行，始有王道之成功（"日月之行，則有冬
有夏"）；以及，卿士之謀畫贊事唯有從乎自然民情，始

---

　　① "敬授民时"原作"敬授人時"，據《史記》、《漢書》改，參屈萬里
《尚書釋義》，頁25，註12。
　　② 參見《尚書・臯陶謨》透過臯陶和禹等卿士典範，對如"謨明弼
諧"、"思永"、"思曰贊贊襄哉"、"予思日孜孜"等致思明謨的強調。
　　③ 亦參《尚書・臯陶謨》舜帝對卿臣在上下間之份位的正反說明："臣
作朕股肱耳目：予欲左右有民，汝翼。予欲宣力四方，汝為。予欲觀古人之
象，日、月、星辰、山、龍、華蟲、作會，宗彝、藻、火、粉米、黼、黻、絺
繡，以五采彰施于五色，作服，汝明。予欲聞六律、五聲、八音，在治忽，以
出納五言，汝聽。予違，汝弼。汝無面從，退有後言。欽四鄰，庶頑讒說，若
不在時，侯以明之，撻以記之。書用識哉，欲並生哉。工以納言，時而颺之。
格則承之庸之，否則威之。"

復返具體真實（"月之從星，則以風雨"）。①卿士雖無以自身之象突顯，但顯然是連結王與民的至重要關鍵，而由其從乎自然民情而言，民情以及民意識所在之自然則為卿士之道真實之本。

　　統言上述對《洪範》庶徵段的分析：首先，別於抒情傳統論述等單由個體角度對"情"的觀察，《洪範》本段不僅更完整地涵蓋了各類人情典型，所論之情即便不推極到最表層的喜怒哀樂，也皆沒有個體之情所帶有的內在幽微感（即使從體氣角度而言之個體體驗，也都有如是內在探索或獨自推拓之一面）。情的純樸性，縱然是在穿透當下物色印象而直為對道之體驗，亦如《文心雕龍·物色》"四序紛回，而入興貴閑"之情般，乃人所皆能直觀的休、咎之徵、平康或不寧，而再無造作。此純樸直明性與同樣和休徵相連的表現——"肅"、"乂"、"晢"、"謀"、"聖"——所指向的德性，無疑地，即人於情感及人之存在上所向慕的至高實現，二者在《洪範》切實於人類存在的言情角度下，一體實踐。這也說明了在先秦以後或抒情傳統論述中，各類抒情活動未能再現（如《詩經》作品般）情感之純樸或德性的關鍵原因，亦唯其情或對情之論述，已遠去人類存在這一視野之故。加上前列五點所闡析之內容，《洪範》本段極精微地回應了在抒情傳統論述中所困惑或蔽而未見的問題，亦準

_____

①　"則以風雨"蓋指"星有好風，星有好雨"，舊說以為"箕星好風，畢星好雨"（孔穎達正義說），月經於箕星則多風，遇於畢星則多雨之謂也。而風、雨，顯然指涉本段構成庶徵的最初感性材料"雨"、"暘"、"燠"、"寒"、"風"。

確地展示出從人與其存在關係言情時，情的種種事實。

其次，就對情感主體的討論來說，在人無論面對自然或人事，其一切情興均植根於對客體存在之道之感受的事實下，《洪範》對於人能否作為情感主體，以及此時情感內容之真實性，是極其肯定的。人之所以能為情感主體，亦始終有感於存在之道、不因當下對象改變而有所迷失的情感特性。然而，人所能實現的主體層次亦確實不齊，《洪範》繼而對主體性與情感意識所在層面的關聯，以及它們孰為其本、孰為關鍵中介、孰為大成的界說，即是對此的進一步反省。若然，這也等於表明，真正能夠在現實存在中自主其全部情感的情感主體，只有其中之至高者。因唯有他，得以在現實中真正主導存在整體之境況（即全面地主導人所將遭遇、反應之“物”）；唯有他，決定了存在之道能否直接實現於現實世界、為人所感，他的所作所為本身就是世界的有道或無道。在這現實條件下，他若能以道為其客體存在之對象，則作為情感主體的他才能出現，而他人也才可能在情感中正面自主。一如《洪範》：“歲月日時無易，百穀用成，乂用明，俊民用章，家用平康”，以整體之有道，達成情感主體的全面成立；同乎《性自命出》所謂：

　　　道者，群物之道。[1]

能先使群物整體莫不有道，應物而動之眾人始得以在群物所偶然形成之“命”面前，仍主體性地存在。反之，則如

───────────

[1] 《郭店楚墓竹簡》，頁 179。

"王者之迹熄而詩亡"(《孟子·離婁下》)，除了個別聖者，再沒有成立情感主體的可能。

　　　　　　　※　　　　　※　　　　　※

　　回到詩、禮、樂這一系統來看情感主體問題。《洪範》"庶徵"段上揭結論，成為了先秦樂論最核心的主張。事實上，先秦專論情之感應、表達和制作活動者，都不出樂論之外；①詩學中與情感相涉之處莫不本於樂論。②加以樂的制作，涉及器樂、舞儀等複雜形制、人力、物力，相對於其他創制活動來説更加不易，對作樂者其主體性之要求因而更高。更重要的是，由於人情之樂（悅樂之樂，或廣義地指喜怒哀樂等之順正中和等正面性）的實現，即先秦樂（音樂之樂）之宗旨，③而人情之樂卻非作品瞬間之取悅所能達致，④必須從人存在之真實可樂而樂，樂因此更必須是一種對理想存在

──────────

　　①　即使非專論樂之文獻，如《性自命出》、《性情論》，其對喜怒哀樂、喟嘆憂慍的討論，亦伴隨對音、聲、樂的反省。

　　②　如前已例舉的《孔子詩論》，或是較晚的《毛詩大序》，後者多處明顯攝引自《禮記·樂記》、《尚書·堯典》命夔典樂段、《孟子·離婁上》"樂之實"之説。參見簡良如《心志的美與情感的美──〈毛詩大序〉的重新詮釋》，《中國文化研究所學報》（香港沙田：香港中文大學中國文化研究所，2000 年），新第九期（總第四十期），頁 269—293。

　　③　如《荀子·樂論》："樂在宗廟之中，君臣上下同聽之，則莫不和敬；閨門之內，父子兄弟同聽之，則莫不和親；鄉里族長之中，長少同聽之，則莫不和順"，或如《禮記·樂記》："樂至則無怨"、"樂行而倫清，耳目聰明，血氣和平，移風易俗，天下皆寧"等。

　　④　作品所帶來的取悅性反而只構成人的"溺而不止"，其作為"溺音"、"淫樂"，有別於樂。《禮記·樂記》因此記子夏對："魏文侯問於子夏曰：'吾端冕而聽古樂，則唯恐臥；聽鄭衛之音，則不知倦。敢問：古樂之如彼何也？新樂之如此何也？'"之問的回答為："今君之所問者樂也，所好者音也！夫樂者，與音相近而不同。"

境況的指陳或具體落實，①連帶使樂論實質上成為一以情為角度展開的對存在之道的整體勾勒。就此而言，樂論確實是反思詩詠情感及其主體實踐的首要憑藉。以下，便以先秦兩類主要樂論典型為據，分析其中涉及之問題。二者如同《洪範》等先秦情論意見，一貫地要求著情感主體的至高性，唯一者以自然為前提，一者如實於人間。

首先，見《莊子・齊物論》藉"天籟"、"地籟"、"人籟"，對樂之真偽與境界所做之論述：

> 南郭子綦隱机而坐，仰天而噓，荅焉似喪其耦。
>
> 顏成子游立侍乎前，曰："何居乎？形固可使如槁木，而心固可使如死灰乎？今之隱机者，非昔之隱机者也。"
>
> 子綦曰："偃，不亦善乎，而問之也！今者吾喪我，汝知之乎？女聞人籟而未聞地籟，女聞地籟而未聞天籟夫！"
>
> 子游曰："敢問其方。"
>
> 子綦曰："夫大塊噫氣，其名為風。是唯無作，作則萬竅怒呺。而獨不聞之翏翏乎？山林之畏佳，大木百圍之竅穴，似鼻，似口，似耳，似枅，似圈，似臼，似洼者，似污者；激者，謞者，叱者，吸者，叫者，譹

---

① 承前註，子夏因此除了從音聲感受之和正與否區分樂、新樂，更以能否從樂中"於是語，於是道古，脩身及家，平均天下"或相反地"樂終不可以語，不可以道古"來畫下樂與音之界線。語、道古、身、家、天下等，實際上即從價值、歷史、人倫與人群各方面著眼的人之存在層次。新樂因除音聲之外無他，故實未及樂。將樂與人之存在問題連結討論的例子，另參下文。

者，宊者，咬者，前者唱于而隨者唱喁。泠風則小和，飄風則大和，厲風濟則眾竅為虛。而獨不見之調調，之刁刁乎？"

　　子游曰："地籟則眾竅是已，人籟則比竹是已。敢問天籟。"

　　子綦曰："夫吹萬不同，而使其自已也，咸其自取，怒者其誰邪！"

可以看到，在這一段以樂論為終的問答裡，最初引發對話的主題，乃顏成子游對南郭子綦"似喪其耦"之問，而子綦的回應則首先在"吾喪我"。"我"與"耦"的這一對向關係，故是此段論述的焦點所在。如是，則莊子已清楚表明其對"情"的否定。因"我—耦"所代表的，實際上對等於《禮記·樂記》："人心之動，物使之然也"這透過"人—物"相對所界定出之"情"；子游問"心固可使如死灰乎？"便正是針對它違背"人心之動"這自然的情動反應，所提出的疑惑。莊子理想之樂，故是在否定情的前提下成立，從而對反於一般視情、樂為本末之樂論。其意義，首先當然在藉否定情，同時否定包括人在內的萬物之客體性存在。明顯地，其視為存在理想者，必是以人物全體之主體性，作為絕對前提。若然，從何種角度言，人與物皆可擺脫客體存在事實而全為主體？不基於情感之天籟，又是一種什麼樣的存在之樂？

　　簡言之，"喪其耦"對對象之取消，雖已表明否決情的態度，不過，莊子卻更進一步假子綦之"吾喪我"，將自我也連帶勾銷。若前者是對客體關係之無視（"似喪"），故反

映出其人絕對之獨立，後者則更針對自身存在，進行了根本
性的超越。藉此，他不僅開展了一個與客體存在完全不同的
視野，此視野更全由自身的超越所創造。是以，在視野未變
的顏成子游眼中，除困惑於其"何居乎?"而不明其所在，
南郭子綦更只是否定一切既有存在地令形、心盡如槁木死
灰。但實際上，這卻是"隱机而坐，仰天而噓"——一侷
促於机前者，卻實存於天地之間，為此浩瀚廣袤始生感嘆的
一次展現。作為主體，南郭子綦由獨立、超越，以迄對存在
創造性之自為，已從個人角度，將主體的至高向度做出了說
明。換言之，非必不與他者相應而無情，而是唯有能從既有
存在中完全獨立、完全自為，並確然立於如天這樣蕩蕩廣覆
的至高界域，否則一切感嘆或制作（易言之，一切情感與
其表現）都仍如後文所將言的人籟、地籟般未盡其主體之
真。對莊子而言，情感主體故唯至高主體所能。

其後"人籟"、"地籟"、"天籟"之說，則具體地闡釋
了上述看法。可以看到，人籟、地籟、天籟均指向某種整體
和合之聲響：人籟體現的是比竹和鳴之音（"人籟則比竹是
已"），地籟為眾竅怒號之聲（"地籟則眾竅是已"），天籟
則"吹萬不同，而使其自己也"之樂。若單一樂器或單一
孔竅所代表的乃"個別之人"、"萬物之一"這類個別存在
者，那麼，"人籟"、"地籟"、"天籟"作為眾聲和合之樂，
顯然各代表著一種理想存在世界的實現。其中，子游能夠理
解的乃人籟（"女聞人籟而未聞地籟"），它所譬喻的因此是
"心固可使如死灰乎?"這一提問背後所認定的、基於
"耦—我"關係所實現的理想存在。而人籟的特色在於：為
求整體聲響之和諧悅耳，必先創制器樂以獲致原本世界中未

有的純美動人之音色，並且，針對合奏時所可能產生的聲響
衝突，更須對聲響與聲響間之相對關係有所規範，人為之
"律"因此必須出現，以達到"律和聲"（《尚書·堯典》）的
作用。律作為人為切割音程的結果，①實際上是人對比、組
合各種聲響質素（如其音色、音高與節奏）所構造出之和
諧狀態，同器樂音色般非世界本來所有。這經過刻意造作、
規範而致的眾聲和合，即人籟之本質。它鮮明地象喻出人為
世界所自以為理想的存在之樂，其非關真實、本然的虛構
性。此亦是"耦一我"關係唯一可望成就的和諧狀態。理
由非常清楚，無論從相對關係中的主客對立本質言，抑或是
從人對"我"這自我性之執持來說，若沒有後天刻意的改
造或規範，主客與自我之間是沒有協和一體的可能的。但，
如同人籟之終究虛構，如是之和諧始終只能止於表面，耦、
我俱如音聲之非本然般亦非其原本自己的緣故。凡此，故亦
莊子對情及其所涉及的客體存在問題的看法：情不僅本身是
客體性的（如器樂之聲），更甚者，在這原本已無可純然自
主的界域上，若還試圖獲致整體和諧之樂，除非人再進一步
對全體加諸更嚴格的規範（律），使原本已是客體性之情為
了這人自己所構想出的理想和樂再度受限，否則絕無可能。
如是之樂，因此毫無真實；以人情為主的存在世界，故亦沒
有真實一體之樂。

　　相反地，"地籟"則對反人籟的客體性，而形容一種無
關自我、但卻以本然自己作為主體意涵的主體和樂之聲：眾

---

　　① 音律，如純律、十二平均律、五度相生律等，即或按人聽覺音感之和
諧與否，或對音程的均分、推度而形成。

竅自然而然之唱和，首先免除了人籟的人為虛構與造作性，而為眾竅自己本來之聲。更準確地說，卸下了人籟為求和諧所構造出之音色和音律，萬竅和鳴為竅與竅非有意對應而成的聲響，其各自之聲故均非因應客體而有之產物；其所象喻的整體理想存在，既不基於相對關係，眾竅亦再非置身相對關係中之主、客和自我，而是真正獨立自為之主體──易言之，主體只有回歸如自然眾竅般各自本然之存在，始得以樹立。地籟因而正是人籟的對反，它去除了人籟的客體性；其所實現的整體聲響更不求人籟所向慕之美悅，而直是萬竅各自勃發、未經修飾的一體實現。如是之和鳴，固然不比人籟之聲優美和諧，却始體現真實之和合。當子游已知人籟之偽，反過來所能聽聞、理解之樂，盡乎此。

那麼，在地籟之上的至高之樂──"天籟"為何？若地籟已然實現了整體主體性之和樂，何以需要再言天籟？

誠如子游"敢問天籟"而無以自行聽聞般，天籟確實是一個非常特殊的和樂層次。莊子原意即不將天籟定位為包括子游在內一般人所能聽聞者，原因在於，它所實現之和樂早已超出聲音表現之事。若僅就聲響言，天籟所呈現者，歸根究柢，亦地籟的眾竅之聲而已，二者在聲響上實無區別，天籟並沒有在地籟之外的獨特聲響。南郭子綦"夫大塊噫氣"一段故僅見對眾竅之聲的描寫，子游亦無法從中辨識天籟何在。所謂"天籟"，是在眾聲之外另一層次之和樂，一種不再藉助制作、生發、外顯而致之整體之樂。此無聲之樂為何？──"夫吹萬不同，而使其自己也，咸其自取，怒者其誰邪"：明顯地，子綦別欲指出的，乃吹者"吹萬不同"與被吹者"咸其自取"這雖互有關連、却無一被動為客體的存在圖象。較諸地籟將存在理想置於生命各自勃發、不經修飾之自然，天籟所實現者固不離自然（其音聲仍即地籟），卻已藉著吹者與所有被吹者間純然主體、但又德性般的關係，譜繪了後者所無法實現的更融洽、淳美之層次。唯此，地籟才得以生發，並成就了超越地籟的絕妙天籟。而其關鍵，正即"大塊噫氣"且率先"吹萬不同"的"風"，它作為天籟的發動者（"是唯無作，作則萬竅怒呺"），體現了較人籟中造作、相對之自我，及地籟裡眾竅般各自之自己，更高的主體形態。風如"吾喪我"般，不自發任何聲響，相反地，它以吹拂，使眾竅遂行自己。這使他者各是其是者，為眾竅所不能及；眾竅之能自己，也先由於有如是之風。風並以其泠、飄、厲、濟，對眾竅和鳴形態進行塑造，但同樣地，此時之大和、小和，雖起於風之變化，卻同時也是眾竅自取之聲，故"怒者其誰耶"，再無法區分究竟竅或風誰之怒。風故象徵了一種較眾竅所譬喻之主體更高度的主體性，且幾近極致。它包括以下幾點特質：

1. 主體無自己（如風本身之無形無聲，南郭子綦之槁木死灰）；

2. 使他者能夠自己者，即主體（如"使其自己"所指出的）；

3. 主體使他者自己且不止於自己（如"咸其自取"所指出的）；

4. 主體主動之範圍為全體他者（如"吹萬不同"之萬）；

5. 主體是使全體一體之樞紐，這是指：包括全部他者均能和合如一，以及主體與此和合之無分（如"怒者其誰邪"所指出的）。

這既不隱沒在相互之中，亦為相互之主體者，實是一種類同君主般之至高主體；以他為前提，萬物故能各自自己，而萬物與萬物之間，亦才能再無絲毫外在性地同在。這彼此內在而純然自己之存在，即莊子所以為的存在至高之樂——天籟。

　　明顯地，《齊物論》將問題關鍵置於至高主體（風）及存在視野的改變（喪耦、喪我）這一看法，呼應了前述從《洪範》"庶徵"段歸納出的情感主體觀，二者均以至高主體為前提，真正的情感主體故唯有至高主體能夠。不過，如同對天籟或"吾喪我"之體驗仍只是南郭子綦所獨有、而顏成子游無，加以子綦本身也有著"昔之隱机者"與"今之隱机者"的差異，非一開始即能做到喪我之境界，《齊物論》此說故仍有待個人修養，並且不得不內縮為個人內在境界之事，即連主體意識亦然。該篇所關切的，因而更多是個人（"我"）與其對象（"耦"）間的主、客關係。尋求各自之獨立性或甚至更高的主體存在，歸根究柢，亦只是為對此主、客關係進行重構或取消。如是之討論，從個人反思其自身存在的角度來說，是合宜的，但也因僅止於個人，其效力往往只能如南郭子綦"隱机而坐，仰天而噓"般，以內在意向上的轉化為務，內在經驗取代了其人具體之所在。然而，關於存在，顯然不只是主、客關係這一面向，後者也只是人不得不從個人這一角度言時所產生之課題。其最先之影響，就是為求獨立自己，而捨棄一般尋常情感及引發此情之關係（如子綦之喪耦、喪我）。這切斷現實關係與情感的做

法，與存在的內在經驗化，一體兩面。然而，該做法也促使
其所以為理想的存在境況（如天籟所喻者），必然是一種和
人情常態對立的存在界域，無可溝通。如同地籟對人籟的超
克、天籟更高於地籟般，人情在此既不被信任，更必須被否
定。對照《洪範》"庶徵"段的討論，《洪範》就沒有如此
內在、超越性之意味，如同民生之康寧、治道和俊德的見用
彰顯，都直接體現在實在的現實世界中，一目瞭然，既未由
人為世界退縮至自然萬竅，更沒有再從具體可以耳聞的萬竅
同鳴聲，隱退為背後構成此同聲相應的主體原理。若我們將
《洪範》能夠如此的原因，歸諸於它所討論的存在世界相對
樸素，既包含了許多自然元素（如雨、暘天候，日月時序，
百穀生長），所言及之人事也不脫食事勞作這類基礎存在面
向，而不像《齊物論》"人籟"所喻指的存在世界般，已顯
現高度人為、甚至人文性，故實質上仍應歸入地籟所概括的
自然之中，從而能有此結論。那麼，這是否意味：情感與存
在之問題終究必須回歸自然，始得以正面？答案顯然不是。

　　讓我們再引一段形成於先秦的重要樂論，它展示了另一
種情感主體之模型，並且毫無迴避地將論述視野全然定於人
情、人文世界，且提出了與《洪範》"庶徵"段立場一致的
正面結論。此即《禮記·樂記》對情感主體與其對應存在
層次前所未有的精密分類。該篇一開始即扼要地將情動後之
反應，分為三個層次——"聲"、"音"、"樂"，並在隨後
依序以三段分述三者，相關原文如下：

　　　　凡音之起，由人心生也。人心之動，物使之然也。
　　感於物而動，故形於聲。聲相應，故生變；變成方，謂

之音。比音而樂之，及干戚羽旄，謂之樂。

　　樂者，音之所由生也；其本在人心之感於物也。是故其哀心感者，其聲噍以殺；其樂心感者，其聲嘽以緩；其喜心感者，其聲發以散；其怒心感者，其聲粗以厲；其敬心感者，其聲直以廉；其愛心感者，其聲和以柔。六者，非性也，感於物而後動。是故先王慎其所以感之者。故禮以道其志，樂以和其聲，政以一其行，刑以防其姦。禮樂刑政，其極一也，所以同民心而出治道也。

　　凡音者，生人心者也。情動於中，故形於聲。聲成文，謂之音。是故，治世之音安以樂，其政和；亂世之音怨以怒，其政乖；亡國之音哀以思，其民困。聲音之道，與政通矣。宮為君，商為臣，角為民，徵為事，羽為物。五者不亂，則無怗懘之音矣。宮亂則荒，其君驕；商亂則陂，其官壞；角亂則憂，其民怨；徵亂則哀，其事勤；羽亂則危，其財匱。五者皆亂，迭相陵，謂之慢。如此，則國之滅亡無日矣。鄭衛之音，亂世之音也，比於慢矣。桑間濮上之音，亡國之音也，其政散，其民流，誣上行私而不可止也。

　　凡音者，生於人心者也。樂者，通倫理者也。是故，知聲而不知音者，禽獸是也；知音而不知樂者，眾庶是也。唯君子為能知樂。是故，審聲以知音，審音以知樂，審樂以知政，而治道備矣。是故，不知聲者不可與言音，不知音者不可與言樂。知樂，則幾於知禮矣。禮樂皆得，謂之有德，德者得也。

在分析三者意義前，應先注意到的是，從其中對"聲"的
定義乃泛指感於物動後之體現，對成文之"音"的五音結
構提出"宮為君，商為臣，角為民，徵為事，羽為物"之
說，已可清楚看到：《樂記》這裡雖然都以今日音樂領域之
用字（"聲"、"音"、"樂"）為論，但實際上，它所欲探討
的內容，已不限於狹義的音聲之事，情感活動及從情感中所
反映出的存在情況即是它的省察標的。以下對聲、音、樂的
討論亦然，歸納三者所指，如下：

1. 聲
聲即情感表達最基本之意思。如"人心之動，物使之然
也。感於物而動，故形於聲"，前半句即情的一般定義；[①]
因之而生之表達，亦感於物即直接抒情成形者。《樂記》
第二段故一方面限定在哀、樂、喜、怒、敬、愛這基本
的情感反應上，其各自形諸之聲，也都直截了當地反應
六情之特質。

2. 音
情感問題顯然不只是單純人感受其對象之問題，理由在
於：情感一旦體現（"聲"），它同時也成為他者、乃至
自身新的情感對象而可再度被感受，影響其他既成或未
發之情，並且基於新的情聲又將成為新的情感對象，從
而不斷持續並擴充它的影響。"聲相應，故生變"：情感
在人與人之間，將互相渲染、互相改造、互相比試，呈

---

① 《樂記》第二段"情動於中，故形於聲"便直言此為"情"。

現出與原先單純感物而動不同的結果。個人作為共體中
之單一情動者，由於相應生變之因素隨著共體規模與時
態而複雜、無窮，故似不可能預視此類再製情感之止境，
但《樂記》指出："變成方，謂之音"、"聲成文，謂之
音"，該類情感活動發展到最後，仍然會成就一定之樣貌
而可被指認，這可被指認者，即"音"。《樂記》第三段
對此提出具體示例，如安以樂之音、怨以怒之音、哀以
思之音等。後者所別於噍以殺等諸聲之處，在於從音中
已不可具體直見單一之聲所陳述的情感（不可辨個別的
哀樂喜怒敬愛）、與引發此情之對象（"物"），音的形成
過於複雜曲折之故，它沒有單一成因，不同情況的哀樂
喜怒敬愛與不同之物已數番交涉混融。音所體現的，故
相反於明確的情動本末，而是共體共同凝結而成之氛圍，
《樂記》將音繫諸"治世"、"亂世"、"亡國"正藉世、
國來概括音所對應的整體境況和情勢。"聲音之道，與政
通矣"之說，亦基於音這反映整體氛圍的特質而言，人
既可由音知政，也可由整體之政推求其音。形構出音的
情動者，因此也與聲泛指的一般感於物而動的情動者不
同，它固然歸根究柢仍由相同的組成分子相應變化而生，
但這感物而動的個人已不足以準確概括這對應整體存在
境況之情動者，他們參與其中、但無可左右全局。音的
形構者，乃"宮為君，商為臣，角為民，徵為事，羽為
物"，換言之，乃組成存在整體之人、事、物全體；並且
"五者不亂，則無怗懘之音矣。宮亂則荒，其君驕；商亂
則陂，其官壞；角亂則憂，其民怨；徵亂則哀，其事勤；
羽亂則危，其財匱。五者皆亂，迭相陵，謂之慢。如此，

則國之滅亡無日矣"，每一組成分子都不可或缺，也各有
其責，非單方面可以主導。音及音所表露的存在整體之
情，因此較單純物動心聲更客觀，它是所有心聲交相呼
應、不斷驗證後所形成之實，一既基於眾個人之情、聲，
但又超乎其上而客觀者。《樂記》甚至兩度重申："凡音
之起，由人心生也"、"凡音者，生人心者也"，將如此
客觀之情視為本由人心所生者，而與單純感物而動之情
區分開。顯然，這不止於眼前之物感，更對自身與他者
之情再次感受（"聲相應"）的做法，已足以說明人反思
情、物、他人存在之事實。此不斷重新體驗、擴充體驗
之活動，是本諸人心主動而為之情，從人自己而來
之情。①

3. 樂

在音之上，另有樂，它包含兩個方面：一是"比音而樂
之"。若音即人、事、物整體之情（如世情或國情）之
體現，而樂首先藉"比音"而致，那麼顯然，作樂者其
情感對應之對象，已涵蓋時代、地域而更及於人類無數
存在事實，樂是在此全面體察之下所興作的結果，它博
觀群音以見人在各種存在境況下的一貫之情。這是說：
相較於音跨越了個別人、物而直指存在整體，樂則進一
步跨越了存在所有之偶然事實，而直指人類自身；這愈

---

① 音所表達的這類反思之情，故頗類於《文心雕龍・物色》例中所提到
的對萬物呼應之情的反身感受，但《樂記》在這裡更強調了它之純然生於人
心，而非由外物所驅動，人選擇再度感受的結果。《物色》與《樂記》故都賦
予這類情感一定的主體性，但《物色》從情感對象已直接為道，反推人於其情
感中之主體性，《樂記》則無待對象，直由動情者自身得見。

增之跨度，同時是使情感從因物而動這樣的外在性，逐漸向內收回而反身於人、體現純粹人情之路徑。是以，樂所包含之情，無論悲喜，皆樂，因已純為人性之情，必然為人所正面肯定。《樂記》故形容作樂活動為"（比音而）樂之"，並將樂定位為"通倫理者也"。樂所具有的第二個意義則在"及干戚羽旄"。相對於聲之成形唯隨心之哀喜，音之成文則由君、臣、民、事、物五者客觀同構，實際上都無關真正之創作，樂則不然；樂開始涉及具體形制，並且運用了如干戚羽旄這類外於情動過程的材料和舞儀，以更準確且豐富地體現作樂者之意念。①易言之，在樂這一層次始有所謂"作品"，情感表現首度可有其自主創造性。作樂之主體，正是在這能兼具純粹人性之樂以及真正自主之創作兩點上，反映出其高於聲、音主體的至高性，而人文，亦自此至高主體之制禮作樂而立。《樂記》故云："知聲而不知音者，禽獸是也；知音而不知樂者，眾庶是也。唯君子為能知樂"，應物而動是連禽獸亦必然的，故只知此，是未能為人的；而若眾庶皆能知音，則音固然複雜變化成方，卻是人凡常皆可

---

① 《樂記》對樂何以獨需創造作品，頗多説明，見該篇對干戚羽旄之意義的討論，理由大致可歸納為四：一、作為人為之節，如"鐘鼓干戚，所以和安樂也"；二、作為述作相沿之憑藉，如"禮樂之情同，故明王以相沿也……故鐘鼓管磬，羽籥干戚，樂之器也。屈伸俯仰，綴兆舒疾，樂之文也……故知禮樂之情者能作，識禮樂之文者能述。作者之謂聖，述者之謂明，明、聖者，述作之謂也"；三、以示作者之德，如"天子之為樂也……故其治民勞者，其舞行綴遠；其治民逸者，其舞行綴短。故觀其舞，知其德"，及其他如對《大章》、《咸池》、《韶》、《夏》、《武》諸樂的討論；四、藉以"奮至德之光，動四氣之和，以著萬物之理"。

知者，它故是三者中最為人所自然、敏感感觸者；相對地，人所往往不能致知的，唯有樂，如魏文侯之知音而不知樂，因人多憑好惡，[①]卻對於"道古，脩身及家，平均天下"這深遠包含古今普遍之道、貫通人情親疏及人類一切存在界域之對象，無所關切，只知自身之所感、所在。《樂記》故言"唯君子能知樂"，非樂之對象、內容不可知，而是人未能先如君子般獨立、不自限於當下存在。對知樂之要求如是，對作樂者的要求更高，對應倫理，能作、述樂者唯聖、明而已。

《樂記》透過聲、音、樂區分不同情動者及其情感範疇，由上可知。三者也如人籟、地籟、天籟般具有遞進之層級，且同樣以最高層級作為存在之樂之終極，這最高層級的實現並是其餘二者得以真實、平治之本。若我們進一步參考《樂記》其他對"樂"的描述，尚可看到它與天籟約略相當的特性。例如對於"樂之隆"的說明，《樂記》一方面指出它固然"比音"而對音有所窮盡，但"非極音也"，"夫樂者，與音相近而不同"，它看似音、卻非以音為其實，這與音之關係頗類天籟與地籟之關係。更可注意到的是，樂本身、以及樂所欲實現的理想圖象，也和天籟相近——如同風無自己之聲而無聲般，亦以近似的"靜"為尚《樂记》云：

樂由中出故靜。

---

① 見子夏回答魏文侯"溺音何從出也"之"鄭音好濫淫志，宋音燕女溺志，衞音趨數煩志，齊音敖辟喬志"等語，皆壞繞好惡言。

樂之隆，更訴諸疏越、遺音，如：

> 《清廟》之瑟，朱弦而疏越，壹倡而三歎，有遺音
> 者矣。

之所以務靜，理由和風為使眾竅"咸其自取"異曲同工，
就像"人生而靜，天之性也"，它既是人反躬、由中出之人
性體現（此即人的"自取"），也是使天地萬物能夠和合、
不失自己但又皆有所化者（此即天地萬物之"自取"）。見
《樂記》對樂之理想的幾段說明，首先是單言人群層面的：

> 樂至則無怨……揖讓而治天下者，禮樂之謂也。暴
> 民不作，諸侯賓服，兵革不試，五刑不用，百姓無患，
> 天子不怒。

又或是更擴及天地萬物的：

> 大樂與天地同和……和故百物不失。

> 樂者，天地之和也……和故百物皆化。

> 流而不息，合同而化，而樂興焉。……春作夏長，
> 仁也……仁近於樂。

> 地氣上齊，天氣下降，陰陽相摩，天地相蕩，鼓之

以雷霆，奮之以風雨，奮之以四時，煖之以日月，而百
化興焉。如此，則樂者天地之和也。

　　天地訢合，陰陽相得，煦嫗覆育萬物，然後草木
茂，區萌達，羽翼奮，角觡生，蟄蟲昭蘇，羽者嫗伏，
毛者孕鬻，胎生者不殰，而卵生者不殈，則樂之道歸
焉耳。

凡此諸說，都顯見作為存在終極之樂，樂亦欲藉自身之靜，
實現一能令人、萬物在天地中均能完整自身、各得其所
（"不失"），並為整體存在之和合、彼此相輔協益（"皆
化"）而喜悅的存在世界。此理想，與天籟體現萬物各自自
己，去主、客相對而內在一體的存在理想，甚為接近。

　　然而，《樂記》終究是不同於《齊物論》的。除了它更
直接面對現實人事世界，而將聲、音、樂皆從人間情感活動
言；三者之生發更以前一層級為基礎，未斷然視何者為虛構
不真，更沒有因否定情而走向內在經驗世界；《樂記》甚至
一反《齊物論》對人為比竹的否定，將人文制作視為樂之
所以超乎聲、音而更高的關鍵之一，轉變了人文制作之意義
與精神……這些差異反映在情及最高情感主體問題，有何
影響？

　　首先，《樂記》對情的看法，從其所形諸之聲亦音、樂
之基礎來說，是不帶否定之意的。如其對六情、六聲之敘
述，可以知道，人感物而後動之各類情思，以及情所形發之
聲，基本上都對應物之性質、忠實反映人情心境，而自然一
貫，物與心之相對性並非必如莊子"耦一我"關係那樣使

情有所虛構，無必否定之。相反地，若人們連這最基本而不能免①的人情自然均必須摒棄，尋求一種如風之吹萬般僅有自身之主動、卻無感於對象之情，則不僅已全盤否認了人自身現實存在之意義，使一般人無所措其手足，更可能令天籟最終實現的萬物各自自己的理想，唯獨排除了人。對這最初、最基層之情的肯認，故和人是否能在存在中直下肯定人本身，肯定人自身之存在，有著必然的關係。換言之，無法客體性地為真者，乃自然萬物，而人即便作為客體，都有其真。對自然來說，亦因此沒有客體存在之事實和作為客體之悅樂，如同"桃李不言"般，它們僅是各自靜默地完成自身之生命；反之，面對世界而作為客體，則是人存在之根本事實，其樂是以必然建基於此，甚至如《物色》般反因自身的"情往"而感受到萬物的"興來"，②能夠如是，人也才不失其自性而樂。《樂記》之保留情、聲，意義如是。《樂記》僅針對情，提出兩個需要警惕的方面：一是因過度而失去人性本然，如：

> 物至知知，然後好惡形焉。好惡無節於內，知誘於外，不能反躬，天理滅矣。夫物之感人無窮，而人之好惡無節，則是物至而人化物也。人化物也者，滅天理而窮人欲者也。

---

① 見《樂記》："夫樂者樂也，人情之所不能免也。樂必發於聲音，形於動靜，人之道也。聲音動靜，性術之變，盡於此矣。故人不耐無樂，樂不耐無形，形而不為道不耐無亂。"

② 見《文心雕龍・物色》贊語："情往似贈，興來如答"，"似"、"如"二字正形容人心對萬物呼應之情之想像。

若樂之終極理想之一，乃萬物不失，則對“人”自身的保存，亦自然是樂論極重要的標的，過度而不能反躬己性，既是人化物，亦是孟子所謂“物交物，引之而已矣”（《孟子·告子上》）——人之物化，[1]天“有物有則”之理因此泯滅。二是，從音較聲更近乎樂、其所體現之情更直接本於人心來說，聲所涉及的個人之情故仍有其更客觀、人性之可能，情故不應徒止於物動。而欲實現客觀之情，則必須如“音”之形成般，從對他人之情、對整體存在之關注和反思而致，情感幅度與觸角的擴充，以及對自身情感經驗的重省，故都是“變成方”之前不可或缺的“聲相應”過程。僅止於個人感物之情，是不知其情在世間最終之面貌的。個人之情感體驗非最後終極，即使自身不主動，它亦不得不成為聲相應之環節，是以，能客觀地由此相應變化中反觀其情，情亦始獲得如其所如之定位。

　　最後，就《樂記》對樂及最高情感主體——作樂者——之說與《齊物論》天籟段的差異，做一補充。如前所述，二者都欲實現萬物各得其所、和合一體之存在世界，然一者實踐於世，一者化為內在經驗。若後者有其不得不然，那麼，《樂記》何能避免這屈居內在之必然？事實上，如同前述藉保留“情”以肯定“人”，樂亦是站在“人”的立場而思的存在理想。這一前提無時不在，它對人、人之具體存在、乃至人文創制的肯認，也就無一刻失落。作樂者

---

　　[1]　《樂記》後文所謂：“夫民有血氣心知之性，而無哀樂喜怒之常，應感起物而動，然後心術形焉”，亦是針對這人之物化而言。

所思考的問題，因此除了孰為倫理、天理或天地萬物之道等
關乎樂本身之內容外，概括而言主要也只有兩端：一是在人
自身之人事領域中，如何人情、人性地實現存在之樂；二是
在天地萬物世界中，又如何既作為人、又能實現萬物的理想
存在。人是否能在此二向度中均貫徹自身地達成如是理想，
正是樂能否不限於內在體驗，更成為存在具體之樂的關鍵。
《樂記》的看法如何？簡言之，問題非常單純，若人與天地
萬物和合的理想情境非出自想像，更是人所間中實現和曾體
驗其懿美者，那麼，"大樂與天地同和"，人們就不應該再
抽象地以為人與自然萬物之間必然衝突，而需去人籟、取地
籟般對二者加以取捨。萬物若在自然情況下已各為其所是，
那麼，人作為萬物之一，同樣也可以在不失自己的情況下與
他者協和。《樂記》故將實現上述兩存在向度的方式化約為
一，人在人自己之世界中如何實現樂，也即他面對天地萬物
時所可作為者。於前一領域，種種疏越、清靜、遺音、大樂
必易、節制中和、廣其節奏、省其文采的制樂措施，除了是
"樂之反"這類"反情"、"復性"之體現，另一方面，就
這些措施在人與人間的實際作用來說，它們更重要的意義實
是透過自身之不求突顯，而達到等同"素以為絢兮"般居
後以承托出他者的作用。①《樂記》故在說明何以樂必靜、
易，始能達到人群整體之無怨時，提到了"揖讓"之道：

---

① 見《論語・八佾》之說："子夏問曰：'巧笑倩兮，美目盼兮，素以
為絢兮，何謂也？'子曰：'繪事後素。'曰：'禮後乎？'子曰：'起予者商也，
始可與言《詩》已矣。'"及譚家哲《論語平解》，頁195—202，對此之解釋。

> 樂由中出……樂由中出故靜……大樂必易……樂至
> 而無怨……揖讓而治天下者，禮樂之謂也。暴民不作，
> 諸侯賓服，兵革不試，五刑不用，百姓無患，天子不
> 怒。如此，則樂達矣……

排除引文有關禮的敘述文字，本段明確説明了樂的"靜"、
"易"，如何在人與人間達到其所期望的無怨而樂至之狀
態——"揖讓而治天下"。能"讓"，確實是從人性、人情
而言能在人與人間實現無怨的唯一方式，更是隨後促使人群
"同則相親"、"異文合愛"而"和"的前提。這人與人相
互面對之道，故在人面對天地萬物之時，也成為他對待其他
事物之道，如"和故百物皆化"即是。《樂記》更自陳其
立場：

> 樂也者，情之不可變者也。……禮樂之説，管乎人
> 情矣……禮樂偵天地之情，達神明之德，降興上下之
> 神，而凝是精粗之體，領父子君臣之節。是故，大人舉
> 禮樂，則天地將為昭焉。

樂唯本於人情、管乎人情，即已順天地之情。這是説：於天
地萬物之前，人亦謙讓居後（"靜"）而已，"讓"之於人
情之真實影響，如同之於天地萬物之影響，這對人情自身的
一貫實踐，使天地自將昭明，如是而自然承托萬物，萬物自
然繁茂。樂所代表的至高情感主體，其性質因此與天籟中
"風"所譬喻的情感主體有別，二者表面上俱靜而無聲，但
樂之靜是從中出之結果，"人生而靜"這天性使然，是主體

自身之"中"、自身之"性"之體現，非無已而致無聲，風則反是；而若天籟有待風主動之吹拂，並透過主動力量之小大差異（如泠風、飄風、厲風）影響眾竅怒號與唱和之小大，樂之主體則相對地唯以揖讓居後這看似無為之做法，達成天地大和。天籟之主體，故純立於主體性，而對所有可能束縛或自限主體性之特質或傾向（如對象性和自我性），加以排除，因主體性之純粹而至高；樂之主體，則立於人情、人性而成就主體，因純粹為"人"而至高。

※　　　　　※　　　　　※

　　對照上述《育物記》、《樂記》的兩類情感主體模型，非常明顯地，以《詩經》詩學為主的先秦詩學，其所可能肯認的，亦唯《樂記》這如實回歸人情的情感主體。《詩經》作品並未走向一內向式的經驗世界，所刻劃之自然也保持在既非純粹自然，又非充滿精神象喻的生活層面中，平實、但確實是人性的。而詩人們以對人與人情感、人格德性、人間秩序的吟詠，為詩文首要之內容，也是毋庸置疑的。不過，這些表現都只能大致說明《詩經》有著類似《樂記》情感的人間取向，對於《詩經》如何體現"樂"，以及情感主體在詩學中之意義，則仍未有交代。能夠確保《詩經》三百餘篇作品都能維持一定的人情素質（如"思無邪"①），從而別於後世作品的因素，究竟為何？

　　我們應先察覺一個非常特殊的現象：《詩經》除了有著與後代詩歌不同的情感樣貌，並且，伴隨這一差異，《詩

---

　　①　《論語‧為政》："子曰：詩三百，一言以蔽之，思無邪。"

經》也是在中國詩史上唯一幾近徹底掩匿作者個性的作品。
這種匿名性，與一般因偶然亡佚而致的無名作品不同，後者
始終仍能於詩文中找到作者的蛛絲馬跡，僅僅失落其名而
已。但《詩經》的情況卻不是如此，我們固然可以大概區
分出作者可能的份位或所面臨的人倫關係，也能夠辨別他所
遭遇的事件究竟是戰亂離散、平居生活抑或勞動躬耕，然亦
僅此而已，在這些概略勾勒出的人事本末的背景下，究竟代
入什麼樣個性①的詩人、什麼樣的詩中主人翁，都不致影響
詩詠的進行。對文王的描述，也即對所有在同樣處境下的聖
王的描述；對失婚而又失去所有的棄婦其心理的刻劃，也是
對所有身處同樣絕望境況者的刻劃；而作為國家楨幹之士，
無論時政與父母如何令其掛心，王事始終是其人矢志承擔的
對象，詩中所做出的取捨，同樣是諸士共同之道；乃至於，
除了運用自然意象時經常跨越風土差異，具有共通寓意，跨
越五百餘年、來自不同地域風俗的作品，更使用了一致的韻
部系統，而將最後能夠透過語言呈現的時空差距，亦加以掩
蔽……這些現象無異令人驚異。非詩人或詩中主人翁沒有個
性，而是個性並不在詩歌的內容中產生作用。確認詩篇究竟
為何人所作，因此極其困難；傳統詩說至今未能平息的各項
爭議，已充分說明這一事實。而指出詩人身份，對詩旨內容
的影響也同樣十分有限，它往往只能帶出較為具體的外部詩
歌本事，卻很少因此深入其人的內在體驗和獨特生命。

　　《詩經》這一特質，說明了什麼？很明顯，從情感角度
言，這實已實現了《樂記》"聲"、"音"、"樂"中之

---

① 指個體特性，包括性格、才學能力、地域習養等。

"音"——一種已超出個人情感層次的共體客觀之情之體現。《毛詩大序》以"風"總六義，將《詩經》作品的基礎歸於傳唱流傳，①或是《國語》和漢人的采詩、獻詩、刪詩之說，目的都先是為了說明詩作並不出自個人之手，而是經歷眾人、乃至"上／下"、"文／野"不同條件者之詮解與再現的"聲相應，變成方"之實況。這些溯源式的推論，固然未必盡同於《詩經》實際的成書經過，但他們確實已意識到：《詩經》從本質上來說非個人單一情動反應產物之事實。《詩經》因此只能大致地勾勒出類似"宮為君，商為臣，角為民，徵為事，羽為物"中君、臣、民這類概括性的人物分類，而無以辨別個人；《詩經》所流露的情感意態，也不具後世抒情作品中那些足以細微體現個體獨特情思境界之特質，相對地，《詩經》的情感無論多麼深摯真實，無論發自男、女或德智之士，都是平直而不有任何隱微之內在性的。這並非天真素樸與否的問題，②而是這些情感確實已無個人情感所具有的個性和內在情愫，她是共體成員持續反應彼此之情的結果。作為詩，她並未像傳說故事或史詩般，透過敘事面的擴展或曲折來展示出她的傳誦經歷，而是在情感性質的改變上，她由最初的個人獨特之聲進而成為容納眾人的情感。而若所謂"眾人"，不只是單一階層中人，不只是一數量上的集合，更涵蓋了民、樂師、國史、卿士，

---

①　詳論見簡良如《心志的美與情感的美》，《中國文化研究所學報》，新第九期。

②　見《左傳》季札觀樂時對各國國風與雅頌作品的評論。詳細分析，參見本書"民性"部份第二節。另可參閱簡良如《王者之風——〈詩經・周南〉研究》，北京師範大學古典文獻學博士論文，2005 年。

乃至其他更具修養或實力者，他們共同隱姓埋名地融入一作品之中，則作品之無關個性，也是自然可以想見的，她所展示的是眾人對一際遇情境所將促動的情感反應之共識，非個人對此的探索或糾纏。故《詩經》在反映類似《左傳·襄公二十九年》季札觀樂所見之世情上，反而便比一般個體作品來得清晰、精準而具體。而就作品的構成來說，能夠如此根本地使情態由個人之聲躍升為非個人之音的關鍵，正是三百篇基本一致的用韻系統，因為至此，連語言所無意識保留下來、與個別作者有關的特定時空背景，亦已達到最大程度的消弭。

　　《詩經》情感性質的確定既由韻部之一致性所完成，那麼，非常清楚地，這訴諸詩詠音響的最後一步，也說明了《詩經》情感乃由其音樂性作為表現——作品之音樂性超越詩文內容，而成為形塑、保持其情感素質的矩度所在。易言之，如同先秦以情為樂論核心，《詩經》作品情感表現之真正載體，也在她的音樂性上。後者不僅構成詩歌形式，也就此確定了情感的性質與面貌。部份學者認為《詩經》的形成，植基於音樂自身的集成和演進，就情感的定型而言，確然如是。

　　進一步說，如果韻部一致性所達成的結果，乃使《詩經》情感完全邁入"音"所表述的情感層次，則《詩經》在用韻之外的其他音樂元素，就承擔了對等《樂記》"樂"的層次。原因非常清楚，因相對於韻部與詩文間的緊密關係，詩歌的其他音樂元素則非文字原本必要之表現。韻部之作用故止於"歌永言"，旨在體現具有實質情感內容之"言"（即"情動於中，故形於言"之"言"），其他音樂元素則屬"聲依永"，已是"言"之後之事。作為音樂元素，後者固然亦是為了情感的體現而有，但作為另外加諸、故與創造有關的情感表現，這些音聲元素正是《詩經》展示最高情感主體所作之"樂"的實質載體。[1]

　　若然，《詩經》的音樂性如何？由於實際配樂情況已無法還原，我們僅能就現行文字作品中仍然留存的音響痕跡，做出推測。簡言之，就詩篇文字所呈現的音樂現象而言，除了用韻以外，重章疊唱以及四言句式，是最為突出、常見的兩項特質。不過，二者相較，四言句式的運用更為全面，構成《詩經》詩歌主要的吟誦節奏。相對地，重章疊唱則是在四言句式基礎上做出的發展，它的迴旋往復也未造成四言句式的動搖，使用重章疊唱的篇章更僅以《風》、《小雅》為主。其次，重章疊唱在形塑情感上所具有的作用，基本上仍與詩文之"言"相當密切：當各章所替換的字眼沒有真正意義上的分別時，重章疊唱的功能只在加強原本詩文之言之強度，[2]或使其更加鬱積、使感嘆如同凝結般綿長不已；[3]而若所替換的字眼具有實義，則使言意在獲得加強的情況下，同時得到時態、範圍或層次上的開展。[4]易言之，無論

---

　　[1]　"樂"為最高情感主體之創造，見前論"樂"的第二面向"及干戚羽旄"。

　　[2]　如《齊風·敝笱》："敝笱在梁，其魚魴鰥。齊子歸止，其從如雲。敝笱在梁，其魚魴鱮。齊子歸止，其從如雨。敝笱在梁，其魚唯唯。齊子歸止，其從如水。"

　　[3]　如《周南·卷耳》二章以下："陟彼崔嵬，我馬虺隤。我姑酌彼金罍，維以不永懷。陟彼高岡，我馬玄黃。我姑酌彼兕觥，維以不永傷。陟彼砠矣，我馬瘏矣，我僕痡矣，云何吁矣！"

　　[4]　如《陳風·東門之池》。參見簡良如《詩經論稿》卷一，頁14—23，對重章疊唱現象的分析。

是單一向度上的加強、聚累，或是性質、內容上的增益，重章疊唱都只促成了原有詩意在"量"上的進升，除此之外，沒有增添新的情感質素。它因此只能視為是文字本身的延伸，而非在文字之外純然音樂面向上的創造。反之，四言句式則是。它普遍施用在所有詩作內容之上，其他單字音聲的呼應、對比，或偶一出現的三字句、五字句，都是在它所建立的基本樣式下因應個別情況所加入的細節和變化，①四言句式始終是《詩經》音樂面貌的根本，無論作者處境如何（各種"聲"），各國或王政廢興的世態如何（各種"音"），都必然體現的"比音"之"樂"。

那麼，四言句式體現了什麼樣的情感質素？相較漢魏以後常見的五言句式，四言通常只能析分為兩組由兩字所構成之音節，如此之均衡性使情感必然保持平正。而五言則不然，它的音節可以分成"二／三"或"三／二"，或再進一步拆為"一／二／二"、"二／一／二"、"二／二／一"，乃至以單詞為主、配合二字、三字詞的不同組合，這些急徐停頓所產生的張力，不唯單句中可見，在累積而成全篇後，更顯起伏錯落。而相較於音節同樣均衡的六言詩，後者由於句意的完結必須利用三組音節，其整體營造出的感受將顯得較為急切，不及四言舒朗悠揚……凡此種種，已大致勾勒出《詩經》的音響與情感基調。我們甚至可以想見，詩篇那已

————————

①　如《周南·關雎》中"求之不得，寤寐思服。悠哉悠哉！輾轉反側"打斷原本重章疊唱規律時所帶來的突兀感，三字句、五字句的出現亦只是對四言句式這基本節奏規律的衝撞，藉由節奏的突然改變，達成特定的情感目的，但這仍是以四言為常態作為前提，始具有的效果。若它們被視為四言之外的獨立體式，在《詩經》中反而失去了表情的功能。

無可考證的具體配樂，亦是基於此句式而作。因為，歌詩始終必須配合詞組和文句的起訖，不能孤立為樂。是以，《風》、《小雅》、《大雅》、《頌》的音樂體式，除了因敘事內容所導致的篇制長短差異和重章疊唱與否以外（二者都是扣緊文字言意而有的差異，非純粹音樂層次的區別），是否存在明顯的差距，實需要審慎判斷。①舉其代表，如朱熹《詩集傳·序》的界定：

　　曰：然則《國風》、《雅》、《頌》之體，其不同若是何也？

　　曰：吾聞之。凡《詩》之所謂《風》者，多出於里巷歌謠之作，所謂男女相與詠歌，各言其情者也。惟《周南》、《召南》，親被文王之化以成德，而人皆有以得其性情之正。故其發於言者，樂而不過於淫，哀而不及於傷。是以二篇獨為《風》詩之正經。自《邶》而下，則其國之治亂不同，人之賢否亦異，其所感而發者，有邪正、是非之不齊。而所謂先王之風者，於此焉變矣。若夫《雅》、《頌》之篇，則皆成周之世，朝廷、郊廟樂歌之詞，其語和而莊，其義寬而密。其作者，往往聖人之徒。固所以為萬世法程，而不可易者也。至於《雅》之變者，亦皆一時賢人君子，閔時病俗之所為，

---

　　① 部份學者主張《詩經》之所以分為《風》、《雅》、《頌》三類篇什，蓋與音樂體式有關；宋儒如鄭樵、王質、程大昌等，則更進一步主張"南"應另為一體，此說並為近世學者如張西堂、何定生、梁啟超、劉節等所重視。此類看法正是忽略了四言句式在《詩經》音樂性的構造問題上所具有的根本地位。

而聖人取之。其忠厚惻怛之心，陳善閉邪之意，尤非後
世能言之士所能及之。此《詩》之為經，所以人事浹
於下，天道備於上，而無一理之不具也。

朱熹正從“里巷歌謠”、“朝廷、郊廟樂歌”等音樂角度，
界說《風》、《雅》、《頌》之體。然而，可以看到，文中藉
以形容正風的“樂而不過於淫，哀而不及於傷”，實際上也
只是孔子描述《周南·關雎》單一詩作之語，[①]不應視為正
風全體共同之體質；而所謂的“和而莊”，實際上即四言句
式的一貫特質，非《雅》、《頌》獨有。朱熹之說毋寧更本
於他對詩文內容的理解而致，其說故浮動在樂體與詩義之
間，而不見真正對樂調形式具體的討論。他對正《小雅》、
正《大雅》的區分，更明顯只是從外在施奏場合、甚至僅
據詩文內容而分，完全無關音樂，見同書卷四：

　　　　正《小雅》，燕饗之樂也。正《大雅》，會朝之樂，
　　受釐陳戒之辭也。

究竟宴饗之樂與會朝之樂在音聲、曲式上有何不同，朱熹毫
無探索的興趣。這類說法看似突顯音樂的重要性，並指出了

---

① 《論語·八佾》：“子曰：《關雎》樂而不淫，哀而不傷。”此語對照
《孔子詩論》對《關雎》的描述：“《關雎》以色喻於禮”（10 簡），“以琴瑟
之悅，擬好色之愿。以鐘鼓之樂”（14 簡），“反納於禮，不亦能改乎？”（12
簡），更能明白其意。《關雎》哀樂之所以不傷、不淫，非源於節制或德性，
而是對所願有更深的反省、理解而致。朱熹將此視為性情之正，顯然有所曲
解。

《詩經》樂體的多種樣態，但究實而言，卻都止於外部推論，其客觀性是值得商榷的。

若本文上述之說可以成立，那麼，以四言句式為本，所展現出的和莊平正之情感基調，就是《詩經》之"樂"的基本風貌。它作為樂，故即《詩經》所勾勒出的有關情感及客體存在的理想體現。它如同四言句式內在於包括變風、變雅在內的所有詩歌之中，為治世與衰亂之世裡人們各自安樂憂恐的同時，其共同更深層的情感。這跨越現實客體之左右而始終平和之存在體驗，是詩人在情感中亦能為主體姿態的說明。而能使《詩經》如此長時間、由廣大地域匯集而來的諸多作品均能如是，實如孟子所指出的，詩之存亡蓋繫諸"王者之迹"（《孟子・離婁下》）般，亦唯在此之上，至高情感主體已盡其立樂之努力，實質地對人與其存在之總體關係進行了正面的構造。此情無以造作而致之故。①

於此，結束有關情感主體以及《詩經》情感實踐問題的討論。

三　詩性主體的成立

承前述以《詩經》為典型所得出之結論，詩人主體情感之表現，故非從作品文字所抒寫的情興內容觀，而是由作

---

① 後代仿作四言詩而往往失之板滯，亦由缺乏這最高情感主體的立樂實質之故。這也說明了：《詩經》與漢魏之際抒情典型作品（如古詩十九首）的情感差異，實非天真素樸與否這樣的風格問題，也不是執傾向群體政教之志、執言個體之情的問題，甚至不是表面上時代不同的結果，而是人與其存在之總體關係的差異。

品的音聲面向所承載；並且，此主體情感的實現，亦端賴現實中至高情感主體的成立，非個人獨立可行。若然，這基於先秦情論、樂論而然的觀察，將引申出《詩經》詩學上兩個後續必須處理的問題：一是，若詩樂表述情感，則詩文之意義如何？二是，若現實中已無真正能主導客體存在世界、使之有道的至高情感主體（即"王者之迹熄"所謂之"王者"），那麼，還能有所謂詩性主體嗎？或更具體地說，個人若於客體存在中無所憑靠，他如何成為詩人？此二問題，簡言之，即"詩言志"之"志"所對應的問題。

試看尾隨先秦之後，既繼承又轉化了先秦詩樂論述最具代表性之詩論——《毛詩大序》，即可清楚觀察到作者積極解答上述二問的意圖。節錄相關文句如下：

> 詩者，志之所之也。在心為志，發言為詩。情動於中而形於言，言之不足故嗟歎之，嗟歎之不足故永歌之，永歌之不足，不知手之舞之、足之蹈之也。情發於聲，聲成文謂之音。治世之音安以樂，其政和；亂世之音怨以怒，其政乖；亡國之音哀以思，其民困。故正得失，動天地，感鬼神，莫近於詩。

固然成篇套用《樂記》之說，但《大序》顯然正想突破情限制於樂、且必然有待於至高情感主體的事實，故明確地定下："詩者，志之所之也"這對詩自身之定義。"詩言志"雖然是從《尚書·堯典》、《孟子》等俱已提出的看法，但確實沒有像《大序》般直接對比情、志二者，刻意由二者相對之處突顯志的意圖。特別當《大序》繼而補充"在心為志，發言為詩"時，這幾乎多餘的文句，更清楚表明作者正是針對個人主體性及詩文之意義，重新對"詩"這一制作形式做出確認。"詩"對《大序》來說，必須有獨立在樂音之外自身之定位，而這都首先建諸於對個人主體性的肯認，以及對詩文的重視。當代學者如鄭毓瑜等亦注意到《大序》中"志"與個人志意的可能連結，[1]不過，這裡所真正反映的問題卻非群體或個體意識之取捨，而是個人之主體性與客體性之交接問題。[2]

《大序》的看法是這樣的："情動於中而形於言"──由於"形於言"實即"發言"，故"情動於中"也就與"志"重疊了起來；換言之，《大序》試圖指出，縱然作為個人，無法迴避其客體存在之一面（"情"），但於此境況下仍有樹立主體性之可能（"志"）。"言之不足故嗟歎之，嗟歎之不足故永歌之，永歌之不足，不知手之舞之、足之蹈之也"──從詩的組成元素來說，"言"形成於情動，故對等於《樂記》所分類之"聲"；"嗟歎之"相當於韻所具有的餘韻、感歎作用，故標誌著詩情之進於"音"；"永歌之"以降，則明顯對應"樂"這一層次之情感體現，尤其手舞足蹈更已相當於"及干戚羽旄"所象徵的樂舞範疇。《大序》藉個人自行由聲、歷經音，再達於樂的歷程，一方面

---

[1] 見氏著《詮釋的界域──從〈詩大序〉再探"抒情傳統"的建構》，《中國文哲研究集刊》，第23期，2003年，頁1—32。

[2] 就此而言，如朱自清《詩言志辨》等基於漢魏以後作品特色，而將志、情界限看成"群體／個體"取向之別，實是不準確的。甚至，這更相反於先秦志、情所涉及的主體身份──情之主體指向代表共體的至高者，志反而才更寬泛地指向個人。

驗證了個人確實可以獨立成為主體，不必如《樂記》般必限制在聲的層次，而只能將音、樂交付共體和聖、明；另一方面，也說明對個人而言，在客體存在中自立為主體的方式。而後者，也就是貫穿在言、嗟歎、手舞、足蹈中，作為這一進程最大推力的“不足”。這是說：即便是客體地因物而動，但這對存在世界的反應，若本身也有著強烈而持續的渴望，那麼，我們就必須將這一反應同時看作是主動內發於我們自己，而不只是單純的受動效應。換言之，這也就是志了；客體存在中之主體，其基礎也即此而已——對存在充滿主動性的心境和生命力，或，一種對存在熱切之激情。詩性主體即懷抱此志者，詩則為其人之言。隨後，“情發於聲，聲成文謂之音”至“亡國之音哀以思，其民困”這一段直接抄錄自《樂記》的文字，則透過還原《樂記》聲、音、樂的本義，說明前述詩性主體若置諸共體，其是否仍有著如單純作為個人時之主體意義。《大序》的結論十分肯定：“正得失，動天地，感鬼神，莫近於詩”——相對於整個世間隨著治亂興亡而搖蕩其情，個人這對世界從未衰微、消褪的真誠熱情，將成為指引眾人價值正誤最後但也最真實的準則，甚至於，對於天地鬼神這超越於人、人故莫不作為客體地面對者，個人這主動自發之情亦必使之動搖——易言之，使天地、鬼神一反而為客體地為人所動。詩的真實性，以及詩性主體無可取消的主體性，由此可見。

　　《毛詩大序》這試圖兼容“情／志”、“客體性／主體性”的論述，是否能夠超越理念層次而確然落實，是值得商榷的。理由在於：作者雖然期望藉此將原本只能由至高主體所實現的詩、樂，下移為個人之事，使人皆得以為詩人，皆能夠詩性地存在；但是，能維持如是對存在世界不變之熱忱與心力者，顯然，雖不必為現實中的至高主體，卻也只能是少數特具稟性之個體。《大序》故終究是將願景推向了個體，而未根本解開人在客體世界中的主體樹立問題。

事實上，如果一定要將"情／志"兩方面像《大序》這樣連結起來講，對個人來說，較可能的情況實應是像《文心雕龍‧明詩》此類說法：

> 大舜云："詩言志，歌永言。"聖謨所析，義已明矣。是以"在心為志，發言為詩"，舒文載實，其在茲乎！詩者，持也，持人情性。三百之蔽，義歸"無邪"。"持"之為訓，有符焉爾。

將詩的意義建立在對自身情性的持守上；而詩既言志，這對情性的反躬操持也就是個人主體性的展現。這是說，在現實世界中，作為個人，人唯以自身作為主體樹立之界域；唯有在此，人始有真正真實地獨立。詩性更源發於人這對內在自我之致力。相反地，一旦意圖向外形成主客關係，則必然有不得不被動反應之時，更因此無法保有詩性，因向外這一意圖本身，就已經是現實性的了。如同《樂記》對"人化物"的描述：

> 感於物而動，性之欲也。物至知知，然後好惡形焉。好惡無節於內，知誘於外，不能反躬，天理滅矣。夫物之感人無窮，而人之好惡無節，則是物至而人化物也。人化物也者，滅天理而窮人欲者也。於是有悖逆詐

偽之心，有淫泆作亂之事。是故強者脅弱，眾者暴寡，
知者詐愚，勇者苦怯，疾病不養，老幼孤獨不得其所，
此大亂之道也。

"知"、"好惡"等種種意圖掌控外物之心，實欲望而已。人
為了在客體世界中維持主控性，"於是有悖逆詐偽之心，有
淫泆作亂之事"，以克服自身原本不能宰制之物。如是之主
體，實際上也就是"強者脅弱，眾者暴寡，知者詐愚，勇
者苦怯"中之強者、眾者、知者、勇者而已，以弱者為主
體樹立之所在，為滿足欲望而操弄現實力量而已。

　　相對於此，僅單純言志，而不將它與情合併而觀，那
麼，基於心志所建立的詩性主體，極其客觀地來說，只有一
種形成路徑，即對道之力行。換言之，使自身客觀正確且知
所意義，若不然，是無以真正成就其人之主體的。例如
《尚書·堯典》舜命夔典樂段，透過以"詩言志"為本的樂
教，所闡述的性情：

　　　　直而溫，寬而栗，剛而無虐，簡而無傲。

有關這些性情的具體解釋，這裡暫且不論，需要說明的僅是
它們的性質。與《堯典》著成時間相近的《皋陶謨》，將上
述四者敷衍成"九德"，並連結到"采采"等執事問題上，
從而更清楚地勾勒出它們所涉及的面向。見下文：

　　　　皋陶曰："都！亦行有九德，亦言其人有德。乃言
　　　　曰：'載采采。'"禹曰："何?"皋陶曰："寬而栗，柔

而立，愿而恭；亂而敬，擾而毅，直而溫；簡而廉，剛
而塞，彊而義。彰厥有常，吉哉。日宣三德，夙夜浚明
有家；日嚴祇敬六德，亮采有邦；翕受敷施，九德咸
事，俊乂在官，百僚師師，百工惟時，撫于五辰，庶績
其凝，無教逸欲有邦……"

簡言之，所謂"九德"，實際上是種種涉及"行"、"采"
等行事所需之性情；而為何在行為、執事上不先要求能力，
卻強調性情（《皋陶謨》則逕指為"德"）？原因非常清楚，
因於行事中，人首先需要應對和理解的，亦唯周邊之人對自
身行事之態度。在面對寬容（"寬"）溫和（"柔"）者、或
表面附和而實無價值者（"愿"）之認可時，該如何保持自
知、自持？在遭遇價值紊亂（"亂"）、阻撓（"擾"）或對
己率直的批判（"直"）時，又應怎樣面對？當對方合乎正
道，卻各有行事作風時（"簡"、"剛"、"彊"），如何相輔
共事？……換言之，若行事也即人於現實中的主體活動，那
麼，能夠意識到人的態度實超乎事務本身之重要性，並正確
地面對之，也就是此時的主體之道。《堯典》所言亦然，唯
夔的對象限定在胄子，非王臣，故優先舉出九德中最正向的
四者，作為示例。

同樣的看法，也見諸孟子對詩志的分析，他進一步說明
了詩文在體現詩志上所扮演的角色。見《孟子・萬章上》
對咸丘蒙之問的後半部回應：

咸丘蒙曰："……《詩》云：'普天之下，莫非王
土；率土之濱，莫非王臣'。而舜既為天子矣，敢問瞽

瞍之非臣，如何？"

　　曰："是詩也，非是之謂也。勞於王事，而不得養
父母也。曰：'此莫非王事，我獨賢勞也'。故説《詩》
者，不以文害辭，不以辭害志。以意逆志，是為得之，
如以辭而已矣。《雲漢》之詩曰：'周餘黎民，靡有孑
遺'，信斯言也，是周無遺民也。孝子之至，莫大乎尊
親；尊親之至，莫大乎以天下養。為天子父，尊之至
也；以天下養，養之至也。《詩》曰：'永言孝思，孝
思維則'，此之謂也。《書》曰：'祇載見瞽瞍，夔夔齊
栗，瞽瞍亦允若'，是為父不得而子也。"

本段問答透過引詩質疑大舜之事，連帶討論了詩的三種構成
層次。我們需要注意到的是，孟子除了標出"文"、"辭"、
"志"三層次外，同時，包括咸丘蒙所引《小雅·谷風之
什·北山》在內，總共也斷章取義地引了三段詩句。換句
話説，三次引詩實際上是為了對應"文"、"辭"、"志"三
者、並加以解釋而有。那麼，對應"志"的是哪一段詩句？
　　明顯地，由於孟子對《北山》及《雲漢》引詩，都談
及誤解或曲解詩意的問題，故它們所關連的層次應是"不
以文害辭，不以辭害志"中可能造成"害"的"文"和
"辭"；相對於此，對於《大雅·文王之什·下武》："永言
孝思，孝思維則"一句，則沒有預設疑義產生的可能，它
故對應"志"。該句固然如前二詩般亦帶有極致性（"永"、
"維則"），但它既沒有發生"周無遺民"這樣因過度渲染而
致之假象，也沒有《北山》詩句因流露怨責之情而使人忽
略了作者對王事、父母更深切的關懷。相反地，由於"永

言孝思，孝思維則”所陳述的內容沒有任何自我性，而只
有對他人之用心，且確實直陳了後人面對先祖或親父之生命
成就時，應懷抱孝思、勉力繼承的道理，其正確性是永恆而
無可爭議的，因而再沒有“以文害辭”、“以辭害志”之類
之“害”。孟子以此為例，說明了何謂《詩經》之志。[①]詩
之能有志，因而是在深明人類道理的前提下實現的。這亦都
呼應了前述詩性主體應由人道而立的說法。如同情感主體以
客體存在之道為情感對象，心志所樹立之主體亦必須建基於
道。所不同的是，客體存在之道是從萬物整體的和諧、呼應
（互為主客）關係而言，非任何具體之道，故僅藉詩篇音樂
性所形塑出的情態呈現，且貫穿主題各異之詩，為眾詩所共
同具有；志所指向的主體之道，則必須透過其人對事理的主
動深思和探索，使之具體且正確地實現，故唯通過詩文以
言說。

---

①　本段引文詳釋，另請參見簡良如《詩經論稿》卷一“《詩經》閱讀
法——兼論《詩經》書寫特性”節。

民　性

　　歷經現實與文明波潮，人類對其本來存在形態、最初淳樸的心境、自然的生命，時刻抱持嚮往。這是人對眼下已不復如是的造作實況的反響，也是對人類能以本然樣態存世的期盼。然而，人顯然無法再訪桃花源般地復歸舊時。古代中國故不從探求歷史中的人類原始，來尋求這淳樸生命的重現，相對地，除了反思人性，他們並選擇了一種存留至今、最常見的人類形態，從他如何承受各種外勢影響而不斷形變的事實中，指出人所向慕的本然生命。這一形態，也即"民"，一種即使直接處於上下關係中，不得不隨時代與習尚變化，卻又不失淳樸者。《詩經》詠唱民性、民情，以此為詩志之主要重心，縱使現實已至"王道衰，禮義廢，政教失，國異政，家殊俗"（《毛詩大序》），換言之，人類完全任意自為的狀態下，其制作成果——變風、變雅，若仍有"達於事變而懷其舊俗"（《毛詩大序》）般不變於過往面貌之價值，"發乎情，民之性也"（《毛詩大序》）扮演了莫大關鍵。"民"，是人們能於今日得見舊時心境最具體的對象。而其所反映的性情，也是《詩經》在有德者、文人（先祖）、個別典範之外，另一類未有質疑的正面對象。《大

雅・蕩之什・烝民》甚至稱"好是懿德"為"民之秉彝"，
這一段被孟子引為論述人性的詩句，更顯示"民"所代表
的人性本然及非個體性意義。①《小雅・鹿鳴之什・鹿鳴》
因此認為有德者應"視民不恌"；《尚書・泰誓》："天視自
我民視，天聽自我民聽"，以"民"對等客觀之"天"，而
為後者一切視聽判斷之來源；乃至《老子》所尚之樸實、
本真，都可見古代中國對"民"作為人類存在之真實性的
肯定與重視。

　　然而不可諱言，即使是這樣一種代表人類存在至今之本
真形態，在不同的現實情況下，亦顯示出不同的善惡面貌。
我們如何看待這種人類存有向度？

　　在"民性"這一節，我們將分三部份進行討論。第一
部份將針對民的固有之性加以分析，以對這一存有向度做出
本質上的界定；選用的文本材料，為上海博物館藏戰國楚竹
書《孔子詩論》中的相關文句。第二、三部份則就民實際
生活於現實之中時，具體的存在原理和表現，分別進行正、
負兩面之討論：前者取材自《詩經》及其他約言民情之史
料，後者則以荀子人性及治化主張為析論重心；就所涉及的
情感層次來說，則前者展示了本書前一節"詩性"所提到
的"音"，後者則深入"聲"這一情感層次，對其原理做出
分析和闡明。

---

　　① 見《孟子・告子上》第六章後半："《詩》云：'天生蒸民，有物有
則。民之秉彝，好是懿德。'孔子曰：'為此詩者，其知道乎？'故有物必有
則，民之秉彝也，故好是懿德"，詳論則見本書前節。

一　民性，及民性之善

　　上海博物館藏戰國楚竹書《孔子詩論》，或稱《詩論》，
為目前可見專論《詩經》詩學最早之文獻。①於現存二十九
簡中，作者引述數十首《詩經》作品和單句，論評主題觸
及《詩經》各個面向。如言詞所反映之"利"、　"怨"、
"佞"或"中志"與否，②人與人間情愛之強度及其悲喜感
受，③現實之際遇和爵祿，④處世之明智與賢善，⑤人物形象，⑥
民性與人俗等；⑦更進一步地，對於超出事務之上的儀文修

養，①乃至自客體角度言之德性境界，②亦多所反思；《詩論》更透過文王受命，討論"天命"這至高對象，③使涵蓋內容更趨極致。如此具體、廣泛而多層次的論述，是《詩論》獨異之處，迥別於《毛詩大序》等已趨抽象、偏重政治教化之詩說，實有極重要之意義。

　　在這樣的論述整體中，《詩論》對"民性"的闡釋格外值得關注。它被認為具有補充戰國儒學心性論空缺的作用，並和郭店《性自命出》、上博館藏《性情論》的"性"觀接近。不過，單從《詩論》摒棄抽象論述，而以易見、易明，甚至人皆身體力行的心態、行為進行勾勒，其所體現之人性、人情觀，當較《性自命出》、《性情論》淳樸。"民性"突顯了人性自然平常的一面，及概念所不能簡單化約的情意層次。實際上，《詩論》透過"民性固然"論述，更首度揭舉了一種人、物本然一體的存在實況，而"民性"則為此一體性之實現，扮演了至為關鍵的角色。這能直由凡常可見之現實層次，指認出如此正向之人性結論，是《詩論》"民性固然"思想獨特的貢獻。

　　以下，就《詩論》與"民性"有關簡文，《詩論》切入"民性"的特殊性，以及人性被如是勾勒後所代表的意義，進行詳釋。

---

　　① 見第 22 簡《鳲鳩》等詩及第 10、12、13、14 等簡對《關雎》、《鵲巢》之禮的說明；德性修養則主要見於對文王德性的歌頌，見第 06、07、22 簡。

　　② 見第 02 至 05 簡對平德、盛德、王德等之說明。

　　③ 包括前述歌詠文王德性之諸簡及第 02 簡。

※　　　　※　　　　※

　《孔子詩論》直指"民性"或涉及人性的詩論有以下四簡，包括《葛覃》、《甘棠》、《木瓜》、《杕杜》四詩：①

　　16 殘……孔子曰：吾以《葛覃》得氏初之詩。民性固然，見其美必欲反其本。夫葛之見歌也，則 完整

　　24 完整 以絺綌之故也。后稷之見貴也，則以文、武之德也。吾以《甘棠》得宗廟之敬。民性固然，甚貴其人，必敬其位；悅其人，必好其所為。惡其人者亦然。殘

　　20 殘 【《木瓜》】幣帛之不可去也。民性固然，其隱志必有以喻也。其言有所載而後納，或前之而後交，人不可干也。吾以《杕杜》得爵 殘

　　27 殘 如此可斯爵之矣。離其所愛，必曰吾奚舍之，賓贈是也。……殘 ②

首先，從上述四簡所描述之"民性"，可以知道，《詩論》雖

<hr>

①　下列簡序據李學勤《〈詩論〉簡的編聯與復原》，《中國哲學史》，2002 年第 1 期，頁 5—8；分章主旨則依譚家哲《詩文學思想》（台北：漫遊者出版社，2014）中"《孔子詩論》"節之說。補字以粗括弧（【】）表出。有關補字、篇名與釋義之釐定，下文詳述。
②　第 27 簡後半對《唐風·蟋蟀》以降諸詩的論述，僅以一、兩詞語總結，乃另起新的析論角度，不屬本節討論範圍。

統稱為"性"，但大致包含了情、欲、行等其他方面，而視為一整體來看。其次，《詩論》於《葛覃》、《甘棠》、《木瓜》三詩直接提到"民性"，《杕杜》則未言及。不過，對《杕杜》的評論："離其所愛，必曰吾奚舍之，賓贈是也"，"必"字已點出其心態之必然，和論述其他三詩時所言的："見其美必欲反其本"、"甚貴其人，必敬其位；悅其人，必好其所為。惡其人者亦然"、"其隱志必有以喻也"相同，是《詩論》獨稱必然之處。此對人而言均必然如是的心態，足以視同民性，故可與前三詩論合為一組論述。反觀《詩論》其他文句，即使是對《頌》、《大雅》的歸納說明，也僅言"多"而未稱"必"；對個別作品的析論，更只就特色、內容或言語形態等特定方面言，少有概括之詞，甚至出現第 21、22 簡"吾○之"這類刻意減低其客觀性、突顯個己感受的論評。能直接言"必"的，只《葛覃》、《甘棠》、《木瓜》、《杕杜》四詩。《詩論》環繞人性思想的，故四詩而已。《杕杜》之所以未稱"民性"，原因或由於簡文殘缺，或和"爵"、"賓贈"性質超出一般民事有關。然而，從不捨所愛這一心態來說，則為人性所共同。由《杕杜》此例也可以知道，《詩論》所謂"民性"，實"人性"在現實中的普遍體現而已，非關人類學所分析的初民心理與行為層次。是以，《葛覃》"師氏"之職事與其所象徵之紀律、《甘棠》的封建背景、①《木瓜》以瓊玉為贈所反映之禮，乃至詩文中出現的勞作、教育、組織、政

---

①　《甘棠》"召伯"之"伯"已反映天下封建制度之建立，"召伯"據考為召穆公虎，亦非周文初建時之人物。見屈萬里《詩經詮釋》，頁 28，註 5 之考證。

治、工藝，或是因應各類情境時之自覺和深刻性，都顯示詩人已遠離初民階段。另一方面，由於“民性”通過“言志”之詩進行勾勒，《詩論》所著眼的民性表現亦應對應地從民心、民志這樣的主體面觀之，而減少對其客體面之臆測，詩中所有“固然”或必然之作為，非單純對社會狀態的被動反應或模仿，亦無涉社群整體秩序之問題。換言之，《詩論》“民性”既非著眼人質而不文、盲昧無知、欲望性之原始狀態，亦非對其社會存在之無獨立性或功利性的強調。相對地，各類“民性固然”現象都只是為了使對人性的討論更還原至具體層面，使人得以對自身所具有的“人性”及其實際之實現情況有所直觀。如此之立論立場，是讀者應首先知悉的。

　　在開始對《詩論》“民性”思想進行整體考察之前，先就四簡殘缺部份之補字問題，略作說明。本文除了在第20簡前補篇名《木瓜》外，未對四簡殘缺部份進行補字。除減少臆測，也因缺字可能不多。據周鳳五意見，《詩論》“整簡字數當在五十五至六十之間”；①黃懷信則逐簡推算，留白簡不計，滿簡字數約在50—60字間，以55字最多，亦不乏55字以下之情況。②本文所論四簡中，涉及補字問題的為第24簡末、第20簡前後、第27簡前。其中，第24簡存字已達54字，語意完足，可以不補；第20簡補“木瓜”後達46字，若循孔子論其他三詩慣例，則簡前尚可補為：“吾以《木瓜》得”，而增至49字，離滿簡不遠；第27簡存字約42字，對

　　①《上博館藏戰國楚竹書研究》，上海：上海書店出版社，2002年，頁188。
　　②《上海博物館藏戰國楚竹書〈詩論〉解義》，北京：社會科學文獻出版社，2004年，頁3—18。

照前三簡《詩論》對《葛覃》、《甘棠》、《木瓜》的論述規
模，本簡補字幅度應較前三簡為大，然而，除確知應是對
"爵"理由之闡釋外，相關文字甚難推斷，故亦不補。①《詩
論》有關民性之四簡，至此範圍大致確定。

　　根據句式及內容，《詩論》四簡所指涉的民性面向及其
對照關係，如下：

詩篇	民性固然	民性面向		所得於詩	
《葛覃》	見其美必欲反其本。夫葛之見歌也，則以絺綌之故也。后稷之見貴也，則以文、武之德也	民之知見		氏初之詩	心志價值
《甘棠》	甚貴其人，必敬其位；悅其人，必好其所為。惡其人者亦然	民之好惡		宗廟之敬	
《木瓜》	民性固然，其隱志必有以喻也。其言有所載而後納，或前之而後交。人不可干也	民之情感	之於他人	幣帛之不可去也	物現實
《杕杜》	……，如此可斯爵之矣。離其所愛，必曰吾奚舍之，賓贈是也		之於自己	爵	

---

　　① 具體補字估計另可參考范毓周《上海博物館藏楚簡〈詩論〉的釋文、簡序與分章》，《上博館藏戰國楚竹書研究》，頁173—186，不過，該文因分章構想與本文不同，故未針對此四簡共同內容與論述慣例進行推斷，僅作參考。

可以大致看到，《詩論》分析民性主要從兩方面著眼：一是"民之知見"、"民之好惡"、"民之情感"這基於構成人心靈之三方面——知性、意志與感性，所析分出的民性面向。《葛覃》"見其美"所指出的對客觀價值之見聞與意識、"以……之故"所涉及的簡單推論，足見其與知性的聯繫；《甘棠》言"好"、"惡"，明顯指向了意志實踐問題；《木瓜》對"隱志"與"怨"的表達、《杕杜》的"吾"奚捨"所愛"，重心俱在情感，二詩均言及禮贈，理由亦在後者正是心意情感之具體化的緣故。此三面向故如同知性、意志、感性構成人之心靈，而決定著人及其與他者之關係般，亦構成民之心靈、及民在世界中所體現之固然本性。《詩論》分析民性的另一著眼點，則在基於民性所實現之人與物：前者，《詩論》從其最內在之心志及其價值嚮往而言；對於物，《詩論》則自其在人與人關係及現實中之意義，提出看法。這將民性與人、物、價值、現實一體表出之觀察，也象徵性地勾勒出民的世界。

以下，依據上表，分組做出進一步的說明。

（一）論民之知見，民之好惡

這裡涉及的是在第16、24簡所談到的《葛覃》、《甘棠》二詩。在闡述文意之前，先不避繁瑣，就簡文有爭議之處，稍作辨讀。

首先，於第16簡，由於《葛覃》中提及"師氏"官職，並描述了製造絺綌、"衣／私"的服裝內外之別，故絕非初民之作，"氏初之詩"因此不宜解為初民之詩，而以廖名春讀"氏"為"祗"，敬也，"祗初"即敬本的說法，較

為可從。①廖名春並讀"詩"為"志"，主張："'祗初之志'
即敬初之心，也就是下文所謂'見其美必欲反其本'之
心"，②於義亦可從，且與下文第24簡"宗廟之敬""敬"
字可以相對。不過，該字簡文字形下從"言"，同《詩論》
諸"詩"字（見第01、04簡），而與第08簡"言不中志者
也"、第10簡"詩無隱志"、第19簡"強志"、第20簡
"隱志"之"志"，均下從"心"，寫法不同。而"詩"，先
秦亦以"言志"為主，③《毛詩大序》故言："在心為志，
發言為詩"，"詩"已包含"志"意，本文故讀為"詩"。
簡末"夫葛之見歌也"之"葛"，原未釋出，周鳳五、李零
等始予確認。第24簡接於其後，為大部份學者所同意。該
簡前半段文字上承第16簡《葛覃》之論，第24簡開首第
二、三字（"以□□之故也"），亦當據此推斷。

　　其次，於第24簡，學者填入"以□□之故也"的字詞
約有五種，分別是："絺綌"、"荏菽"、"葉萋"、"蔽芾"
和"蒙棘"。其中，"荏菽"出自《大雅・生民之什・生
民》"藝之荏菽"，"蔽芾"則見於《召南・甘棠》"蔽芾甘

---

①　《上博館藏戰國楚竹書研究》，頁264。周鳳五據古文字習見"氏"而
讀為"是"，此也，突出"初"的反本意思，亦大致可通，見《上博館藏戰國
楚竹書研究》，頁161。若更考慮"氏初之詩"與"宗廟之敬"句式之對應，
"氏"必須作名詞解，則當有代表氏族等血源本支之意思，以和"初"的始源
義相配。此說並可與廖氏敬本之說相呼應，均突顯"本源"之意。不過，因在
這一系列"吾以……得……"的論評中並不見句式對稱的規則現象，故僅作為
參考。
②　同上。
③　"詩言志"，見《尚書・堯典》舜命夔典樂段；《孟子・萬章上》並有
"故說詩者，不以文害辭，不以辭害志"之說。

棠”，均與葛無關。①而出自《唐風・葛生》“葛生蒙棘”的
“蒙棘”，雖是對葛蔓的描述，但不如直接見諸《葛覃》的
“絺綌”、“葉萋”來得順應文氣。②而“絺綌”、“葉萋”相
較，《葛覃》首先興感的確實是“葛之覃兮，施於中谷，維
葉萋萋”的葉萋景象，但考葛之葉片色澤，因披有黄色硬
毛，其廣覆中谷所呈現的非青翠生機之景象，而反趨暗
沉；③而“絺綌”則在音讀④及詞構上對應下文之“文武”，
本文故採“絺綌”之説。

　　進一步分析《詩論》透過二詩所闡述的民性內容。就
《詩論》對《葛覃》與《甘棠》的表述來看，非常明顯地，
作者均循“由一者推及至另一者”這一模式來做出評論。
如：《葛覃》由美反其本、《甘棠》因人而及其一切（《詩

---

　　① 晁福林並以字形、音讀兩方面否定胡平生“茬菽”之説，見《孔子何
以頌“葛”——試析上博簡〈詩論〉第 16 簡的一個問題》，《史學集刊》，
2006 年第 4 期，頁 7—12。至於“蔽芾”，雖可使第 24 簡內容全環繞《甘棠》
而自成段落，但對照第 16 簡論評《葛覃》的方式——“吾以〇〇得〇〇之〇。
民性固然……”“吾以《葛覃》得氏初之詩”前即“孔子曰”，無其他相關文
句先行，第 24 簡“則以文武之德也”之前文字故不應為論評《甘棠》之語，
“以蔽芾之故也”之説因此無法成立。
　　② 晁福林主張棘、楚具有苦難意，“葛生蒙棘”有象徵上位者包覆人民
疾苦的德性意味，然而，考察《詩經》對“棘”的形容，能對其產生助益的，
唯有《邶風・凱風》提到的潤澤南風，以及《小雅・南有嘉魚之什・湛露》
之露水，二者均對棘之生長有所幫助。相反地，藤蔓覆蓋則使棘楚失去光照、
生長受到扼抑，非如晁氏所以為可喻為德性。
　　③ 見吳厚炎《詩經草木匯考》（貴陽：貴州人民出版社，1992 年）、李
儒泉《詩經名物新解》（長沙：岳麓書社，2000 年）及潘富俊《詩經植物圖
鑑》（台北：貓頭鷹出版社，2001 年）諸説。
　　④ 見陳劍《〈孔子詩論〉補釋》，《上博館藏戰國楚竹書研究》，頁 374—
376。簡文中前一殘字右下似為“氏”，陳劍以為當從氏得聲，讀為“絺”，氏
為脂部端母，絺為微部透母，音近相通。第二字，陳劍以為當從女得聲，讀為
“綌”，女為魚部泥母，綌為鐸部溪母，音近相同。此説並為廖名春等所從。

論》雖只提到"位"與"所為"，但"位"之社會性與客體意味、"所為"之個人自為，已象徵性地涵蓋人存世時的兩種主要面向）。而孔子從二者所見之民性——"氏初之詩"與"宗廟之敬"，則分別指向人心純一時之兩種樣態："詩"因言志而為心之純粹體現；[①]　"敬"則为對特定對象（如宗廟）之推崇，持敬之心正直而凝聚。二者一從主體自己言，一從面向對象時反身之心境言，俱為人心之至真實。[②]《詩論》並以此二種心靈境態，概括價值之兩端——"氏初"指向本初、本源，"宗廟"則體現神明般崇高深遠之德；價值本末之建立與人心所向的密切關係，由此可見。這些見諸《葛覃》與《甘棠》的相通內容，顯示《詩論》將二者設定為一組詩作，以做出隨後的對照。

　　二詩相通、但又可資對照的關鍵為何？試觀《詩論》針對《葛覃》所指出的"見其美必欲反其本"之說：人若得見一美好人事，必欲追溯並歸重其本，這是"民性固然"——一般人自然而然、從來如此之事。同樣地，《甘棠》的"甚貴其人，必敬其位；悅其人，必好其所為。惡其人者亦然"，則反映出民性的另一固然事實，即：看重一個人，必連帶敬重其職份地位；對某人感到喜歡，也必然喜愛他的所作所為；相反，若厭惡此人，則他的一切都令人生

---

①　《毛詩大序》："詩者，志之所之也，在心為志，發言為詩"，又云："故正得失，動天地，感鬼神，莫近於詩"以示其真實性。《文心雕龍・宗經》亦有"詩主言志，詁訓同書，摛風裁興，藻辭譎喻，溫柔在誦，故最附深衷矣"之說。

②　二者因此在教化措施與工夫論上都扮演重要角色，如程朱理學所強調之持敬工夫，或孔荀對詩教的重視。

厭。這些透過《葛覃》、《甘棠》所呈現的連帶態度，均屬"民性固然"，都是眾人身上再自然、尋常不過的反應了。不過，細加分辨，二詩的推及性質並不相同。"見其美必欲反其本"發生在人試圖對美加以窮究，特別是對如何能形成如此之美、其美之所以美的根本何在等問題加以探索時。它是對"民"這一人類存有面向其知性活動的描述，包括面對所見所聞的態度，以及所以自發進行思索的動機（"見其美"），《詩論》僅由此短短一句，即已精準地將之勾點出來。相對地，《甘棠》之推及，則非返其本，而是向外推擴至其人之所為、甚至外在之居位。如此之推及，無異更本諸推及者自己之主觀好惡，因為，縱然是受人尊敬（"貴"）或喜愛（"悅"）之人，其所為亦未必全部為美，更遑論其位。而所謂"貴"、"悅"與否，更首先只是一種社會觀感（如以地位高者為"貴"）和自身之快慰感（"悅"）的有無，對他人的評價若繫諸此，其主觀性可想而知。不過，孔子的態度是，作為最基本的意志展現，好惡的產生及因好惡而自然形成的各種觀法，亦"民性固然"，仍是民性本身之事實。

民如是之知見與好惡，看似是充滿瑕疵和侷限性的。因連知性思維都以對象之美為前提，其被動性顯而易見，民之智明顯不若明哲者之無待，也不比虛靜之知者精約遠博；而基於主觀好惡所做之推擴，在其未經反省、驗證的情況下，更只能算是一種盲目而表面化的意志實踐。然而，對於這體現在民身上、看似粗糙而淺薄的智慧與志意，《詩論》卻流露出肯定之意，孔子甚至像是從中獲得啟發般地道出"吾以《葛覃》得氏初之詩"、"吾以《甘棠》得宗廟之敬"這樣的讚歎。何以如是？

　　讓我們重新品味民"見其美必欲反其本。夫葛之見歌
也，則以絺綌之故也。后稷之見貴也，則以文、武之德也"
的心情。顯然，當人"見其美必欲反其本"，其對美之肯
定，是非常誠摯而無有遲疑的。這超脫現實滄桑的天真和明
朗，是令早已深入文明、卻難以自返者，多麼嚮往的純粹之
心，而民自然而然地保有她，並如此全情、無所顧慮地用在
他們所感美好的對象上。並且，當民更因此對其本加以歌頌
（"歌"）、推崇（"貴"），可以知道，此時之所以"欲反其
本"，亦已非是一種對背後因果之好奇而已。相對地，因對
美善價值如此自覺，人們反而越明白無一美好事物是獨自成
就其今日之狀態的，是以而有對本初更深摯、謙下的感念；
"欲反其本"真正的心意，因此更是為了對"本"造成眼前
之美、現下之善，回報由衷之感謝。此對價值本末的極度意
識，說明了民之知性實已非表面所看來的那樣粗糙、幼稚，
他更因保有固有之純真而使其覺識超乎當前對象、直接觸及
價值核心。是以，即使"本"已不在目前、非親身經驗之
內容，甚至明知它不能比擬眼前之美（葛之不能比擬絺綌、
后稷對人文的貢獻之不能與文、武所樹立之周文相較），人
仍不懷疑它的真實與價值；作為今日美善之本，民心無條件
地給予其肯定。孔子故云："吾以《葛覃》得氏初之詩"，
以"詩"形容"推及其本"時之志，標顯出民心之詩性性。
同樣地，"甚貴其人，必敬其位；悅其人，必好其所為。惡
其人者亦然"中所顯露之好惡固然看似主觀，但也因此，
它不唯說明了民心感受之真實無偽，也體現出意志超越因
果、貴賤、好壞等種種客觀判準的獨立性。孔子因《甘棠》

而得宗廟之敬，因此首先正由於她教會孔子：縱然是宗廟般
至崇高之對象，都先根基於人對其之愛好；這主動獨立的向
慕之志，是人世間一切價值之所以愈趨懿美的關鍵。[①]是以，
面對宗廟，亦竭誠好之而已，這始是對其最大之虔敬。

（二）論民之於他人，民之於自己

相對上述二詩，《木瓜》與《杕杜》則為另一組對照作
品。下文亦先就簡文疑義處，略作分析。

於第 20 簡，由於第 18、19 簡《杕杜》前有《木瓜》，
以及"有藏願而未得達也"、"《木瓜》之報，以喻其怨者
也"等敘述，皆合乎"其隱志必有以喻也"之語境，故於
"幣帛"前補《木瓜》篇名。[②]其次，"隱志"之"隱"，或
釋為"吝"、"離"、"滑"。"離"與"滑"意指對詩旨或詩
志之背離和不明，然而《木瓜》詩人"匪報也，永以為好
也"的態度明確，不應採納二說。"隱志"、"吝志"則都著
眼志的含藏未發，但"吝"乃有意為之，"隱"則僅是對不
顯狀態的中性描述，基於詩人仍藉禮贈表達心志，沒有刻意
隱瞞之意思，"隱志"當較為適切。隨後"必有以喻也"之

---

① 就《詩論》在這裡特舉"宗廟"來看，顯然有意與前詩之"氏初"
相對。二者實際上都為今日之"本"，后稷更人於文、武之廟，差別只在"宗
廟"已從族群血脈及人文肇建等角度，客觀地確立其價值，且崇高而不可取
代，與"氏初"從詩性角度彰顯其美與貴，並不相同。其原因，明顯與此處所
言之好惡問題有關。
② 王志平以為應補入《衛風·氓》，乃取該詩："氓之蚩蚩，抱布貿絲。
匪來貿絲，來即我謀"，《毛傳》釋"布"為"幣"意，見《上博館藏戰國楚
竹書研究》，頁 220—221。然而，《氓》"抱布貿絲"以求室家之舉，因"無良
媒"而不合禮，與《詩論》對幣帛之禮的肯定顯然不同，故不取。

"喻"，原簡作"俞"，或釋為"逾"、"抒"、"輸"、"偷"、"愉"。該字與"隱志"情況相對，應以擴清後者為意思，"逾"、"愉"、"偷"等故不相合。反之，"抒"為抒發，"輸"指傾瀉，均有表達志意的意思，似可適用。[①]不過，簡文"俞"字於第 10、14 簡有關《關雎》的論評文字中亦曾出現，該字讀為"喻"幾無爭議，唯解釋略別：馬承源原考釋引《論語・里仁》："君子喻於義，小人喻於利"，以"喻"為明白、曉喻；[②]饒宗頤等則舉馬王堆帛書《德行》篇，以之為譬喻、比擬。[③]案：《詩論》固然曾於第 14 簡："以琴瑟之悅，擬好色之願；以鍾鼓之樂 殘"，將《關雎》琴瑟之悅、鍾鼓之樂視為對好色之願的比擬，[④]然而，比擬、譬喻，終究只是從文術創作這一角度言，"曉喻"、"明白"始直接闡明內在實質之轉化。如《詩論》歌讚："《關雎》之改，則其思益"般，思想的進益才是詩人一改好色而進

① "輸"與"俞"音近對轉，但不若"抒"與"俞"皆讀為"書"音。黃懷信故於二者中取"抒"去"輸"，《上海博物館藏戰國楚竹書〈詩論〉解義》，頁 60—61。

② 《上海博物館藏戰國楚竹書（一）》，頁 140。

③ 《上博館藏戰國楚竹書研究》，頁 229—230。饒氏所引馬王堆帛書《德行》篇有："辟而知之，謂之進；弗辟也，辟則知之矣，知之則進耳……榆而知之謂之□，□弗榆也，榆則知之，知之則進耳。榆之也者，自所小好榆虖所小好。茭芍昧求之，思色也。求之弗得，晤昧思伏，言其急也。緜才緜才，輾轉反厠，言其甚□□□如此其甚也。……緜色榆於禮，進耳"，將"辟"釋為"譬"，"榆"為"喻"，而有比喻之意。不過，觀《德行》舉《關雎》詩句為例所做之說明，似與譬喻無關，均只就詩人之舉措原由加以解釋，故"昧求之"源於"思色"，"晤昧思伏"因"其急"，"緜才緜才，輾轉反厠"則反映其"甚"，這些舉措縱使是說明詩人愛好淑女的事例，仍不能說是譬喻。

④ 參考黃懷信說，《上海博物館藏戰國楚竹書〈詩論〉解義》，頁 27。

乎禮樂的關鍵。據此，"其隱志必有以喻也" 故指其人之隱志必藉某方式（"以"）以使人有所明白。

第 20 簡後半的 "其言有所載而後納，或前之而後交，人不可干也"："載" 或釋為 "采"，指昏六禮之 "納采"；或釋為 "裝載"、"攜帶"，指幣帛。案："其言有所載而後納" 應是與 "前之而後交" 相對的兩種 "幣帛之不可去" 的情況。"前之而後交" 意謂雙方在未有交往前先以幣帛禮物表示善意，藉此作為進一步交往的契機；"其言有所載而後納" 則指雙方已有實質往來（其言已有實質內容，非形式性的應酬社交之語），始藉禮贈更加深厚彼此關係。兩種交往情況不同，功能略別，但都與促進交往有關。幣帛無論前交或後納，都是人與人交往時極人性的友好行為，故均是正當的。①《詩論》總結道："人不可干也"，便是循幣帛禮贈這或前或後、或實質或形式而無一定模式的人性需要而發，"干" 應作 "干涉" 之 "干" 解，如《左傳》文公四年 "君辱貺之，其敢干大禮以自取戾在" 的用法。學者若讀為 "捍"、"肝"、"解"、"觸"、"瀆"、"乾"，文意則過於曲折。

---

① 文化人類學家如牟斯（Marcel Mauss, 1872—1950）、李維史陀（Claude Levi-Strauss, 1908—2009），將禮贈視為一要求（甚至威脅）獲取回報的象徵或訊息，以構成雙方之間的約束和權利義務關係。此説並經布岱爾（Pierre Bourdieu, 1930—2002）、德希達（Jacques Derrida, 1930—2004）相繼修正。但這與《木瓜》"永以為好" 所表述的態度，完全相反。因為，縱然是穩固的 "約束" 和相互回報關係，也非真正之相 "好"，更不能 "永"。《木瓜》詩人故極明確地申明其禮贈 "匪報也"，與回報無關，若只是 "報"，所贈應對等於木瓜而非瓊玉這樣不相對等之禮。禮贈唯有在求 "永以為好" 的前提下，《詩論》"人不可干也" 的判斷才能成立。

至於 20 簡末與第 27 簡，因均以"爵"（原簡文作"雀"）為評，應同屬對《杕杜》之論，部份學者以"可斯"為《何人斯》或《殷其靁》的意見可予排除。承此，原簡文"雀"，亦當從李學勤、何琳儀等讀為"爵"，而不取廖名春等讀"雀"為"誚"（責也）之說，後者較貼近《何人斯》、《殷其靁》詩義，而別於《杕杜》。最後，有關"離其所愛"之"離"，有釋為"御"、"儷"、"蕩"、"遠"等，然考慮下文"吾奚舍之"之心境，及與"離其所愛"情況相對的第 18 簡"《杕杜》則情，喜其至也"之"至"，"離"當指分離、相離，應是較為適切的。

最後，對《詩論》稱為"杕杜"的作品究指今本《詩經》何詩，再做確認。可能指涉的作品有三：《唐風・杕杜》、《小雅・鹿鳴之什・杕杜》，以及《唐風》另一篇名為《有杕之杜》的作品：

（1）《唐風・杕杜》：

　　有杕之杜，其葉湑湑。獨行踽踽。豈無他人？不如我同父。嗟行之人，胡不比焉？人無兄弟，胡不佽焉？
　　有杕之杜，其葉菁菁。獨行睘睘。豈無他人？不如我同姓。嗟行之人，胡不比焉？人無兄弟，胡不佽焉？

（2）《小雅・鹿鳴之什・杕杜》：

　　有杕之杜，有睆其實。王事靡盬，繼嗣我日。日月陽止，女心傷止，征夫遑止。

有杕之杜，其葉萋萋。王事靡盬，我心傷悲。卉木萋止，女心悲止，征夫歸止。

陟彼北山，言采其杞。王事靡盬，憂我父母。檀車幝幝，四牡痯痯，征夫不遠。

匪載匪來，憂心孔疚。期逝不至，而多為恤。卜筮偕止，會言近止，征夫邇止。

(3)《唐風·有杕之杜》：

有杕之杜，生於道左。彼君子兮，噬肯適我。中心好之，曷飲食之？

有杕之杜，生於道周。彼君子兮，逝肯來遊。中心好之，曷飲食之？

三詩皆以孤特之赤棠樹為喻，而有慨嘆孤獨、期盼他人來至的意思。不過，透過"離其所愛"及第18簡"《杕杜》則情"對詩中情感的強調，《唐風·杕杜》明顯非《詩論》此處所談論之詩，其餘二詩則各有學者附和。贊同者較眾的為《唐風·有杕之杜》，包括李零、李銳、周鳳五、季旭昇、葉國良、俞志慧、許全勝、黃人二等皆採此議。論者視《有杕之杜》為求賢之詩，詩人藉杕杜生於"道左"、"道周"的孤特之境，反襯其對填補道缺之賢者——"君子"之愛；對照簡文，則"君子"和"中心好之"呼應了"所愛"一詞，"適我"、"來遊"也即第18簡"喜其至也"之"至"，全詩的明朗更可見與"喜"之聯繫，而簡文評論此詩之"爵"，無論解為爵服、爵祿、酒器，或如周鳳五引

《説文》"醹，飲酒盡也"等例解為飲酒酬酢，[1]而與宴饗有
關，都合於求賢這一背景：[2]該字若作爵服、爵祿解，便從
實際面點出《有杕之杜》的用賢之旨，落實了"離其所愛，
必曰吾奚舍之，賓贈是也"求賢者不捨不棄、亟欲禮待對
方之情；若作酒器或飲酒酬酢解，則切合《有杕之杜》裡
所提到的"曷飲食之?"之邀，[3]且連結"賓贈"而與《小
雅‧甫田之什‧賓之初筵》、《大雅‧生民之什‧行葦》在
筵席中同時提到"爵"、"賓"、"序賓以賢"情境類同，更
貼近《鹿鳴》的"承筐是將"。[4]歸納上述，飲酒具體呈現

---

① 《上博館藏戰國楚竹書研究》，頁 162。

② 朱熹《詩集傳》、何楷《詩經世本古義》等均以本詩為求賢之作，配
合《詩論》之詮釋（爵與賓贈），及杕杜"生于道左"、"生于道周"與"道"
相關之象喻，更可確定。將本詩釋為懷人詩或女子示愛詩的說法，則是僅著眼
"中心好之"的結果。作為求賢詩，《有杕之杜》中提到的"飲食"，因此非一
般食事，更不是對性愛之暗示，其應同《詩經》大部份宴飲詩，為士臣或君士
之宴饗。

③ 承上註，"飲食"因指宴饗，故與個人自得之飲食無關，"曷飲食
之?"因此非自問自己如何吃喝得下這類疑問，而是呼應前文"噬肯適我"、
"逝肯來遊"，對對方何不受邀來飲的詢問。本文循陳奐"曷不飲食之也。是
曷為何不也"說，將"曷"解釋為"何不"。

④ 胡平生指"賓贈"為出使他國之禮儀活動（《上博館藏戰國楚竹書研
究》，頁 284）；而其具體內容，葉國良引廖名春對"其言有所載而後納，或前
之而後交"的解釋，及《左傳‧僖公三十三年》弦高犒遇秦師事、《莊子‧秋
水》楚王擬委國事於莊子事、《禮記‧檀弓》孔子失魯司寇事，說明"賓贈"
蓋指古代相見禮儀中，在獻上幣帛等贄禮之前，先派人攜較小的禮物前往致
意，始進行正式交往這一古禮〔《上博楚書〈孔子詩論〉問題五則》，收入
《經學側論》（新竹：國立清華大學出版社，2005 年），頁 73—76〕。雖"其言
有所載而後納，或前之而後交"對幣帛來往的討論，應屬《木瓜》所討論的
一般人際交誼之事，不必歸諸特定階層，但將"賓贈"如此解釋則確實可以呼
應《有杕之杜》之情境，也與《小雅‧鹿鳴之什‧鹿鳴》"承筐是將"相合。
或謂"賓贈"乃喪禮用語，但這將與"爵"無涉，故不從。不過，"賓贈"之
意，因釋詩不同，仍有不同取義，下詳。

出賢士與求賢者之同樂，爵位則突顯了實際事權之賦予，而這都莫不以對賢士鍥而不捨之愛為本，《詩論》故謂之"得爵"、"如此可斯爵之矣"——對"爵"真正之意義有所實現，非表面的應酬或任用而已。可以說，《有杕之杜》描寫的心境與《小雅·鹿鳴之什·鹿鳴》期盼"德音孔昭"之嘉賓"示我周行"，非常接近，唯《鹿鳴》雙方已能共飲共樂，《有杕之杜》尚處於等待嘉賓來至的祈願中。

相對地，主張《詩論》"杕杜"為《小雅·鹿鳴之什·杕杜》者，如馬承源、黃懷信、李山等，除了因征夫行役而事涉爵服，更由於詩內所描繪的情感（包括對父母之牽掛及夫妻之情）、盼望征夫來歸的心意，較《有杕之杜》更加鮮明故。《毛詩序》云本詩："勞還役也"，古來解詩者則多以為是思婦之詩，但詩文中"王事靡盬，憂我父母"之句顯非思婦口吻，而"日月陽止，女心傷止，征夫遑止"之類則兼征夫、思婦在內，黃懷信因此主張本詩為夫妻對唱之詩，①李山則以為"實際詩人既不單為思婦代言，亦不單為征夫代言，只站在第三者角度，既設想征夫之情，又懸擬閨婦之情。既表達征夫的思鄉情緒，更強調家人對征人的翹盼"。②李山說更呼應《毛詩序》及《詩論》既言"爵"、"離其所愛"，又反映"《杕杜》則情，喜其至也"的兩面描述，本文從之。不過，由《詩論》："吾以《杕杜》得爵"這一評論焦點來看，《詩論》關切的重心並不在該詩所

---

①　一、四兩章是妻子所唱，二、三兩章為征夫自唱。見《上海博物館藏戰國楚竹書〈詩論〉解義》，頁67。

②　《詩經析讀》，海口：南海出版社，2003年，頁230。

呈現的相思情緒，而是於此情感背景下征夫仍然承受爵服所反映的"爵"之意義。此做法，正如《詩論》在《木瓜》的藏願和情感贈答中，獨獨關切"幣帛"之必要性般，《詩論》亦通過《小雅・枤杜》所流露的思慕，襯映"爵"之真實意義。[①]尚應注意的是，相較於以求賢詩《有枤之杜》為依據而將"爵"與"離其所愛，必曰吾奚舍之，賓贈是也"視為一貫的解釋方向，在《小雅・枤杜》上則必須予以調整，因服役行征與家庭生養、親情依戀必然有所衝突，故"離其所愛，必曰吾奚舍之，賓贈是也"一句不再能視為"爵"其正當性之理由，相反地，它是對承受爵服者選擇爵服、但內心仍然牽掛親人這一矛盾心境的說明。"賓贈"一詞因此也別於《有枤之杜》所適用之意思，不指使節、君臣、卿士大夫間之禮，而用在征夫與其所愛（父母妻女）之間，黃懷信指其為"猶賓客贈言"，[②]如主、賓間固然不捨、仍必辭別時之贈答，突顯了離別之客觀性，以及不捨之止於主觀這一實況，於義可從。

由於《唐風・有枤之杜》和《小雅・枤杜》均各有所據，亦都能體現"離其所愛，必曰吾奚舍之"之必然人情；並且，前者自上位者角度闡釋"爵"之意義，《小雅・枤杜》則相對地由征夫（下位者）角度言"爵"，各有勝義，在簡文有闕而無法做最終定論的情況下，以下故以二詩並陳的方式，考慮可能的解釋。

---

① 換言之，由於《詩論》仍嘗試解釋"爵"成立所需之條件，並以之為《小雅・枤杜》主要的人性現象，征夫的離家參與行役，因此不能僅歸咎於上命而看作是不得不然的結果，相反，這是征夫的取捨。

② 《上海博物館藏戰國楚竹書〈詩論〉解義》，頁67。

　　因《杕杜》解詩不同，故在考慮《杕杜》與《木瓜》的對照關係時，可有兩種解釋方向。試先總言《唐風·有杕之杜》與《小雅·杕杜》二者共通之情況：可以看到，孔子所得於本組詩作者，非《葛覃》、《甘棠》所關注的心志價值，而是“幣帛”、“爵”這一類財貨物資、權祿職服等具體物事。從《詩論》對二詩的說明來看，《詩論》更刻意突出二詩皆與志意相悖的背景。如《木瓜》志之隱，不達之“怨”，①或是《杕杜》的“離其所愛”。這對立詩人期望的處境，雖不影響詩中正面志意的呈現及禮贈之心，但終究與《葛覃》、《甘棠》發端於“見其美”、“貴其人”、“悅其人”或“惡其人”等自身好惡評斷的背景相反。《葛覃》與《甘棠》是在合於志意的狀態下所做的推擴；《木瓜》、《杕杜》則是在心志遭遇阻滯時，對眼前這一情狀的致力與人性心境。

　　其次，分言之，在將《詩論》“杕杜”解為《有杕之杜》的情形下，《木瓜》、《有杕之杜》的對比在於：二詩固然皆涉人與人之愛，但《木瓜》吟詠的是個人間已有具體交往及情意交流的親近關係；②《有杕之杜》之愛賢，則非

---

　　①　見第18簡：“因《木瓜》之報，以喻其怨者也”，第19簡：“《木瓜》有藏願而未得達也”，對照第20簡：“其隱志必有以喻也”，“隱志”也即“藏願”，而此願“未得達”亦其“怨”之所由生，此隱志最終須通過“報之以瓊琚”、“報之以瓊瑤”、“報之以瓊玖”之“報”，始能表達、顯露。

　　②　《毛詩序》題解本詩：“美齊桓公也。衛國有狄人之敗，出處于漕，齊桓公救而封之，遺之車馬器服焉，衛人思之，欲厚報之而作是詩也”，但既與同時期的《魯詩》臣下報上之說相異，也較難從詩文上直接窺見相關的戰事、車馬器服等線索，更與《詩論》提到的“怨”意不同。朱熹《詩集傳》疑為男女相贈答之詩，姚際恆則擴充為朋友相贈答之詩，本文故歸納二說與《詩論》意見，將《木瓜》定位為具情感交往的親近關係者之詩。

個人親暱私情，更繫諸家國客觀之需與對象之賢德。這不同的情感背景，使詩人得以基於不同心態做出不同的適切反應，於情感有所未達時，《木瓜》可以有怨，《有杕之杜》則止於不捨。而若《詩論》"杕杜"指《小雅・杕杜》，則雖亦言及現實財祿、人與人情感及邦家之需等方面，但不同的是，該詩更突出了在《有杕之杜》所沒有的"邦家／家"、"爵／所愛"間的衝突和拉扯。其與《木瓜》構成的對照詩組，因此不只是並列公、私兩種關係類型，更是從二者之對立、顧此失彼，來延伸出後續之討論。

先就《木瓜》和《有杕之杜》來看，如前所述，二詩從禮贈角度切入"民性"，不過，《詩論》的評述縱然環繞物資財貨、權位酒食，卻較《葛覃》、《甘棠》所構成的前一詩組更緊扣人與人間的情感交往。《葛覃》和《甘棠》雖也描繪人對上位者及父母先祖的敬愛，但《詩論》重點並不在情感關係，而是人此時之心志與心態（詩與敬），人事只是烘托人心的背景情境。反之，《木瓜》、《有杕之杜》雖亦對志意內容有所勾勒，但其目的更在成就與對方之關係。由此，我們亦可以發現，二詩連結禮贈與人情關係的論述，實亦是一種推及，唯此時推及的層面，非《葛覃》、《甘棠》之心志價值，而是從人情交往向"物"之推及。易言之，由人之事及於物之事，由人及於物。這是外在之"物"所以能轉而入禮的先決條件。"物"之意義與必要性，因此必先基於人情，基於民性或情感之必然始得。透過《木瓜》和《有杕之杜》，故適足以闡釋"人"與"物"之人性關係。

進一步說明二詩內容：於《木瓜》，孔子指出，禮贈之

意義在"其隱志必有以喻也"。這是説：無論有多少共同經
驗和情感，表達對對方之心意，使之曉喻己心，始終是
"必"——必要的。故無論"其言有所載而後納，或前之而
後交"，唯依志意傳達之需要而行即可，這是不親身參與其
中的外人所不能代為干涉或規範的。贈與"幣帛"，實傳達
心意而已，非從它在現實世界中的計量價值而觀。《木瓜》
詩人在對方投以果實時回贈瓊玉，此一投一報間的價量差
異，即清楚呈現了物贈意涵與現實價值之分別：根據《詩
論》詮釋，詩人回報玉珮，是為了表明內心尚未被對方明
瞭的想法（"隱志"），①另一
方面，也懷抱著特定的期望（"藏願"）②——"永以為好"。
此怨、慕交雜的心思表現，與正常狀態下如《大雅·蕩之
什·抑》："投我以桃，報之以李"③般對等均衡、恰如其分
的贈禮示好不同。詩人的回報明顯超出對方，雖看似盛意，
卻必然因受、贈不均而使對方感到困惑、難安。然而，正由
此，詩人之怨始得以被對方察覺。不對等之答禮，故本身即
是一種暗喻、一種表達。而貴重於木瓜的瓊玉，卻首先只傳
遞了其人之怨，造成人的不安與疑惑，也反映出幣帛的現實
價值（現實上之貴重與否），並非判斷贈禮好壞或心意深淺
真偽的判準。"幣帛"在禮贈中非單純財貨意義底下之"幣

---

① 見第18簡："因《木瓜》之報，以喻其怨者也。"
② 見第19簡："《木瓜》有藏願而未得達也。"
③ 《抑》詩人在本句之前提到："無言不讎，無德不報"，並強調"淑慎
爾止，不愆于儀。不僭不賊，鮮不為則"等不應過度、僭越之原則，而後始
言："投我以桃，報之以李"，雖涉及居上者慎言威儀之事，但亦將"投／報"
之正道，清楚地表明出來。禮贈故應以彼此相當為常度。

帛"。相對地，瓊玉所表露出的正面期望，唯從玉石本身的
溫和潤澤獲得展現。後者之德行形象，表明了詩人之付出，
是以其人格、德行為之的；其心所盼望的情感終極，故不只
是瓜果所象喻的甜美豐饒，更是人與人因德行努力所成就的
相互愛好，未經如此努力，人和人難能"永以為好"，這才
是人情真正之目與悅樂所在。《木瓜》詩人之怨與願，故
正是對對方尚未知此情感理想之怨與願。

在禮贈中，幣帛非只是幣帛，由此可見。它甚至應如
《木瓜》中的各類瓊玉那樣，以固有的物質形貌或性質（如
玉石之溫和潤澤），取代幣帛的財貨意義，以對應情感的無
功利性，而為純粹心意。以禮相待，"幣帛之交"之意義如
是。孔子隨後指出"其言有所載而後納，或前之而後交。
人不可干也"的理由，也正因幣帛已化為心意，再不能由
任何形式外在地界定其真誠與意蘊之故。反之，若以形式或
以為唯有"其言有所載而後納"始為合理之禮，干涉禮贈
之程序或時機，也只由於人將"幣帛"仍視為現實之幣帛，
亟欲排除利得小惠之嫌，且仍未能以心意這更內在、主動之
層面觀人與人關係的緣故。①

再觀同樣涉及禮贈的《有杕之杜》：在連結人與人之關
係上，《有杕之杜》對禮贈與心意的重視，與《木瓜》如出
一轍。該詩描述的固然是雙方尚未互信，②且涉及份位、能
力、事務等客觀條件的交往問題，但對賢者表達"中心好

---

① 見《孟子・萬章下》："萬章問曰：'敢問交際何心也？'孟子曰：'恭
也。'"的討論。

② 如該詩"離其所愛"，賢士尚未願意來歸之處境即是。

之”之意，仍是該詩的全部重心。換言之，從人性而言，若對人確實有友好之心，禮贈傳意皆是必要的，既不止於親近關係，更不侷限在個人主觀情愛之事，連為社稷求賢都同樣應以心意表達為重。此種種，均為《有杕之杜》所説明的道理。然而，正因著重心意，《詩論》：“吾以《杕杜》得爵”，僅突顯“爵”，卻是令人意外的。因《有杕之杜》所藉以表達心意者——“爵”，正相當於幣帛作為幣帛其現實之一面。無論是爵位，或宴飲酬酢，“爵”都只有單純的現實意義而已，如權力、利祿、位階之高，飽食、燕饗之富，乃至身體性的醉樂。何以如此？

　　明顯地，《有杕之杜》所敘述之關係不僅在親疏與性質上別於《木瓜》，其欲傳達的内容也與《木瓜》不同。《有杕之杜》之心意，非“隱志”、“藏願”這類隱藏不顯之情衷，而是對方已知之心意。就像詩人直陳“中心好之”那樣，求賢之意本已昭然。是以，《杕杜》在禮贈上所追求的不再是傳達什麼樣心意的問題，而是對此心意其真實性多少的説明。那麼，“爵”如何説明求賢者心意之真？試借《孟子·萬章下》對上位者敬友賢士之看法，作為對此的解釋：

　　　萬章問曰：“敢問友。”
　　　孟子曰：“不挾長，不挾貴，不挾兄弟而友。友也者，友其德也，不可以有挾也。孟獻子，百乘之家也，有友五人焉：樂正裘、牧仲，其三人則予忘之矣。獻子之語此五人者友也，無獻子之家者也。此五人者，亦有獻子之家，則不與之友矣。非惟百乘之家為然也，雖小國之君亦有之。費惠公曰：‘吾於子思，則師之矣。吾

於顏般，則友之矣。王順、長息，則事我者也.'非惟
小國之君為然也，雖大國之君亦有之。晉平公於亥唐
也，入云則入，坐云則坐，食云則食；雖疏食菜羹，未
嘗不飽，蓋不敢不飽也。然終於此而已矣。弗與共天位
也，弗與治天職也，弗與食天祿也，士之尊賢者也，非
王公尊賢也。舜尚見帝，帝館甥于貳室，亦饗舜，迭為
賓主，是天子而友匹夫也。用下敬上，謂之貴貴，用上
敬下，謂之尊賢。貴貴尊賢，其義一也。"

由百乘之家的孟獻子開始，孟子例舉了上位者結交賢者的四
種形態。其共同處，顯然都在排除現實利得、權位勢力所造
成的上、下差距，使上位者與賢者彼此對等，甚至像費惠公
般反轉上、下，謙尊子思為師。其差異，則在勾消差距的方
式有所不同：孟獻子禮賢下士，不與權貴為友；費惠公按對
方德行之高下，決定上下關係；晉平公捨己從友；堯則將一
切與舜共享。四者皆不著眼利祿，但堯對自身權位富貴無所
芥蒂，始做到真正的心無利祿。"迭為賓主"更說明堯悠游
於主、賓兩種身份之間，既不吝於予舜，亦可如晉平公那
樣，為舜之賓，接受匹夫舜之疏食菜羹，乃至舜對天下之治
理。此對等與共、無分彼此之交遊，使二人孰為天子、孰為
匹夫，再無分別。現實利祿縱然還是現實利祿，然而，它既
不離間雙方交往，也無絲毫負面性，反而成為扶助對方之實
質力量。孟子故評此為"王公尊賢也"，而不只是"士之尊
賢者也"，其非只有敬賢之心（士因僅為執事者，非出令
者，故唯以心志），更由自身所有（如君王所擁有之權力與
資源）達到敬賢之實——使賢者有所實現。堯謙和誠敬，

與其自身作為王者之尊貴，並行不悖，這尊貴者對賢德者之敬愛與友誼，使雙方俱顯德行之高美，"友"因而從個人與個人間、甚至士與士間之事，上升為可觀之典範，故"王公尊賢也"——上位者作為上位者之尊賢，而非一般人對他人之尊敬而已。①《有杕之杜》的交遊關係，固然未必即天子禪讓這尊賢之極致，但"爵"（無論作爵位或酬酢解）與"賓贈"，亦已相應於堯對舜的"共天位"、"與治天職"、"與食天祿"、"饗"，乃至"迭為賓主"，其求賢心意之真誠，由此可見。

　　《有杕之杜》因此指出了贈物與其現實價值的另一種關係：如前引《孟子·萬章下》，在涉及共體需要的求賢背景中，不論是四種格局上位者的哪一種，均不應以現實利害或權力高低看待與賢者的交往。就此而言，它們與《木瓜》"永以為好"的期願相同。然而，《木瓜》去"幣帛"（木瓜、瓊玖）之現實價值，從贈物本身之物性意涵，呈現心意，如：以果實之充實、甜美譬喻情感相悅，以玉珮溫厚之德象徵人格致力；但堯之友舜（"王公尊賢"）及《有杕之杜》之"爵"，則不去"爵"或其他相關祿位、食饗的現實性，而僅去它所造成的人與人間之傾軋。換言之，《有杕之杜》展示現實價值作為現實價值之正道；詩人心意之真誠由此表明，再無任何負面隱晦性。若《木瓜》使"幣帛"所代表之"物"直為心意之呈露，《有杕之杜》則使現實價值心意不相對立。二詩對禮贈之應用，故一方面就不同條件底下人與人交往之道，有所闡釋；另一方面，亦藉人事向

---

① 相關分析另見譚家哲《孟子平解》，頁 424—427。

物用的推及，呈現了"物"這非人者的人性意義。

相對地，若《詩論》"杕杜"乃指《小雅·杕杜》，論述焦點則將指向另一人性事實。如前一節所述，正因爵服正是造成離其所愛的原因，"離其所愛，必曰吾奚舍之，賓贈是也"句故不能被視為是對"爵"之合理性或必然性的解釋。如此一來，第27簡前用以解釋"如此可斯爵之矣"的闕文，就變得非常重要，唯此始能準確說明征夫何以在不捨家人的情況下仍承受爵服而離家，這樣的做法又在何種條件下，始"如此可斯爵之矣"。然而，在簡文有闕的情形下，僅能嘗試做出如下推想：事實上，《詩經》中如《小雅·杕杜》般處於"王事靡盬"和"豈不懷歸"這類兩難處境之詩甚多，而詩人所表達出的對父母妻子之憂，以及內心之傷悲，亦都相當鮮明，但憂傷並非全都是針對行役而起，相對地，《小雅》諸詩更多是對行役所未能解決的國事困境而發，如《小雅·鹿鳴之什·采薇》所云："靡室靡家，玁狁之故。不遑啟居，玁狁之故"、"憂心烈烈，載飢載渴。我戍未定，靡使歸聘"，或《出車》："王事多難，維其棘矣"等。換言之，詩人在承擔父母妻子的同時，亦承擔王事，後者如同《小雅·節南山之什·正月》："憂心慘慘，念國之為虐"和《十月之交》："天命不徹，我不敢傚我友自逸"所刻畫之心境，甚至是其身為士人所以為迫切而義不容辭之責。對於如此志向之人而言，為共體竭誠奉獻，實是實現自身生命所向必然之道路。為此，他不得不離其所愛，乃至如《小雅·杕杜》詩中既曰"歸止"、"不遠"，卻又"期逝不至"地屢次推遲歸期。《詩論》："如此可斯爵之矣"前之闕文，或正是對征夫此抉擇何以能為父母妻子所接受，何以合

乎爵服真正之意義的説明，因這實基於一欲承擔共體的真誠
志向之故。

　　如上述推論可以成立，那麼，簡言之，《木瓜》和《小
雅·杕杜》詩組對"幣帛"、"爵"這類現實性之"物"所
提出的人性詮釋，便構成如此之對比："幣帛"之實，在人
的心意；"爵"之實，則在人的生命志向。這一方面表明
了：物之為物，均必以人為本；另一方面，若連現實性之
物，都可投注心意、志向，都能轉化為心志生命的具體實
踐，則物與人亦再無截然不可相融之隔閡。

（三）　論民與物之一體

　　總結上述，可以看到，《孔子詩論》這有關民性（人
性）之述説，雖只例舉四首情境各異之作，但四詩所展示
的方面，實已超乎預期地概括了人存世的一般面向：既言人
事，亦及物用與物性；既明情感，亦正現實；既言心靈及其
價值，亦言實質行事；既言眼下之美善好惡，亦言其背後之
本與周邊之所有；既言情感中之怨責與離捨，亦指出其真正
之期願與必然之付出；既見人自己之態度，也反映人與人之
關係；既言親近之情，亦言疏遠之愛；既有對等之誼，也有
上下之交；既在幣帛財物中，亦在無涉利害的心意之内……
此種種，不僅指出人性原本之自然，也指出在這些不同存世
面向中的應行做法與目的，人性與正道並行不悖。

　　就結論觀之，《詩論》對民性的肯定，是相當明確的，
它不僅未提出類似《荀子·大略》："不教，無以理民性"
之説，亦較前後時期《性自命出》、《性情論》有條件肯定
人性的立場，更無保留。以《性自命出》為例，由於在

"性"之外，仍有"心亡奠志，待物而後作，待悅而後行，待習而後奠"等種種接物問題，[1]故"道"之本質與關鍵，都在心、物之間，[2]甚至更是心對"群物"這整體雜多世界的知解與承擔之道。[3]在此前提下，即使人情仍是一切行事之真實基礎，亦有不需經過教化即可形成的良善民德，[4]但論者始終只能將"道"繫諸智德之士，甚至依本於聖人的經典禮樂之教。[5]《詩論》則不然，它不僅讚美民性，更將尋常民性視為形成禮敬之本源，人性之善因此是在智識或德行境界之先之事。孔子因而能夠從《甘棠》所流露之民性，得"宗廟之敬"；從《木瓜》必喻其志之民性，知"幣帛之不可去"；由《杕杜》而明"爵"與"賓贈"之意義。換言之，如《荀子》或《性自命出》般反過來以禮剪裁民性的主張，是與《詩論》觀點相悖的。甚至，不唯此四簡，《詩論》在面對"與賤民而豫之，其用心也將何如?"之問時，《詩論》答："《邦風》是也"，對民人用心足以成就

----

①　《郭店楚墓竹簡》，頁 179。

②　即"道始于情"之"情"，乃"待物而後作"、"喜怒哀悲之氣，性也。及其見于外，則物取之也"心物作用後之產物，《郭店楚墓竹簡》，頁179。

③　即"道者，群物之道"，而歸諸"心術"。見《郭店楚墓竹簡》，頁179。

④　如"未言而信，有美情者也。未教而民恆，性善者也。未賞而民勸，含福者也。未刑而民畏，有心畏者也。賤而民貴之，有德者也。貧而民聚焉，有道者也"(《郭店楚墓竹簡》，頁179) 一段，固然是在申說仁人君子等有德者其德行影響之真實，但也反映出"民"自然而然具有的好善本性。

⑤　同上註："聖人比其類而論會之，觀其先後而逆訓之，體其義而節度之，理其情而出入之，然後復以教。教，所以生德于中者也。"

《風》詩，也有著堅定的信念。①可以説，《詩論》不僅正面
肯定民性，更以民性界定禮敬的原理和範圍（見《葛覃》、
《甘棠》），塑造了禮文交往的媒介與目的（見《木瓜》、
《杕杜》）。

　　然而，《詩論》此結論之價值何在？作為人性觀，其獨
特的思想地位為何？事實上，若從理論成立的難易而言，十
分明顯的，在人性論中證成一對人性全面肯定之結論，實遠
較建構其他結論為難。歸根究柢，原因皆來源於同一問題，
即：人非孤立存世，必受他者牽引、限制的存在事實。傳統
文獻將這些包括人、事、物在內的外部對象，概括為
"物"。前引《性自命出》對"物"影響的關注，便反映出
對"物"的警惕。這泛稱為"物"的存在處境和對象，對
人之動搖或扭曲，不定而無以預期。人也因為不能離"物"
自存，故與之對應的欲望、自我也就順勢而生，如同本能、
本性般地根深蒂固。人更極少具有全面重整"群物"的能
力，在"群物"面前，人的侷限與衝動，無知和爭鬥，便
成為最常見的表現。人之種種不善，如趨利避害、欲望無
度、自私好鬥或主觀無知、蔽於一隅等，盡源本於此。

---

　　①　第04簡。"與賤民而欲之"，"賤民"之"賤"，原考釋為"賤"，指
地位低下之人，李學勤、王志平、李零、何琳儀、范毓周、程二行、黃懷信等
意見相同，本文從之。廖名春則讀為"踐"，借為"善"而有"親善百姓"之
意，周鳳五另釋為"殘"。"欲"，李學勤讀為"裕"，廖名春從之；周鳳五、
王志平釋為"怨"（捐）；李零釋為"逸"；何琳儀則主張為"豫"，范毓周
同；程二行則以為"舒"；李山從周鳳五釋"捐"而讀為"蜀"。案：簡書第
03、18、19簡均見"怨"字，字形不類；第07、09簡"欲"之簡文均作
"穀"，故亦不應釋為"欲"。姑按黃懷信説，根據《風》詩實際詩義，取
"豫"意。見《上海博物館藏戰國楚竹書〈詩論〉解義》，頁258—259。

　　於此情況下，論者對人性有所保留，是順理成章的。逕以人性為惡的荀子，其論點正是基於對"物"的深刻意識而有。見《荀子・性惡》的說明：

> 人之性惡，其善者偽也。今人之性，生而有好利焉，順是，故爭奪生而辭讓亡焉；生而有疾惡焉，順是，故殘賊生而忠信亡焉；生而有耳目之欲，有好聲色焉，順是，故淫亂生而禮義文理亡焉。然則從人之性，順人之情，必出於爭奪，合於犯分亂理，而歸於暴。故必將有師法之化，禮義之道，然後出於辭讓，合於文理，而歸於治。用此觀之，人之性惡明矣，其善者偽也。

"好利"、"爭奪"、"疾惡"、"殘賊"、"耳目之欲"、"淫亂"之起，皆是人已意識並處身於外在聲色、利害、他人等諸"物"間的結果。《禮論》的說法則更直接標誌出"物"，且對應地只突顯出人之"欲"：

> 禮起於何也？曰：人生而有欲，欲而不得，則不能無求。求而無度量分界，則不能不爭；爭則亂，亂則窮。先王惡其亂也，故制禮義以分之，以養人之欲，給人之求。使欲必不窮於物，物必不屈於欲。兩者相持而長，是禮之所起也。

對荀子來說，由於社會存在為人唯一的存在模態，"物"的

問題故無一刻可消除，①人性、乃至人所實現之善，均必須
站在這一現實下客觀言之。人因此亦再無純粹之內在性，如
《中庸》"未發之中"不與物接的內在本真情況，是荀子理
論所不可能出現的。面對性惡，荀子所提出的對治方法，因
此必然以"禮"作為"化性起偽"最重要的途徑。原因若
不從人自身之感受原理言，②而從與"物"相關的角度來説，
當然和"禮"別於"仁"、"智"這類主體德性，而以"天
地"、"先祖"、"君師"等所表徵之客體向度為本有關。③同
樣地，即使他亦意識到"心居中虛，以治五官，夫是之謂
天君"（《荀子·天論》），但其前提——"虛壹而靜"，既非
"未發之中"，亦不是孟子所謂"本心"，而是心靈之純然外
在化，即一種再不存在任何遮蔽，而能全面攬納萬物的心境
狀態。對"物"的意識，故如此深刻地體現在荀子對善惡、
心性的認知上。而對人性採取更激烈之説的韓非，其所理解
之"物"，因此對人有更絕對的影響力。如同《五蠹》："上
古競於道德，中世逐於智謀，當今爭於氣力"對世態的概
括，當人面對群物世界的方式，由上古之"德性"轉向中
世之"智謀"，最終再淪為"氣力"，韓非已明確指出：

---

①　鄭宗義：《論儒學中"氣性"一路之建立》（《儒學的氣論與工夫論》，
頁247—277），更據荀子《正名》對"性"所下之定義"生之所以然者謂之
性；性之和所生，精合感應，不事而自然謂之性"，認為儒家氣性一路實可上
溯荀子，則更從氣感與氣化萬物之層次，指出了"物"在荀子人性論中之關鍵
性。

②　荀子之禮對人感性感受之化治問題，見本書"現實中民之扭曲與困
境"節的討論。

③　《荀子·禮論》："禮有三本：天地者，生之本也；先祖者，類之本也；
君師者，治之本也。"

"物"所代表的整體存在境況已極盡龐雜錯亂，即連"虛壹而靜"全面觀省諸物的可能性均告失去，人的各求利欲，無非也只是因應如此世界的必然發展而已。

相對於性惡論，若論者不願斷然否決人性，則其理論之建構，必於"人性"之概括範圍中進一步區隔"性／心"或"性／情"，以"性"為唯一之必然和根本，另分出"心"或"情"來連結應物問題，並因後者之未必純善，而提出心術或誠身工夫。《性自命出》或《中庸》即屬此類。這類論者並未絕對否定人性，但人性最初之透顯，皆減縮至特定界域之內，如《中庸》"慎獨"之"獨"，或是更趨內在而不可見的"未發之中"，以此保留一種人離"物"始有的本然狀態，由此而善。人之率性與否，於是成為工夫問題，或為形上之事。反之，若論者既不願否定人性，又無意脫離現實始終必有之"物"，概念化劃分人性面向為已發、未發，或性與情，那麼，結果將如告子之論般，將人的或善或惡全歸諸外在偶然之勢，從而豁免善、惡，唯以自我保存及其自為、自適為取向。①

以上雖僅舉數例，然而由此可以清楚知道，"物"的存在，使人類之惡遠較人類之善更易於指認，實為不爭之事實。孟子性善論的出現，故是極其不易的。對民性充分肯定的《孔子詩論》，其"民性"論因此也非輕易之説。不過，孟子與《詩論》的論證方法仍有差異。先就孟子觀之，孟子亦相當警惕"物"的影響，如《告子上》對大體、小體

---

①　詳論見本書對"人性"之討論。

以及“物引之”情況的避免；①對“物”所構成的整體境況壓力，②也未輕忽，書中所有關於大小強弱、命或恆產問題的討論，更是對“物”問題的考量。“物”在《孟子》具有與其他人性論相當的負面作用和實在性。這也説明了四端之心為何未從遠離“物”影響的“未發之中”、或任何先天本性等概念層次的理論立場來説，而是採取類同荀、韓的“應物”角度言心。所不同於其他論者的是，四端之心固然為現實中已發可見之心，但它們在各種物況下仍然保有獨立與一貫之善，換言之，它們雖應物，卻未被動於“物”，非喜怒哀樂之“情”而已。見孟子説明“惻隱之心”的例子：

――――――――

① 見《孟子·告子上》：“公都子問曰：‘鈞是人也，或為大人，或為小人，何也？’孟子曰：‘從其大體為大人，從其小體為小人。’曰：‘鈞是人也，或從其大體，或從其小體，何也?’曰：‘耳目之官不思，而蔽於物，物交物，則引之而已矣。心之官則思，思則得之，不思則不得也。此天之所與我者，先立乎其大者，則其小者弗能奪也。此為大人而已矣。’”

② 即《告子上》：“告子曰：‘性猶湍水也，決諸東方則東流，決諸西方則西流。人性之無分於善不善也，猶水之無分於東西也。’孟子曰：‘水信無分於東西。無分於上下乎？人性之善也，猶水之就下也。人無有不善，水無有不下。今夫水，搏而躍之，可使過顙；激而行之，可使在山。是豈水之性哉？其勢則然也。人之可使為不善，其性亦猶是也。’”所談到的“勢”。詳論參見本書第二部“人性”。具體例子尚可參考《告子上》“富歲，子弟多賴；凶歲，子弟多暴，非天之降才爾殊也，其所以陷溺其心者然也”，這和韓非《五蠹》：“古者丈夫不耕，草木之實足食也；婦人不織，禽獸之皮足衣也。不事力而養足，人民少而財有餘，故民不爭。是以厚賞不行，重罰不用而民自治。今人有五子不為多，子又有五子，大父未死而有二十五孫，是以人民眾而貨財寡，事力勞而供養薄，故民爭，雖倍賞累罰而不免於亂。……夫山居而谷汲者，膢臘而相遺以水；澤居苦水者，買庸而決竇。故饑歲之春，幼弟不餉；穰歲之秋，疏客必食；非疏骨肉愛過客也，多少之實異也”之例，實異曲同工。

> 今人乍見孺子將入於井，皆有怵惕惻隱之心。非所
> 以內交於孺子之父母也，非所以要譽於鄉黨朋友也，非
> 惡其聲而然也。（《孟子‧公孫丑上》）

惻隱之心確實伴隨著"乍見孺子將入於井"這一事件
（"物"）發生，但顯然不止於"情"而確然為"性"。因
為，人之有惻隱之心，"非所以內交於孺子之父母也"、"非
所以要譽於鄉黨朋友也"、"非惡其聲而然也"，既非由於對
私情、私己之考量，亦不繫乎對痛苦不幸之感受。[①]惻隱之
能夠"人皆有之"，已說明它超越個別欲望或感受的普遍與
必然性。更準確地說，前二者，實相當於荀、韓所指出的自
私利己之性；末者，則與《中庸》所謂的喜怒哀樂之"情"
相合，三類情況均是人性論通過"物"所可觀察到的人性
和人情。惻隱之心既不屬之，那麼，惻隱之心便純粹只能是
由人自己無條件自發而有，人性之發作而已。

　　孟子這獨張性善旗幟的論述，其模式，乃從洞悉人在應

---

　　① "非惡其聲而然也"，趙岐解為"非惡有不仁之聲名"，朱熹亦循此將
"聲"釋為"名"，然而，這不僅與前句"要譽"問題重複，也未注意到《梁
惠王上》同樣關乎不忍的事例"聞其聲不忍食其肉"對"聲"字的用法。後
者與齊宣王見牛縠觫而以羊易之的情況相同，皆用於禽獸，因其聲、形痛苦而
生不忍。但當不忍的對象為人，其哀號之聲就不是產生惻隱之否的原因。人真
正不忍於人者，實非其痛苦或生命之危厄，如同仁君所不忍於民者，非其生活
困頓無恆產，而是因其無恆心所致的"放辟邪侈，無不為已"、陷於罪刑；若
能無憾，使民養生、送死亦無有不可（"養生、喪死無憾，王道之始也"）。不
忍禽獸與不忍人故非同等之事。詳論參考譚家哲《孟子平解》，頁55—58，
68—80，154—162。

物中仍能獨立於"物"外的本性，開展其立論。相較其他人性論仍視"物"之影響爲絕對的觀法，實有重大突破。若然，同樣對人性持正面觀的《詩論》"民性"論，又如何證成？

　　明顯地，《詩論》對民性的分析，並未採取孟子論證性善之方式，相對於此，它開拓了一從未在"物"問題上出現過的視野——它既不試圖尋求獨立"物"外的可能，更重要的，它更第一次在人性論述中直接肯定了物。而證成的基礎，則在刻意從"人性外延現象"、"人一般視爲不善之人性趨向"兩方面，進行析論。略釋如下：

1. 《詩論》所分析的民性現象，均聚焦於"由一者推及至另一者"的推及活動，故究極而言，其所分析的，皆只是各種連帶產生或不得不然的結果與方式。事實上，從詩文原本宗旨來說，《葛覃》旨在歸寧父母，絺綌或葛俱非主要重點，即使有所稱美，亦僅有絺綌，而不是葛；《甘棠》詩人所至爲重視的，乃召伯，甘棠不過是藉以體現其對召伯之敬愛的媒介而已；《木瓜》關注的是雙方之情，不是木瓜或瓊玉等任一種幣帛；《杕杜》在乎所愛，或更及生命志向之實踐，非"爵"。《詩論》在諸詩中刻意舉出的，都只是伴隨主人翁主要思、行的外圍舉措或物事。這使得《詩論》未像一般人性論那樣分析人對美善的判斷基礎，也不對人之好惡原則有所探究，對於人與人的對待交往之道（如忠恕、信、恭、讓等），上、下間眞正迫切需要處置的權力、資源分配，以及人性在這些核心問題上起著何種作用、趨向，或具有哪些意義，有所析論。①

2.《詩論》所分析的民性現象，雖尋常普遍，但還原至現
實，卻往往不是人所敢於直下肯定、不存質疑之事。如
《葛覃》例，人若只是歌詠事物之美，或只是追究事物的
客觀本末，這是沒有問題的；但，做到像《詩論》所描
述的，因文、武之德而貴后稷，從而衍生如《大雅・生
民之什・生民》般神話性之身世與才能，或是因絺綌而
歌頌葉色黯淡、塊莖粗拙之葛，這就不必然對應事實了。
《甘棠》亦然，人們實難想像僅憑好惡、任意議定價值之
正當性，是不致產生惡果的。出現在《詩論》《木瓜》、
《杕杜》例中的幣帛與爵，也易與功利、私欲牽扯不清，
特別是在情感心意竟以幣帛財貨言之，更令人對其背後
用心有所懷疑；同樣地，若生命志向之實踐，建立在捨
離那些將情感、生存均託付於己的父母妻子，這豈不亦
是一種自私和無情？此種種引致質疑者，如主觀性、好
惡、功利、私欲，實亦性惡論所指陳的人性內容，人所
以為惡的起點。相反地，《詩論》的解釋，皆有為其辨正
的意思，故不僅反說《葛覃》、《甘棠》體現"氏初之
詩"、"宗廟之敬"，也針對《木瓜》幣帛之用，明言其
"人不可干也"的正當性，而"《杕杜》則情，喜其至
也"，更無異是對其情感之誠摯的強調。

　　明顯地，從《詩論》刻意由"人性外延現象"、"人

①　如孟子從人於赤子入於井時湧現的怵惕惻隱之心論證性善，而非從此
時可能思及的內交、聲望等問題論評人性；荀子從人面對利害聲色時之好惡欲
望證明性惡，而不從人對爭亂等後患的恐懼、顧慮觀人性。這直接從人與其對
象間之應對進行分析的論述法，才是一般人性論之常態。

一般視為不善之人性趨向"兩方面進行論述看來，作者實
有意將對"民性"的討論，對應前述人性理論中因"物"
而致之問題而說。對比其他人性論將"性"或離物而內在
化（如"未發之中"），或趨物而外在化（如荀、韓所謂之
"性"），或於外在應物中探求其內在人性之本（如孟子四端
之心），《詩論》的創造性貢獻在於，它所議論的層面不僅
是人應物處世之外在現實，更已是超出後者的更外部之境
地——各類連帶產生的外延舉措。這些外延性的思、行活
動，打破了人必受"物引之"這對人、物關係的普遍假設，
人非必被動於"物"，而亦有其主動向外之固然，甚至更能
如推及般自行擴充"物"之範圍，而於"物"中主動。而
人在這些看似極易陷入不善後果的活動中，其仍自然而然地
實現人、物可有之正面性，也反轉了"物"對人的影響方
向。人性之獨立主動與"物"之範圍同時擴大，除了二者
一體並生之正面性外，再無任何負面陰影存在其間。較諸孟
子做法，《詩論》證明了"物"之外延亦為人性本真，
"物"自此不必再受到任何否定和防備。更重要的是，在此
人性與"物"的推及擴展中，《詩論》尚且指出：人仍不因
此有絲毫不善，既始終本於人心之真實（"民性固然"），亦
在物用財貨上克盡物性與現實之正，人性之善至此亦再不可
被質疑。易言之，《詩論》相對於其他人性論說法，不僅極
其困難地指認出人性之善，更根本地去除了人不善之可能。
甚至，藉著反轉一般視為不善的推及活動，將人按其固然之
性而為、本來即無有不善的事實，亦突顯出來。特別是，若
"民性"已足以如是，那麼，人亦絕不需先達於聖、智，始
足以應對群物。而這同時也表明：人對自身之限定，如干涉

幣帛之交、無視情感與生命志向之真，抑或是對人歌讚範圍與好惡之不信任，以為因此始有真正情感之實、誠摯可信之心，反而是非人性的，甚至是使一切因"物"而有之事轉向負面的原因。"物"與人性故非必然對立之兩端。人而不人性，人扭曲自身之固然，亦才使"物"崩潰其價值，更失去原本之道。

　　以上簡要地對《孔子詩論》民性論之思想內容、理論特質與獨特貢獻，做出說明。《詩論》以具體事例，正面闡釋民性之意義，其切入點既準確對應人性論所普遍關切的"物"問題，也將人性所及範圍做出了一次極其開闊的拓展。在以"物"為人性的論關鍵所構成的論述進路上，《詩論》無疑達到了對"物"與人性最全面的肯定。民性既不自外於"物"，在與"物"之關係中，亦不卑下於"物"，或試圖超越"物"。相對地，在不離固然本性和客觀正道的情況下，人與"物"首度一同達到各自與一體之更善。人對"物"範圍的主動外延，更顯示人性之純粹正面。《詩論》對人性的肯定故根本取消了性惡或無善無惡之可能。《詩論》也透過自身之論述，展示出人平易樸實地體驗人性的固然事實，在其中安然、明朗，並且開闊的情狀。若《詩論》所勾勒的，也即《詩經》所展示的人性世界，則對孔子而言，無所對立而寬遠平達的世界，也即以人性成就人類存在所具有之意義了。

二　現實中民之淳樸與生命力

（一）論民作為現實中不變之本真

　　民性一旦確定，民之墮落、邪曲，原因便顯然應歸責於其所處之世態。罪惡，如《詩·小雅·節南山之什·正月》所嘆"民之無辜"般，非民本來缺陷。而世態有道、無道之責，究極而言，唯主其事之上位階層而已。《詩·大雅·蕩之什·抑》故指責上位者"回遹其德，俾民大棘"，使民遭受極大困急、淪胥以亡；同篇什《桑柔》："維彼（案：上位者）不順，自獨俾臧，自有肺腸，俾民卒狂"、"為民不利，如云不克。民之回遹，職競用力"云云，亦顯示人民百姓表面之惡行，非民的本意與本性，反應上位者而已。《尚書·呂刑》更形容平民即使"罔不寇賊，鴟義姦宄，奪攘矯虔"、"泯泯棼棼，罔中于信，以覆詛盟"地自作孽，另一方面卻仍自認無罪地向上帝"方告無辜"，而上帝亦果然"哀矜庶戮之不辜"，代替民"報虐以威"地對造成如此亂象的始作俑者——苗族之長，施予報復。人民的險惡欺詐，故歸根究柢，若不是為了在亂世中求得自保，必只是對立上位者的結果。

　　此一事實，在我們對民性的觀察上，提供了非常重要的切入角度，它使我們在面對眾庶之所作所為時，能夠警惕這些現象背後實際之本末與其真正代表之意義。同時，藉著這現實中與上位者的對應關係，我們也必須看到：民，正是從相對於上位者這一定位而作為民。這是說，若上位階層正是以主導現實世道這一現實主體位階而作為上位者，則民，在其必然遭受波及、乃至隨之下墮，且只能以這樣仿效上位者之惡的方式反抗上位者（易言之，此反抗仍順應上位者而已，另一種風行草偃的實現），故令對抗往往無效，反招致上位者更理直氣壯之暴力，而自身卻愈顯卑下[1]來看，民顯然恰相反於上位者之現實主體性——民正以一種非關主體的姿態立於世間。就像《孔子詩論》唯由"固然"言民性般，民僅以一固然地、從來如是地、自然而然地方式進行思行，而不是主體地。從實際歷史或政治經驗來看，民因此多如散沙般難以凝聚，它可以輕易地被引導，但卻極難形成堅定的意念、整體高度自覺而具有自反性之行動。[2]然而，反過來說，這樣一種非主體之人，卻毫無困難地保有其固然，甚至，即便已作惡多端，仍自命無辜地在罪行與自身之真實中間畫下界線，而在實質上保守住自身。如是之事實，於人類歷史中未曾間斷，民作為一種獨特之存有，且為人現實中嚮往本真時必然傾慕神往者，由此可見。

---

[1]　《尚書・呂刑》中苗民之命運，即是對此最佳之說明："若古有訓，蚩尤惟始作亂，延及于平民，罔不寇賊，鴟義姦宄，奪攘矯虔。苗民弗用靈，制以刑，惟作五虐之刑曰法，殺戮無辜。爰始淫為劓、刵、椓、黥，越茲麗刑并制，罔差有辭。民興胥漸，泯泯棼棼，罔中于信，以覆詛盟。虐威庶戮，方告無辜于上。"在此惡性循環而無以自行翻轉的情況下，若非有更高或另一上位者出現，如本篇中之上帝或群后（伯夷、禹、稷），民之對抗始終只是愈發悲哀而無用的。

[2]　參見《尚書・盤庚》盤庚對民不適有居的描述："今予將試以汝遷，安定厥邦。汝不憂朕心之攸困，乃咸大不宣乃心，欽念以忱，動予一人。爾惟自鞠自苦，若乘舟，汝弗濟，臭厥載。爾忱不屬，惟胥以沈。不其或稽，自怒曷瘳？汝不謀長，以思乃災，汝誕勸憂。今其有今罔後，汝何生在上？"

（二）論民與上位者之界線

　　民，非常明顯地，並沒有明確且穩定的範圍，個人可能隨時浮動在民與非民（如"士"）之間，一如民自身在造作為惡與民性之間的擺動。民因此僅能從相對於上位者的人群集合，概括界定。而這確實也是對民唯一可有之定位。以《詩經》為例，詩作中之"民"，因此都由相對上位者的角度言之，二者在詩中更從來並舉，以顯示此相對關係的根本性。不過，必須注意到的是，所謂"上位者"，並不限制在狹義的"君"或任何權力關係內，更包括那些較一般人民有能力或餘裕者，如《邶風・谷風》能"凡民有喪，匍匐救之"之主婦，或是現實裡的各項有司、公族、先進，乃至上帝。①對比上位者，民之受動角色，以及別於上位者之平庸性，都是民非常突出的特質。但另一方面，正因《詩經》沒有只從現實權力言，故上位者與民的關係，就不應狹義地僅自主、從位階觀，而可以有多種形態和性質。超乎主、從的廣義上位者的存在，更暗示出上、下雙方各自獨立之可能。這是說：受動之一方如民，非單純無自己本性的被動者，上位者亦未必將自身之優勢作用在人民身上，意圖主制人民。

　　試引《大雅・生民之什・板》"天之牖民"段，觀"天"

---

　　① 如《大雅・文王之什・皇矣》"皇矣上帝，臨下有赫。監觀四方，求民之莫"，《大雅・生民之什・生民》與民相對之上帝，《大雅・生民之什・板》"上帝板板，下民卒癉"，《大雅・蕩之什・蕩》"蕩蕩上帝，下民之辟"等。

這至高位者所示範的與民關係：

> 天之牖民，如壎如篪，如璋如圭，如取如攜。攜無
> 曰益。牖民孔易，民之多辟，無自立辟。

作為與民關係的典範，天對民的導引（"天之牖民"），如同
兄弟、器樂合奏般相合（"如壎如篪"），[1]如人格高貴者彼
此溫和、健朗之相待（"如璋如圭"），[2]既取於民以為善、
又與民為善（"如取如攜"）。[3]不過，詩人指出：這與民為
善之提攜，不應看作是對民人之善的外來增益（"攜無曰
益"），理由是：天確實是導引天、民和樂，相敬、相得的
主體，但二者間也確實無高卑或主從上的隔膜。民所受到的
提攜，易言之，人民之提升、人民之進善，與天所凌駕於人
的所有素質、力量無關，其本在民自身，非由天所施予或塑
造。詩人並總結道：上位者要引導人民是甚為容易的（"牖
民孔易"），原則僅在，人民各有其自主之生命，甚至本即
受世間各種力量之左右而艱困，故不應罔顧此事實，外在地
樹立更高、更多之主宰，甚至自立為主（"民之多辟，無自

---

① "如壎如篪"，壎、篪俱為樂器名，聲音相合。《小雅·節南山之什·
何人斯》有"伯氏吹壎，仲氏吹篪"，即以此喻兄弟和睦。

② "如璋如圭"，璋、圭皆為玉中之貴者，多象喻人格德行。《大雅·生
民之什·卷阿》即有："顒顒卬卬，如璋如圭"。

③ 取、攜在此相對，取為天取於民，攜則天提攜民，因提攜具正面扶助
之意思，故所取於民者也應是人民中之正面素質或成果，本文故借《孟子·公
孫丑上》大舜之例："大舜有大焉，善與人同，舍己從人，樂取於人以為善。
自耕稼陶漁以至為帝，無非取於人者。取諸人以為善，是與人為善者也"的
"取"和"與"，來詮釋這裡的"如取如攜"。

立辟")。①上位者即便於地位、力量上勝於民，但這與民的差異，也只是為了形成"如壎如篪，如璋如圭，如取如攜"這樣一種相互呼應、對等唱和的整體。換言之，就像民所代表的人性本然般，上位者亦應自覺地作為一種獨立的形態出現，由此始有彼此之應和，而不只是單方面之宰制和順從。上位者在與民之相對關係中，真正肩負和應行的任務如是。

那麼，什麼是上位者獨有的面向？上位者之所以為上位者的關鍵何在？簡言之，如同君主應致力實現王道之世、師者應率先中道而立，上位者在物質、現實份位、智識等種種方面之餘裕，若具有主制力量，應直接由他對現況的塑造和前導能力而言，後者始令上位者成其為上位者。是以，就算是最廣義的上位者，如《邶風·谷風》中操持家務之主婦，也以做到"就其深矣，方之舟之；就其淺矣，泳之游之。何有何亡？黽勉求之。凡民有喪，匍匐救之"為其職責，通過物資的交流周濟，使能力所及的各類困境皆得以克服，喪亂者擺脫喪亂而有救。易言之，上位者在其居上之領域中，必須率先作為該領域之主體。

若然，我們將可以看到，上位者與民除了相對關係之外，在意識上截然不同的性格。對上位者來說，現況之遷善既是他應承擔之職責，那麼，這無異表明了這樣一種假設：

----

① 辟，具體多指事務中之主體，用在群體中即如君主或法，故有超越個人而更高之主宰力的意味，如《尚書·洪範》"惟辟作福，惟辟作威，惟辟玉食"，將福、威、玉食等對天下而言外部之幸與災總攝於君。不過，對於真正內在於民之命，辟則不應僭越，《大雅·蕩之什·蕩》故在"疾威上帝，其命多辟"之後，立刻感嘆："天生烝民，其命匪諶。靡不有初，鮮克有終"，對眾民往往因為外在力量擅位為主，而無能自主終其生命初衷，深感痛心。

眼下客觀既存的境況實都是可以改變的。換句話說，種種已實現在眼前、發生著實際利害影響的境況，在上位者的意識中，都非終極事實，更非全然真實，它隨時能夠轉變，或至少某一程度地改善，從而另啟新貌。如此意識，甚至更是上位者自我要求應具備之意識；《尚書・無逸》告誡君主如何看待民情的說話，即清楚反映這樣的自覺：

> 周公曰："嗚呼！自殷王中宗，及高宗，及祖甲，及我周文王，茲四人迪哲。厥或告之曰：'小人怨汝詈汝'，則皇自敬德。厥愆，曰：'朕之愆，允若時'，不啻不敢含怒。此厥不聽，人乃或譸張為幻。曰：'小人怨汝詈汝'，則信之，則若時，不永念厥辟，不寬綽厥心，亂罰無罪，殺無辜，怨有同，是叢于厥身。"

四哲王固然敬慎保民，[1]並在下民有所怨懟、過失之時，獨立承擔其責，不敢荒寧，更不敢輕忽鰥寡，但對於"小人怨汝詈汝"這一實事，實際上卻是聽而不信的；周公甚至認為，若信之，則上位者除了徒剩暴力外，將只居於眾怨及

---

[1]　《無逸》宗旨原即保民，此由首段即欲君子"知小人之依"可知，而四哲之所以並舉，也由於他們對人民的竭盡致力，足以為典範故："昔在殷王中宗，嚴恭寅畏，天命自度，治民祇懼，不敢荒寧。肆中宗之享國，七十有五年。其在高宗，時舊勞于外，爰暨小人。作其即位，乃或亮陰，三年不言；其惟不言，言乃雍。不敢荒寧，嘉靖殷邦。至于小大，無時或怨。肆高宗之享國，五十有九年。其在祖甲，不義惟王，舊為小人。作其即位，爰知小人之所依，能保惠于庶民，不敢侮鰥寡。肆祖甲之享國，三十有三年"、"文王卑服，即康功田功。徽柔懿恭，懷保小民，惠鮮鰥寡。自朝至於日中昃，不遑暇食，用咸和萬民。文王不敢盤于遊田，以庶邦惟正之供。文王受命惟中身，厥享國五十年。"

罪惡之下流。何以如此？理由當在：這將境況看做是確然不
移之事實，甚至狹隘地看做是針對自身一人而發之怨詈，從
而力圖防範、報復的心態，已反映出上位者實"不永念厥
辟"——失去自身承托整體境況之主體自覺，唯受現況牽
制之被動性。君上的"皇自敬德"、"罪在朕躬"、"不敢含
怒"，故與不信小人之怨懟，皆出自同等的主體意識，分別
只在或積極改善、或全力承擔、或保持行事與心境之獨立而
已。《尚書·康誥》因此另從正面闡述這同一道理：

> 王曰："嗚呼！小子封。恫瘝乃身，敬哉！天畏棐
> 忱，民情大可見。小人難保，往盡乃心，無康好逸豫，
> 乃其乂民。我聞曰：'怨不在大，亦不在小；惠不惠，
> 懋不懋。'"已！汝惟小子，乃服惟弘王，應保殷民；
> 亦惟助王宅天命，作新民。"

同樣是勸喻保民，"怨不在大，亦不在小；惠不惠，懋不
懋"，教誨君主不應因怨之小大而有輕重，凡民有怨，不論
以何規模、形態表露，皆應正視、力求改善；民無論是否需
要周濟，都應不吝博施；而民即使散漫不欲勉為，亦當盡力
鼓勵之。這強調"民情大可見"而看似相反於《無逸》"不
信"的主張，實際上，卻正從無視於怨之小大、客觀之不
惠，乃至人民品格上的瑕疵，可以看到，民究竟表現如何，
對君上而言實無關緊要，上位者唯務往盡其心而已。故，即
使民情所見多麼輕微、多麼虛假、多麼與實況不符，都不足
以限制君上實踐王道（"弘王"），都反而是君主容保眾民的
契機——換言之，上位者實亦"不信"而已。如此自發、

勤奮不已之行，因而使今日無事不怨、不惠、不懋之民，最終都可以改變，都可以重新立足於世（"作新民"）。上位者運轉存在境況之心力，因此較現實更根本地決定現實；上位者的努力程度（主體程度）更是後者能否真實的基礎，主體與客體之真實如同一事。此不以眼下境況、對象為終極止境，更求其上之理想境況者，即上位者最重要的意識特徵。

　　人們對上位者德行之期待，故都是基於上述這一前提而有，它成為界定上位者是否在其份位的真正標準，若無此，上位者亦"一夫"[①]而已。相對地，不以存在境況為真、始終保持某種自主獨立之自由的存在意識，卻非民所有。《孟子・梁惠王上》曾如是區分士與民：

　　　無恆產而有恆心者，惟士為能。若民則無恆產，因無恆心。

本段因是針對"發政施仁"問題而發，故著重在養民制產之事，且僅舉"士"與民相對，未全面對應上位者與民之問題，但確實已將代表最初階之上位者的士，其能夠超越存在境況（"無恆產"）而自立自為（"有恆心"）的特質，標誌得非常清楚；相對地，民則顯然非是，他與存在境況幾乎不分，無則無、有則有。[②]然而，如果《詩・大雅・蕩之

---

　　①　《孟子・梁惠王下》："齊宣王問曰：'湯放桀，武王伐紂，有諸？'孟子對曰：'於傳有之。'曰：'臣弒其君，可乎？'曰：'賊仁者謂之賊，賊義者謂之殘。殘賊之人，謂之一夫。聞誅一夫紂矣，未聞弒君也。'"

　　②　《孟子・滕文公上》："民之為道也，有恆產者，有恆心；無恆產者，無恆心。"

什·烝民》所言"民之秉彝，好是懿德"亦是事實，民非無本性、無價值之心；又或如季札觀樂時對民之思的描述——《唐風》乃"思深哉！其有陶唐氏之遺民乎？不然，何憂之遠也？"《小雅》則"美哉！思而不貳，怨而不言。……猶有先王之遺民焉！"(《左傳·襄公二十九年》)所言，民非茫然活於被動無序之感受中，相反，他們在最能反映精神之高度能力與獨立自主性的思維活動上，既精深("思深")，又能超出當下地對未來存在境況有所預視("何憂之遠")，乃至使思維同時是一種堅定自持的人格之思("思而不貳，怨而不言")，都在在反映：民之能力與獨立性，較之上位者絕不遜色。民這不與存在境況（如恆產之有無）相分的意識，故非低於上位者的結果，更不是由於無知、短視而被動無奈的存在形態。相對地，這無關能力、德性，而純然繫諸自身意識的差異，始標顯出"民"真正的意思——相反，上位者因"不以存在境況為真而另有超越"而立上位者之實，民則不僅承受一切現實，他更懇切地視一切為真。這不將世界二分為理想與現實，而如其所如地忠於當下，承擔其既有之好壞、有無、幸或不幸，能如此在意識上全然淳樸者，謂之"民"。對民而言，即便對象只是草木鳥獸之自然，都如《詩經》比、興所描繪的形象那樣，具有真實的寓意和情感；而本於思維或人為制作的結果，縱然出自他人或上位者之手，已非單純生活之物事，甚至縱然明顯不善，也仍然被民率真地承認和效仿。民情、民性之淳厚質樸，根源於這一意識。民並不因能力或餘裕，而將自身從事之務或甚至人文上的高度制作，與其真實心境和生活分別開，視其能力所及之種種成果為純然外在之事。

反之，一旦如上位者般兩分，便再非質樸之心境與存在了。《詩經》所感嘆的民之邪曲，因此都聚焦在民之"訛言"（《小雅·鴻鴈之什·沔水》、《小雅·節南山之什·正月》）、"貪亂"、"罔極"（《大雅·蕩之什·桑柔》）等言行、價值上試圖超越、錯亂既有之實這藐視存在境況和對象之作為。《尚書》亦然，《康誥》：

> 民不靜，未戾其心。

不能承認現況而安定，或是如《無逸》這類：

> 厥父母勤勞稼穡，厥子乃不知稼穡之艱難，乃逸乃諺既誕，否則侮厥父母曰："昔之人，無聞知！"

無視當前之務，反憑其"知"好高騖遠之心態，都是民不似民的表現。

　　作為人之存有向度，民之意義，故不是能力、成果、智識上的拙簡，亦非相反於精之粗、對立於華之實，甚至不是對反人為之自然或原始，而是這如實承擔的心境和存在，這率先使一切人我、善惡、幸與不幸均全然真實、內在的正面性。易言之，人由存在意識、而非從素質或內容層面所實現之淳樸姿態。民，若作為古代中國對已進入文明之後人所嚮往的本真存有之實現，這實際上也即是說，人所期盼的，或以之為最真實的存在生命，也即如此不再與世分裂，活在具體真實中之生命。在天之視聽均本諸於民之視聽時，此心境和定位甚至較上位者的存在形態更為根本；以此為前提，後者縱然有所作為，亦不致淪於"自立辟"（《大雅·生民之什·板》）地不真不善。

（三）論民與現實之交接

以下，試就民在面對由上位者所構造出之各類境況（特別是對其存在有所妨礙、危害的負面境況）時之反應，更進一步說明民如何具體保持其本真，以及相對地，民的限度何在。在此僅舉《左傳》襄公二十九年"季札觀樂"段中季札對國風的評論為例。該段具體並述十餘國《風》，兼及《雅》、《頌》，是目前可見同時陳說《詩經》詩、樂特性的一段最完整之論評文字。原文為：

> 吳公子札來聘，見叔孫穆子。……請觀於周樂。
>
> 使工為之歌《周南》、《召南》。曰："美哉！始基之矣，猶未也，然勤而不怨矣。"
>
> 為之歌《邶》、《鄘》、《衛》。曰："美哉！淵乎！憂而不困者也。吾聞衛康叔、武公之德如是。是其《衛風》乎？"
>
> 為之歌《王》。曰："美哉！思而不懼。其周之東乎？"
>
> 為之歌《鄭》。曰："美哉！其細已甚，民弗堪也。是其先亡乎？"
>
> 為之歌《齊》。曰："美哉！泱泱乎！大風也哉！表東海者，其大公乎？國未可量也。"
>
> 為之歌《豳》。曰："美哉！蕩乎！樂而不淫。其周公之東乎？"

為之歌《秦》。曰：“此之謂夏聲。夫能夏則大，大之至乎，其周之舊也。”

為之歌《魏》。曰：“美哉！渢渢乎！大而婉，險而易，行以德輔，此則明主也。”

為之歌《唐》。曰：“思深哉！其有陶唐氏之遺民乎？不然，何憂之遠也？非令德之後，誰能若是。”

為之歌《陳》。曰：“國無主，其能久乎？”

自《鄶》以下，無譏焉。

為之歌《小雅》。曰：“美哉！思而不貳，怨而不言。其周德之衰乎？猶有先王之遺民焉。”

為之歌《大雅》。曰：“廣哉！熙熙乎！曲而有直體。其文王之德乎？”

為之歌《頌》。曰：“至矣哉！直而不倨，曲而不屈，邇而不偪，遠而不攜，遷而不淫，復而不厭，哀而不愁，樂而不荒，用而不匱，廣而不宣，施而不費，取而不貪，處而不底，行而不流。五聲和，八風平，節有度，守有序，盛德之所同也。”

我們所欲觀察的主要是可反映民況的《風》、《小雅》部份，《雅》、《頌》則作為對比。季札的述評方式，顯然先著眼於歌樂之內容及其審美性，如“勤而不怨”、“美哉！淵乎！憂而不困者也”等；之後，若有更進一步之推論，則推因於上位者與其德行之跡，如“吾聞衛康叔、武公之德如是”、“其周之東乎”、“其周之舊也”、“盛德之所同也”等。這些樂論，因此相當於對各地域民況的描述，後者正是具體體現上位者施政影響之載體，此亦季札觀樂真正觀省之標的。而季札對大多數民況表現，顯然是極為肯定的，不僅對部份歌詩之"思"有所推崇，對民情歌樂之美亦表讚歎（"美哉！"）。根據評語加以歸納，扣除《大雅》、《頌》，季札所讚歎之美有下列幾方面：

(1) 情感或心境素質：如"不怨"、"憂而不困"、"細"、"樂而不淫"、"怨而不言"。

(2) 思維境界：如"思而不懼"、"思深哉"、"思而不貳"。

(3) 處世德行：如"勤"、"大而婉，險而易，行以德輔"、"不貳"、"不言"。

(4) 人格氣度：如"淵"、"泱泱"、"大風"、"大公"、"蕩"、"渢渢"、"何憂之遠"。

(5) 文明傳統："夏聲"。

可以看到，即使在各國已趨沒落或腐敗之際，民仍維持著自先君或前德典型所沿襲而來的素養和高度智能，以此承受現實所加諸其上之重荷。這些出現在《風》、《小雅》中的品性，與《大雅》和《頌》之德性互相對應，例如"憂而不困"、"樂而不淫"，正《頌》之"哀而不愁、樂而不荒"；"大而婉，險而易，行以德輔"之雷同於《大雅》的"曲而有直體"；其餘如"泱泱"、"大"、"蕩"之同於《大雅》與《頌》之"廣"等，亦說明了民非必粗鄙，實際上亦可具備美善素質的事實。

與此相對，季札未稱美的僅有《陳風》、《檜風》、《曹風》。考察他對《陳風》的評語，以及《檜風》、《曹風》實際的詩文內容，理由顯然是由於三國時政紊亂程度已超出其他邦國，人民整體瀕臨"無恆產者，無恆心"（《孟子・滕文公上》）之界線，除了喟嘆，再不能實現正面可觀之美的緣故——《陳風》"國無主"，上位者與民之間的對應關係已告潰散，民固然仍在，卻已不能久。《檜風》、《曹風》則各僅四詩，且盡是憂戚，如《羔裘》："勞心忉忉"、"我心憂傷"、"中心是悼"，《素冠》："勞心慱慱"、"我心傷悲"、"我心蘊結"，《匪風》："中心怛兮"、"中心弔兮"，《隰有萇楚》雖未直言其憂，但作為嚮往"無知"、棄離家室而隱逸者之詩，其對檜世道亂離的感嘆，可見一斑；《曹風》的《蜉蝣》則有"心之憂"，《候人》質疑上位者"不稱其服"，《鳲鳩》、《下泉》對已逝者、故京的懷念，亦都反映出人民生活之艱難、無助。季札對《檜風》、《曹風》故"無譏焉"，唯哀矜而已。民情的美或不美，因此首先與現況之艱困與否，有密切的關係。

　　唯一一段較難理解的評論，見諸《鄭風》。季札既讚賞《鄭風》"美哉！"又遺憾"其細已甚，民弗堪也"，此既褒又貶的判斷，是評其他歌樂時所沒有的。也因此，《鄭風》所反映的民況，非前述治亂因素可以概括，極其特殊。更重要的是，即使如陳國面臨"國無主"這至嚴峻的現實情況，季札亦只保守地自問"其能久乎？"卻對於處境寬鬆得多的鄭國推論"其先亡"，並在諸變風中唯突顯鄭"民弗堪"，①

――――――――――

　　① 《毛詩大序》如此形容變風的背景："至于王道衰，禮義廢，政教失，國異政，家殊俗，而變風、變雅作矣"，《邶風》以下諸國風的現實背景皆如是。

而於其他同樣堪憂之國度，隻字未提任何對民之憂慮。若然，究竟什麼是民所無能承受的？什麼是對民來説超乎“國無主”的更大艱難？季札對《鄭風》這一段獨特的論評，究竟反映出什麼？

首先，由於季札仍然稱美鄭國詩樂，《鄭風》所呈現的民情、民樂之美，亦應可觀。尤其，當“美哉！”也是季札用在二《南》以迄的讚美之詞，其讚歎之理由也均甚充分時，《鄭風》歌樂亦應對等其餘《風》、《小雅》所體現的情感、思維、人格或文明素養，而有真正充實之美，不應率然以為其美不過只是背離民性的矯作詩詠，或淫欲鄙俗之作。相對地，季札以“細”形容《鄭風》，顯然是對後者之情致婉曲而無微不至，有所肯定。季札所疑慮的僅是“其細已甚，民弗堪也”——對過度求細之後果，有所顧忌。“已甚”、“弗堪”均標誌出《鄭風》的過度之病。《論語·衛靈公》“鄭聲淫”之説，蓋亦指此。然而，究竟鄭國歌詩何處過度？季札形容“其細已甚”之“細”，又基於什麼而説？

檢閲《鄭風》諸詩，若不受詩序等傳統詩説影響，直就詩文内容而言，可以清楚看到，《鄭風》多以對他人儀行的觀美，以及人與人情感之深摯為主題，就其所訴説之内容來説，無不誠摯，既没有任何邪曲之處，亦未因涉及男女情感便蹈淫樂。此外，《鄭風》亦相當程度地實踐了日用明智與節制之德，如《緇衣》：“敝，予又改為兮”及“還，予授子之粲兮”所呈現之禮遇和情感；又或是《叔于田》、《大叔于田》、《清人》、《羔裘》對人形容之美的歌讚，無論是否另具反面諷刺之意，詩人所推重之俊朗、仁武、有

度、自在、正直，①客觀來說，都確實是人的美好素質。而
詩人對《山有扶蘇》、《狡童》中"狡童"和《褰裳》"狂
童"的微責，乃至《將仲子》對將仲子的好言勸退，②亦反
過來說明了詩人對人情事理的成熟態度。至如《丰》、《東
門之墠》、《子衿》所感嘆的情思不誠，③與詩人本身在《風
雨》、《出其東門》、《野有蔓草》中的專一誠摯，④亦成組地
反映詩人對情感真實性的重視。其他如《遵大路》之不忘
過去情感，⑤《女曰雞鳴》的相知和靜好，⑥《有女同車》所
讚歎之"德音"，⑦《蘀兮》裡人倫間的唱和，⑧《揚之水》
對人與人內、外在關係（兄弟或一般人際關係）孰真孰偽

---

① 如《叔于田》的"洵美且仁"、"洵美且好"、"洵美且武"，《大叔于
田》對大叔御馬、射獵之精巧有度的形容，《清人》"翱翔"、"逍遙"、"陶
陶"之自在自得，《羔裘》裡主人翁"洵直且侯"、"舍命不渝"之正直人格，
與"孔武有力"之實踐能力等。

② 如首段："將仲子兮，無踰我里，無折我樹杞。豈敢愛之？畏我父母。
仲可懷也；父母之言，亦可畏也。"

③ 《丰》感嘆自身情感之不盡誠，如："子之丰兮，俟我乎巷兮；悔予不
送兮"；《東門之墠》怨對方之不誠，如："其室則邇，其人甚遠"、"豈不爾思？
子不我即"；《子衿》相同，而有："縱不我往，子寧不嗣音？""縱不我往，子
寧不來？"等語。

④ 見《風雨》："既見君子，云胡不夷？""既見君子，云胡不瘳？""既
見君子，云胡不喜？"之真切；《出其東門》："出其東門，有女如雲。雖則如
雲，匪我思存"以及《野有蔓草》："有美一人"，所反映之情感專一。

⑤ 首章："遵大路兮，摻執子之祛兮。無我惡兮，不寁故也"對舊情之
不捨。

⑥ 全文："女曰：'雞鳴。'士曰：'昧旦。''子興視夜，明星有爛。'
'將翱將翔，弋鳧與鴈。'弋言加之，與子宜之。宜言飲酒，與子偕老。琴瑟在
御，莫不靜好。''知子之來之，雜佩以贈之。知子之順之，雜佩以問之。知子
之好之，雜佩以報之。'"

⑦ "彼美孟姜，德音不忘"。

⑧ "叔兮伯兮，倡予和女"、"叔兮伯兮，倡予要女"。

的洞悉,①或是《溱洧》中男女與深處自然時的身心的平靜喜悅,②亦體現了不同層次、但同樣平實的情感與智慧。如此日常性的題材,誠謹明辨的態度,實不似有負面隱憂存在。特別是對照《小雅》和其他《國風》中有關種種無道境況、人倫背離、回譎相戾之哀,《鄭風》相對淳厚光明得多,從未因現實利害而自傷自棄。若然,季札所謂"民弗堪也"——有過甚而令民難以承受之處,蓋指何事?他從何處觀察到民弗堪?

顯然,上述詩歌內容並未提供任何民弗堪之線索。線索故當在此之外。換言之,在《鄭風》所未說者。

什麼是《鄭風》所未說的?表面上,它並無特殊之處,不過,若歸納《鄭風》詩人切入主題的一貫方式,則答案將昭然若揭。可以看到,《詩經》所收錄的鄭國歌詩,無論是否涉及對上位者或現實世界之針砭,詩人仍同處理私下情感之詩那樣,將這些原本撼動家國共體及世道價值的整體之事,視為只作者與對象之間之問題,既全自人與人關係觀,亦從不跳出此關係之外,更客觀地加以談論。③故假若《叔于田》、《大叔于田》、《清人》等確如傳統詩說所云,乃是對共叔段、高克等邦國中權勢僭越問題的諷刺,那麼,令人詫異的是,詩人對該問題性質的定位,卻與《鄭風》中佔

---

①　"終鮮兄弟,維予與女。無信人之言,人實迋女"、"終鮮兄弟,維予二人。無信人之言,人實不信"。

②　以《溱洧》首章為例:"溱與洧,方渙渙兮。士與女,方秉蕳兮。女曰:'觀乎?'士曰:'既且。''且往觀乎洧之外,洵訏且樂。'維士與女,伊其相謔,贈之以勺藥。"

③　下列歸納蓋以《鄭風》整體為單位,其他國風、《小雅》的單篇詩作雖亦有類似《鄭風》的切入角度,但從篇什總體來看,則不盡然。

最大多數的情詩，無根本分別，這些理應被批判的對象，在詩人口中，一如所愛。這與其他風詩直言諷刺對象之現實地位、[1]突顯共體與個己之矛盾，[2]或是由自身特定之思念，推擴而見世間普遍之不幸，[3]並對家室、四國、周京等種種象徵存在境況者及相關事務、價值的關注，截然不同。在絕大部份的《鄭風》作品中，詩人甚至不約而同地強調詩中主人翁之唯一性。如《叔于田》否定其他人事，指其均"不如叔也"；《大叔于田》裡"叔善射忌，又良御忌"，將原本應分工的射、御之事全由叔所總攬，以突顯叔之秀異不倫，同乎《羔裘》"邦之彥"的讚美；其餘如《有女同車》、《風雨》等，也與《揚之水》"維予與女"，或《出其東門》以"有女如雲，匪我思存"作為反襯，及《野有蔓草》的"有美一人"所呈現的專一之情，意思接近；即使是未直言對象之唯一性的《女曰雞鳴》、《溱洧》，或是表面上怨慕對方的《遵大路》、《山有扶蘇》、《狡童》、《褰裳》、《丰》、《東門之墠》、《子衿》，也都可以看到詩人存心於情感對象、眼中不再見其他世務的封閉情調。這一做法，無異是為了說明詩人與其對象間關係之內在、真實，也同時反映《鄭風》以情感包納詩詠內容的意圖。鄭詩的特性正是，無論其人事對象原本客觀具有的性質、意義為何，它都必以個人情感角度予以詮釋，使實際現實之事都變成詩人與對象間的情感之事。這使得人與人內在關係之外的現實世界，以及其他躍居

---

① 如"公"、"公子"等。
② 如《周南·汝墳》："王室如燬，父母孔邇"，《唐風·鴇羽》："王事靡盬"及"父母何怙"等。
③ 如《豳風·東山》戰士歸途所見之景象及其感觸。

人情之上、超乎人情之外的客觀物事，全摒除在《鄭風》
的視野與心境之外，被刻意忽略，或強加轉化。《鄭風》所
未言的，故即這客觀現實之人事。

　　造成“民弗堪也”的關鍵，因此是這過份突顯人情、
以至於以人情泛處一切事務的存在方式。“鄭聲淫”，故亦
指鄭民這“情動於中，故形於聲”（《禮記・樂記》）之
“聲”，①所承載的情感已超出真實需要或真實可及之範圍而
過甚。此過度情感化的存在方式，單由《鄭風》詩文來看，
已可預視其直接的後果：簡單説，在上述感性心懷之下，詩
人縱然對人事有所批評，亦必如對將仲子、狡童、狂童之責
備般，均以寬諒的態度為之，將其狂、狡歸咎於幼少
（“童”），而包容其人格上可能存在的傲慢和卑鄙。如此寬
大體諒的態度，需要人在過誤與不幸之前一力承擔。若此時
所面對的是真正的情感對象，那麼，人或許可以盡力做到如
“舜盡事親之道，而瞽瞍底豫”（《孟子・離婁上》）而不言倦，
但相反地，若對象客觀上實非情感所向，對此之承擔將使人
弗堪。鄭國詩人便是如此，即使在《叔于田》、《大叔于
田》、《清人》等可能涉及較嚴重的政道問題而具諷刺性的
作品中，乃至在面對詩中那遠遠不可能與之具體交往的對象
之時，詩人也不顯露任何屬詞，不願卸下承擔對方之重責地
將罪責如實歸責於他，詩中主人翁始終以嘉美形象活躍於詩
文當中。易言之，即連如是對象，詩人都試圖將之納入個人
內在的情感關係中。然而，這明顯地只能是一廂情願而已，

---

　　①　“聲”即情感之表露，具體表露方式則不在此限，故是否藉音聲或言
説形貌，都不妨礙聲之為聲。參見本書“詩性”節對情感主體的分析。

不論無道之共叔或高克是否有所回應，邦家政道所涉及的範圍與本末，皆不是個人情感所能包含，人在勉為其難的承擔之中，所面臨的將是由內而致、更深刻之無奈。這是說，"民所弗堪"的，正是他自身之情感；而"其細已甚"，則是指民將客觀上明明涉及更多重大因素、規模或影響者，勉強收攝於自身細膩之情感中，此踰越情感客觀範圍之情，故過度。

那麼，鄭民為何如此做？將一切人事均轉化為自身情感中事，代表什麼意義？意圖為何？無疑地，這樣做表明人民堅守人民本來良善情性的意圖。因情感，正是對人而言最本初、自然之面向。對此之回歸，使世界和心境意識皆還原為自然情感，不僅使自己不因時勢所逼而下墮，更避免訴諸客觀時因智性活躍所引發的各種造作，從而免去如上位者般對現實的改造之心，始終固守民作為民之本份地承擔眼下一切境況。相對於他邦詩人率直地以憂、思或行動，直接呈現他們所處之實況，鄭民不自然的不為所動，無異是刻意為之的。作為一種對其反面（無論是失去民性良善而為惡這一反面，或是失去民之淳樸性而謀求超越這同乎上位者之反面）的戒惕之心；作為一種力抗由上至下全盤敗壞的無言堅持，民在外在境況無可依靠的情況下，視自身這即將失去之純真淳厚，為他最後賴以自我救贖的希望。民對自身的勉力堅持，立意因此是良好的，通過這一堅持所展現的心境、情思，也是"美哉！"的，但，正因將責任與希望盡攬於自身，這極端沉重的負荷，將使民愈益艱難，無可自解。民一方面抵抗著由上位者或世態帶來的衝擊，一方面又必須勉力彌合彼此之情感，然而，事實卻只會讓他對眼前無望的命運感到難堪，從內否決了民對自身的肯定，再無自信。季札預告鄭之必然"先亡"，便說明了這"民弗堪"之重擔，較"國無主"或其他因上位者失道而致之打擊，更內在地傷害人民，更令一切崩壞而無法存續。

如季札或其他儒學典籍對鄭聲的看法，反映出儒學在重視人與人道、平實價值的同時，卻不忍見到人民刻意為保有淳樸、良善之情感，付出過甚的堅持。因為，如同民之有罪而無辜，民之良善與否，責任亦不在自身；相對地，上位者是否先克盡其責地為民安置了"恆產"，便已是民有罪無罪、良善或無良之關鍵了。主導現實之主體，唯上位者，民只是相對承受或樂於這一切之人。

那麼，就民自身之立場來說，若如鄭民般面臨一無道且造作矯揉、價值混淆之世，既不願自賊自棄，又不能仿效鄭聲這樣自我困圍時，作為民，究竟該如何因應？換言之，民之本真如何維繫？季札極扼要地回答了這一問題，此從他對《邶風》、《鄘風》、《衛風》以下變風篇什（扣除《陳風》、《檜風》、《曹風》三篇）的評語得見。由於均屬變風，諸國的處境皆與鄭國相近，但季札指出，此時他們卻"憂而不困"、"思而不懼"，毫無類似《鄭風》那樣的潰亡之徵。歸根究柢，能夠如此的理由，當在：此時民之所思、所樂、所為，均是對應德性上位者之反應。《邶》、《鄘》、《衛》是接受"衛康叔、武公之德"之民；《王風》雖在新都雒邑，但仍是"周之東"延續著由鎬京東來之周德；《齊風》亦然，泱泱大風，實"表東海者，其大公乎？"太公之風教而已；《豳風》則是"周公之東"的結果；《魏風》之美，乃"此則明主"所致；《唐風》則正"有陶唐氏之遺民"、"令

德之後”的緣故。諸變風之仍能正面，其背景一如《小雅》
“猶有先王之遺民”、《大雅》“其文王之德乎”和《頌》之
“盛德”，乃“王者之迹”（《孟子·離婁下》）未熄的結果。換
言之，這些上位者固然已非現實中之君上，然其對民的德化
影響仍在，民故能自然而然地產生如此正向的情思和素養。
更重要的是，這以先君之民姿態出現的做法，彌補了鄭民的
孤立之憾——它既透過先君之德行與教導，擴大了民之視野
和存在之向度，使其無必困囿於自身，而在面對現實時更為
有力；①並且，以先君之民的姿態存活，更讓民得以穿透今
昔、正變之異，看待世界之變化如一，現實對其而言，將無
論好壞、無論是否呈現於當下，都不改其真實，都可以自然
而然地肯認。若然，民作為民，始不失其意識之淳樸，而實
現他在現實中一貫之本真。民故不必嚴苛地要求自身自力救
濟，更不必因現實中佔有其位之上位者而需勉力應變，民僅
需對應真正名副其實之上位者，便足以體現唯民所能、那在
一切現實際遇與文明習養之上的人之本真。

三　現實中民之扭曲與困境

　　有關民在現實中獨具的淳樸與本真性，已如上述。不
過，這都只是從“民”這一整體而言。若將眾人個別觀之，
則我們所看到的實況，就不會是“文、武興則民好善，幽、
厲興則民好暴”（《孟子·告子上》），而只有“以堯為君而有

---

　　①　《毛詩大序》分析變風、變雅能夠“發乎情，止乎禮義”時，故並列
了“發乎情，民之性也”與“止乎禮義，先王之澤也”這兩項條件。

象，以瞽瞍為父而有舜，以紂為兄之子且以為君，而有微子啟、王子比干"（《孟子·告子上》）般各自歧出、造作之景況。[1]一般人的輕率、任意，對欲樂、功利的貪求，既毫不以為意地勾起人群間的矛盾，卻又為聲譽或尊嚴而錙銖必較……這些行事作風實讓人難以將他們與《孔子詩論》中的美善民性、《詩經》裡詩人的樸實純真，串連起來。如此普遍、頻繁發生的人類事實，該如何分析？如何面對？

荀子的人性思想提供了可觀的解答。他主張性惡，強調"化性起偽"之必要，雖似是對立孟子性善論而說，但實際上，其真正的意義更在於：將個人一般的現實表現，拉到超越主體、人群整體，乃至人的內在自覺之上，而為人類現象更真實的體現。對荀子而言，若人類問題的解決，必須從人自身著手，那麼，對此現實之惡的修正，始足以為人類理想的頂峰。荀子因此將人性觀察的範圍，設定在一般人的現實表現上，這些標誌人類傾向的表現不僅必須是現實中可具體直見者，更只能出自一般人未經再思（自覺反思）的自然舉措，如《正名》所定義的：

> 生之所以然者謂之性。性之和所生，精合感應，不事而自然，謂之性。

易言之，他排除了那些能自行修身、進學的德行主體，也不將那些能夠"虛壹而靜"、從而無受任何遮蔽的明哲智士，納入觀察範圍（縱然這些人仍是《荀子》一書教諭的對

---

[1]　對此二段引文之分析，見本書"人性"節。

象）。荀子想要分析的，是那些現實中眾人相似的、既非極惡又未必為善的普通、常態之表現；他想要提出的教化之道，也是對這些雖有知見感受，但未能完全自覺、自主其思、行的普通人來說，都能夠成立的向善之道。以下，便進入荀子對現實人性的分析。

（一）論民在現實中之無理性

荀子除了在《正名》篇區分了"性"、"情"、"心"、"欲"等名義外，[①]都一如孟子、《孔子詩論》般籠統言性。不過，大體來說，人的知性與感性能力最受荀子關切，二者構成人、獸的主要分別。見《禮論》：

> 凡生乎天地之間者，有血氣之屬必有知，有知之屬莫不愛其類。今夫大鳥獸則失亡其群匹，越月踰時，則必反鉛；過故鄉，則必徘徊焉，鳴號焉，躑躅焉，踟躕焉，然後能去之也。小者是燕爵猶有啁噍之頃焉，然後能去之。故有血氣之屬莫知於人；故人之於其親也，至死無窮。

"有血氣之屬莫知於人"，人不僅如鳥獸般懂得區別己類與他類，更在人類內部份出更加細緻的類屬——親與疏，這超乎所有血氣之屬之知，故率先成為人、獸之異的重要標誌。

---

① 《正名》："生之所以然者謂之性。性之和所生，精合感應，不事而自然，謂之性。性之好惡喜怒哀樂謂之情。情然而心為之擇，謂之慮。心慮而能為之動，謂之偽"及"性者，天之就也；情者，性之質也；欲者，情之應也"。

感性則繼知性而起，緣親、疏之辨而產生了“人之於其親也，至死無窮”這遠甚於鳥獸可有的情感。《荀子》另一段點出人、獸之別的文字，則見《王制》：

> 水火有氣而無生，草木有生而無知，禽獸有知而無義，人有氣、有生、有知，亦且有義，故最為天下貴也。力不若牛，走不若馬，而牛馬為用，何也？曰：人能群，彼不能群也。人何以能群？曰：分。分何以能行？曰：義。故義以分則和，和則一，一則多力，多力則彊，彊則勝物；故宮室可得而居也。故序四時，裁萬物，兼利天下，無它故焉，得之分義也。

本段區隔人、獸差異的“義”，乃本於人之能“分”。而“分”，對應前段《禮論》引文，應指知性之分辨能力，以及因此所產生的情感深淺之分。唯本段因討論王制之故，所以將“分”更廣泛地應用在社群組織上，而言多寡、強弱、主從之分義。

知性與感性能力的精細淺深，故為人、獸差異之所在。不過，知性固然能夠引發情感傾注，然從人平常行事觀之，則人的盲目、任意，更多與知性判斷相反，人往往明知故犯。見《榮辱》之例：

> 為堯、禹則常安榮，為桀、跖則常危辱，為堯、禹則常愉佚，為工、匠、農、賈則常煩勞，然而人力為此而寡為彼，何也？

人皆"好利惡害"，[①]卻總在明知堯、禹、桀、跖、工、匠、農、賈處境優劣的情形下，仍不以利害為利害，自甘於桀、跖、農、工。同樣地，《性惡》所言之人也一樣不智：

> 今人之性，生而有好利焉，順是，故爭奪生而辭讓亡焉；生而有疾惡焉，順是，故殘賊生而忠信亡焉；生而有耳目之欲有好聲色焉，順是，故淫亂生而禮義文理亡焉。然則從人之性，順人之情，必出於爭奪，合於犯分亂理而歸於暴。

人因好利、疾惡、好聲色，而"爭奪"、"殘賊"、"暴"，這些手段將招來的禍害，非人所不自知，但人仍盲動不已。《禮論》的說法更為清楚：

> 禮起於何也？曰：人生而有欲，欲而不得，則不能無求，求而無度量分界，則不能不爭。爭則亂，亂則窮。

"亂"與"窮"的後果，正與所欲相悖，人卻不願停止冒犯他人（"無度量分界"），而"不能不爭"。

何以如是？顯然，人的主觀體驗扮演了更重要的角色，他寧可按感覺而不願依事實行事。《榮辱》例中，人沈溺在與客觀利益無關的另一種由感受所界定之利害榮辱中，棄事

---

① 《榮辱》："好榮惡辱，好利惡害，是君子小人之所同也。"

理、結果於不顧；《性惡》和《禮論》例裡，人則被好惡、欲望的迫切感所驅策，乃至受妒恨、僥倖等各樣心理所左右，無法自制。《正名》故如此總結感性感受的絕對影響力：

　　　心平愉，則色不及傭而可以養目，聲不及傭而可以養耳，蔬食菜羹而可以養口，麤布之衣，麤紃之履，而可以養體。局室、蘆簾、稾蓐、尚机筵，而可以養形。故無萬物之美而可以養樂，無埶列之位而可以養名。如是而加天下焉，其為天下多，其和樂少矣。夫是之謂重己役物。

食衣住行等日常事物之美醜善惡，以及對此之欲望與快樂，莫不由心境感受（如“平愉”與否）所決定，現實中人以此詮釋自身之生活，構築自身之幸福。不僅如此，荀子更指出：在純粹的知性活動裡，人的感受如何，亦是知性能否健全運作、克盡其功的關鍵。見《解蔽》對“人何以知道”的說明：

　　　人何以知道？曰：心。心何以知？曰：虛壹而靜。心未嘗不臧也，然而有所謂虛；心未嘗不兩也，然而有所謂壹；心未嘗不動也，然而有所謂靜。人生而有知，知而有志；志也者，臧也；然而有所謂虛，不以所已臧害所將受謂之虛。心生而有知，知而有異；異也者，同時兼知之；同時兼知之，兩也；然而有所謂壹，不以夫一害此謂之壹。心臥則夢，偷則自行，使之則謀；故心

　　未嘗不動也；然而有所謂靜，不以夢劇亂知謂之靜。[①]

　　"虛壹而靜"，實即心境闊大、中正而定靜之情態。可以看
到，虛、壹、靜三者，實與知性運作時必然運用之"志"
（有所記憶、基於既有知識背景以形成其視野）、"異"（如
前引《禮論》分辨異類、親疏之能力）和"謀"、"動"
（推論性），性質相反。荀子要求虛壹而靜，無異是欲以另
一外乎知性之覺識，主導或節制知性，不使自行。這介入知
性之他者，就其相反於知性特性而言，只能是感性。其功能
在於，藉由形塑致知者之內在心境，使其在向外進行知慮的
同時，保持自身之獨立。如同《正名》"心平愉"段裡感性
心境之使人自主其欲望，而達到"重己役物"，《解蔽》的
"虛壹而靜"則指出了感性心境對人於知性活動中得以獨立
役物之主體基礎，知性思維在此前提下始有所謂"萬物莫
形而不見，莫見而不論，莫論而失位"之"大清明"（《解
蔽》）。

　　換言之，無論是以道為對象的高度知性活動，或是慕榮
利、好聲色等欲望血氣，感性情態皆是決定其取向和成效的
樞紐，也奠定個人在上述活動中的獨立自主。就此而言，感
性勾勒了人的存在界域，也較知性更能反映一般人之本色。
荀子這以現實中人為對象之人性論，其核心，故首先應在感
性上。知性所扮演的角色，則只在提供進一步深化的條件。
是以，知性能力只能拉抬人的情感達於"至死無窮"，卻沒

────────────────

[①]　"心未嘗不兩也"原作"心未嘗不滿也"，據王先謙改，《荀子集解》，
頁263—264。

有辦法取代或質變血氣之屬本然同具的情感天性。知性並沒有改變過人的傾向，也沒有辦法規定人的主觀反應。真正決定一般人性者，是他的感性感受，而非知性。

若然，針對感性，我們可以如何分析？它具有一定的取向或規律嗎？

表面上，縱然是感性，它也有著類似知性一般的客觀性，就像"好利惡害"般，或如《樂論》所描述的：

> 齊衰之服，哭泣之聲，使人之心悲；帶甲嬰軸，歌於行伍，使人之心傷；姚冶之容，鄭衛之音，使人之心淫；紳端章甫，舞韶歌武，使人之心莊。

或是同篇的：

> 凡姦聲感人而逆氣應之，逆氣成象而亂生焉。正聲感人而順氣應之，順氣成象而治生焉。唱和有應，善惡相象。

如"唱和有應，善惡相象"所總結：感受與引發感受之事物間相互對應、各從其類，遇喪則悲、逢戰則傷、好色則吟、禮樂則莊。《荀子》書中，如"飢而欲食，寒而欲煖，勞而欲息，好利而惡害"（《榮辱》）、"生而有耳目之欲又好聲色焉"（《性惡》）、"好榮惡辱"（《榮辱》），以及人對至親"至死無窮"之愛（《禮論》）等諸多說法，都是對這類情感的描述。此類現象與《禮記·樂記》所描述的感於物而動的情（"聲"層次所表述之情）基本相同，可以說是情感活動最初階、質樸的樣態，於人、於物皆有一定的客觀性，是以，荀子不僅將它們視為人情之實，更給予充分的重視和支持，如《禮論》："養人之欲，給人之求，使欲必不窮乎物，物必不屈於欲"；其若有不是，亦非本身不善，而僅由於過與不及。改善它們的方式，只需循"唱和相應，善惡相象"規律，加以增強或抑制即可。如《修身》治氣養心之術所示範的：

> 治氣養心之術：血氣剛強，則柔之以調和；知慮漸深，則一之以易良；勇毅猛戾，則輔之以道訓；齊給便利，則節之以動止；狹隘褊小，則廓之以廣大；卑濕重遲貪利，則抗之以高志；庸眾駑散，則刦之以師友；怠慢僄弃，則炤之以禍災；愚款端愨，則合之以禮樂，通之以思索。①

剛強者以柔克，深思者輔以易良……對該類感性反應之糾正，故是相對簡明的。甚至，當修治對象廣及天下，聖王所執行的樂教，也依然基於同樣的"正聲感人而順氣應之，順氣成象而治生焉"這各從其類之原則而已。

然而，這類被荀子所肯定的情感，在實際操作時，卻往往出現匪夷所思的矛盾和變異。《荀子》書中大部份的感性事例，便呈現出前述情感規律所難以想見的複雜、無理性特徵，不僅感受與引發感受之事物不相應，更不乏相互悖反的情況，而感受的瞬息萬變，有時連感受者自身都無法掌握。

_____

① "勇毅猛戾，則輔之以道訓"原作"勇膽猛戾，則輔之以道順"，據王先謙引郝懿行、俞樾說改，《荀子集解》，頁15—16。

試舉《禮論》論喪禮的一段文字為例：

> 喪禮之凡：變而飾，動而遠，久而平。故死之為道
> 也，不飾則惡，惡則不哀；尒則翫，翫則厭，厭則忘，
> 忘則不敬。一朝而喪其嚴親，而所以送葬之者不哀不
> 敬，則嫌於禽獸矣；君子恥之。故變而飾，所以滅惡
> 也；動而遠，所以遂敬也；久而平，所以優生也。

對比“人之於其親也，至死無窮”的必然之愛，以及“喪
其嚴親”本應產生的哀慟不捨感，荀子本段所描述的“不
飾則惡，惡則不哀”、“尒則翫，翫則厭，厭則忘，忘則不
敬”，無疑令人驚異。所驚異的，一方面在於厭惡、不哀、
遺忘、不敬等感受，相對於眼前巨變，是如此不具對應性；
另一方面，這“嫌於禽獸”的無情反應，卻又是人所無法
否認的普遍情狀，為人人所自然經歷。人在舉喪初期對至親
亡故所感到的不忍與懷念，僅足以維持一時，隨後便因憂戚
煩勞，而生嫌惡、不敬，這些冷漠、不善之情最終並蓋過了
哀痛，成為感受在喪親一事上之定調。此情致變化，同時反
映出感受者與其所感受之境況間的疏離、無以為繼。

《禮論》在結束對喪禮之分析後，轉而討論祭禮，其中
所描寫的感性現象，亦極具代表性：

> 祭者，志意思慕之情也。愅詭唈僾而不能無時至
> 焉。故人之歡欣和合之時，則夫忠臣孝子亦愅詭而有所
> 至矣。彼其所至者，甚大動也；案屈然已，則其於志意
> 之情者惆然不嗛，其於禮節者闕然不具。故先王案為之
> 立文，尊尊親親之義至矣。故曰：祭者，志意思慕之情

也。忠信愛敬之至矣，禮節文貌之盛矣，苟非聖人，莫
之能知也。聖人明知之，士君子安行之，官人以為守，
百姓以成俗；其在君子以為人道也，其在百姓以為鬼事
也。故鐘鼓管磬，琴瑟竽笙，韶夏護武，汋桓箾簡象，
是君子之所以為悖詭其所喜樂之文也。齊衰、苴杖、居
廬、食粥、席薪、枕塊，是君子之所以為悖詭其所哀痛
之文也。師旅有制，刑法有等，莫不稱罪，是君子之所
以為悖詭其所敦惡之文也。卜筮視日、齋戒、脩涂、几
筵、饋薦、告祝，如或饗之。物取而皆祭之，如或嘗
之。毋利舉爵，主人有尊，如或觴之。賓出，主人拜
送，反易服，即位而哭，如或去之。哀夫！敬夫！事死
如事生，事亡如事存，狀乎無形，影然而成文。

若於喪禮例中，還只是表現出情感感受前後矛盾之無理性，
本段的"悖詭呃僾"之情，則取消了外在境況與被引發的
感受本身間的直接關係（就像忠臣孝子志意思慕之情"甚
大動"，卻與其人真正經歷的"歡欣和合之時"無可對應的
這一事例）。引發此類情感的源頭，不再來自外在，而是人
內在的情感對象；而後者，更往往如忠臣孝子所懷念的先
君、或已逝之親人般，確然不存於現實，與人的存在實況無
關，①故只能作為人內在對象、僅存於人內心獨自的情感世
界之中。此時之志意思慕因而與外在所見所感落差甚大，且

_____

① 　楊倞註本句："歡欣之時，忠臣孝子則感動而思君、親之不得同樂也"
（《荀子集解》，頁249），並未強調君、親之已逝，而只視為一般的思念之情，
故仍可望在現實中得遂同樂之願。不過，從"先王案為之立文"而制定祭禮來
看，此處所舉的情感對象顯然已非生者，情感所帶有之遺憾意味也就可以
想見。

無可能在現實中有所實現，荀子形容它的“甚大動”，且
“其於志意之情者惆然不嗛，其於禮節者闕然不具”——既
令感受主體內無以自解，外亦無由措其對應之禮文，都突顯
了這一情感變異的憤鬱不舒之狀。[1]“惝詭唈僾”這類情感
現象，故同治喪過程中放任感受自然發展而“不飾則惡，
惡則不哀；尒則翫，翫則厭，厭則忘，忘則不敬”般，雖
本無惡意，結果卻都非人情愛敬之美。荀子故言：“不能無
時至焉”，不能任其隨時降臨，[2]否則“惝詭唈僾”將使其人
愈發憤鬱不舒而無禮。聖人因而必為此類情感找到一既能抒
發、且足以實現其嘉美意義的途徑，祭禮的設立即源於此。
但無論如何，“惝詭唈僾”現象都反映出感受活動之曲折、
隱蔽，實非外人可一目瞭然。此不可輕易探析之感受本末，
勾勒出人之內在性——人既有在現實之外自身獨自觀見、感
發之內在，亦有非現實可動、非現實可塑造之內心。[3]本例
特殊處更在於，引發感受的對象雖內於人心，卻因已逝，而
如同外境般，使人之思念慕求，更為強烈（“甚大動”、“惆

---

　　① “惝詭”，楊倞註為“變異感動之貌”，“唈僾”則為“氣不舒憤鬱之
貌”（《荀子集解》，頁249）。

　　② 楊倞註本句：“不能無時而至，言有待而至也”（《荀子集解》，頁
249），固然可以解釋“惝詭唈僾”之情終究有其對應的情感對象，而似為一
正面性的評述，但卻不能涵蓋其後“其於志意之情者惆然不嗛，其於禮節者闕
然不具”的憤鬱、有欠狀態，也無法說明為何聖人必須為之制定祭禮。這對於
百姓而言“以為鬼事也”而不明就裡之禮制，正反映出一般人徒任情感“惝
詭唈僾”時無法自然遂其尊尊親親之義的事實。“惝詭唈僾”不純然正面，由
此可見。荀子的行文故非“惝詭唈僾不能無時至焉”，而是加入“而”這一轉
折連詞，以“不能無時至焉”表明他對“惝詭唈僾”的態度。

　　③ 事實上，前引《正名》“心平愉”及《解蔽》的“虛壹而靜”所形成
的獨立主體，亦屬此類非外部現實所可左右之內在性。

然不嗛"），較眼下歡欣和合之景況更遠，較外在者更外在。
這內在卻更加外在、既不能求外在之實現卻又必求外應的慕
外性，實反過來將感受之內在、獨體性亦予以解消，使之近
乎欲望。更甚者，"惝恌啯優"更可無時不至地伴隨"喜
樂"、"哀痛"、"敦惡"等異質情感，發生在"卜筮視日、
齋戒、脩涂、几筵、饋薦、告祝"、送賓等不同的事務境況
當中，使所有的感性內容和對象都失去穩定之實。①本段對
感受變異的描寫，乃至對感受之虛構與不自主性的揭露，故
更超越前引喪禮例之程度。

　　相較前一種"唱和有應，善惡相象"的感受模式，喪、
祭二例所勾勒的感受形態顯然更突出體現人情的主觀與荒
謬。這一類感性現象當然不是荀子所能認同者："一朝而喪
其嚴親，而所以送葬之者不哀不敬，則嫌於禽獸矣；君子恥
之"，悖逆於前一種荀子視為人情之實的人性情感，遠較單
純的好利惡害、好榮惡辱、好聲色更無人性；"其於志意之
情者惝然不嗛，其於禮節者闕然不具"，則完全相反感性感
受作為人在欲望、知性活動中主體基礎的本來特性，盡顯卑
弱。而人類存在之惡，如"犯分亂理"（《性惡》）、"無度量

---

　　①　應注意到，"故鐘鼓管磬，琴瑟竽笙，韶夏護武，汋桓箭簡象，是君
子之所以為惝恌其所喜樂之文也"等例中君子為各類惝恌之情所立之文，如
"鐘鼓管磬，琴瑟竽笙，韶夏護武，汋桓箭簡象"等，皆非單純順隨惝恌之情
所做之增飾，而是如《樂論》更具體說明的："君子以鐘鼓導志，以琴瑟樂
心，動以干戚，飾以羽旄，從以磬管。故其清明象天，其廣大象地，其俯仰周
旋有似於四時。故樂行而志清，禮脩而行成，耳目聰明，血氣和平，移風易
俗，天下皆寧，美善相樂。故曰：樂者樂也：君子樂得其道，小人樂得其欲。
以道治欲，則樂而不亂；以欲忘道，則惑而不樂。故樂者，所以道樂也。金石
絲竹，所以道德也。樂行而民鄉方矣"，乃是一種"以道治欲"之改造。

分界"(《禮論》),歸根究柢,與其說源於人的好利惡害,毋寧說與這第二類感性運作有更密切的關係。理由非常清楚,因這與外物並不相應、如"惆然不嗛"般莫名驅策的情欲,才是人爭亂無已的原因。而若這種無理感受正是荀子形成"性惡"觀察的主要人情表現,那麼,顯然,現實中的人情常態亦如此而已。人的普遍情感事實因而是:既陷於流轉之境,對自身之本真感受欠缺自覺,去而不返,亦失去所有基於感性感受始得以樹立之主體可能。如此茫然無已的人類感性存在,為現實中一般人之實況。

(二) 論民在現實中的感性原理

荀子的任務是非常明顯的,面對這與實況不能對應的隱蔽曲折之情,亦唯將其重新扭轉回能與外物及自身感官能力正常對應的感受。那麼,荀子如何達成這一目標?顯然,他必須重新探求出上述隱蔽、曲折之情表面所未揭露的原理,對該類情感如何取代各從其類的人情之實,找出明確的軌跡。那麼,荀子有何發現?如何因應?

為便於說解,在此以前引《禮論》"喪禮之凡"段為主,對荀子對此類情感型態的分析和處理,進行說明;祭禮對"惮詭唈僾"則因可納入其中,故僅作為補充。見《禮論》"喪禮之凡":

> 喪禮之凡:變而飾,動而遠,久而平。故死之為道也,不飾則惡,惡則不哀;尒則翫,翫則厭,厭則忘,忘則不敬。一朝而喪其嚴親,而所以送葬之者不哀不

敬，則嫌於禽獸矣；君子恥之。故變而飾，所以滅惡
也；動而遠，所以遂敬也；久而平，所以優生也。

於本段，荀子藉禮使用了三項措施，即"變而飾"、"動而
遠"、"久而平"，來將生者之情重新導回治喪初期的哀、
敬。不過，就三者最直接引發的感受來說，顯然與哀、敬無
關，甚至正好相反。如"變而飾"：喪事中每每增加之
"飾"，其直接作用唯令喪禮上的景象與死喪所涉及的實況
相差愈遠，後者——無論是死亡本身、遺體、過程中之氛
圍，抑或治喪者之憔悴憂勞，都是不美且不幸的；但"飾"
不僅美化了上述不幸、不美，[①]其對死生之際的模糊化、[②]深
意化，[③]更曲義畢見而文理隆美。可以想見，這另具懿美寓
意之"飾"，由於外覆於實況之上，取代後者而成為感性直
接觸及的對象，它對治喪者最先產生的作用，將是對哀慟無
已之情的阻擋或削弱。"飾"，使人不能直見亡故本身的殘

① 《禮論》對飾"行義之美"之總述："禮者，斷長續短，損有餘，益
不足，達愛敬之文，而滋成行義之美者也。……故其立文飾也，不至於窕冶；
其立麤衰也，不至於瘠弃；其立聲樂恬愉也，不至於流淫惰慢；其立哭泣哀戚
也，不至於隘懾傷生；是禮之中流也。"

② 《禮論》："喪禮者，以生者飾死者也，大象其生以送其死也。故如死
如生，如亡如存，終始一也。"

③ 如《禮論》各類之飾之深意："天子棺椁十重，諸侯五重，大夫三重，
士再重，然後皆有衣衾多少厚薄之數，皆有翣菨文章之等以敬飾之，使生死終
始若一。一足以為人願，是先王之道，忠臣孝子之極也"，"三月之葬，其須以
生設飾死者也，殆非直留死者以安生也，是致隆思慕之義也"，"故喪禮者，無
它焉，明死生之義，送以哀敬而終周藏也。故葬埋，敬藏其形也；祭祀，敬事
其神也；其銘誄繫世，敬傳其名也。事生，飾始也；送死，飾終也；終始具而
孝子之事畢，聖人之道備矣"等。

酷和痛苦，甚至移轉了關注，轉而為對"死生之義"的明
白和對人道、周藏之致力。同樣地，"動而遠"①——將逝者
逐步遷遠，亦令生者和亡者的距離愈增，愈難遂其敬慕與思
念；"久而平"的"優生"之說，更明顯一反單純為亡者送
終之旨，②而出現對生者自身之考慮。然而，就像在禮未介
入前，人原本哀、敬，最後卻轉為嫌惡、不敬般，禮所置入
的相反感受，卻成為最後哀敬、滅惡的前奏。

　　換言之，荀子所加諸之禮，其所引發之感受亦是多重而
可變的，它與人無禮時所發生的感受變化，有著相似的變異
性。荀子之禮乃以"以其人之道，還治其人"的策略非常
明顯，他並沒有將任何外於感受常態的規範措施，施加於
人，一切導化過程都是在人內部感受中自然而然地達致。這
如何做到？

　　以"變而飾"為例：從荀子的敘述可以看到，禮未介
入、未加文飾時，生者之感受乃沿"哀→惡→不哀"歷程
發生變化——一開始固然因至親亡故而哀慟，最後卻由於嫌
惡之情油然而生，不再懷有哀感。而一旦禮能在"惡"感
尚未產生前介入，生者的感受便因"飾"而修正為"哀→
止哀→美→哀"——自"止哀"起之連串感受，為加"飾"
後的結果："止哀"由"飾"對死亡現實之遮蓋、修飾或轉

----

①　王先謙錄楊倞引《禮記》說明"動而遠"之意："子游云：飯於牖
下，小斂於戶內，大斂於阼，殯於客位，祖於庭，葬於墓，所以即遠也"
（《荀子集解》，頁241），將"動而遠"解釋為將逝者逐步遷移於遠，以隔閡亡
者與生者。

②　參見同篇："死之為道也，一而不可得再復也。臣之所以致重其君，
子之所以致重其親，於是盡矣。故事生不忠厚，不敬文，謂之野；送死不忠
厚，不敬文，謂之瘠。君子賤野而羞瘠。"

移意義而致；"美"則從"飾"對死亡現實的美化、模糊化、深意化而得，實際上可能更包含其他對思慕之義、死生之義的深刻體驗，這裡我們只以最初步的"美"感，概括此時所產生的正面感；而"哀"則是此連串感受之定調。顯然，人最終能否復哀，與中間階段之感受是否正面（如止哀之平靜、對文飾及其意涵之嘆美；反之，則如對不飾之惡）有關。"動而遠"、"久而平"的做法則略有不同。相對於"變而飾"所產生的美感，"動而遠"雖讓人難遂親慕之情，但在最終回復"敬"以前，並沒有帶來顯著的正面感，與亡者的距離相反可能使人更添壓抑；"久而平"亦然，它讓哀情與舉喪之勞累、損耗等負面感，持續日久。甚至，相對於"變而飾"所關心的美感、對死生之義的人道體現，"動而遠"藉由人、鬼距離所營造的超越性，以及"久而平"過程中虛耗儀文、心力、物資之非理性，①都似與禮希

---

① 楊倞注或王先謙自己對"久而平"的註解為："久則哀殺如平常也"（《荀子集解》，頁241），認為當無本文所提到這一耗費性，不過，該注之正確與否需要商榷。對比《禮論》中他處所云："有血氣之屬必有知，有知之屬莫不愛其類。……故有血氣之屬莫知於人，故人之於其親也，至死無窮"，"三年之喪，二十五月而畢，哀痛未盡，思慕未忘"，"創巨者其日久，痛甚者其愈遲"，乃至本段對"不哀"、"不敬"（此即"哀殺如平常也"）實"嫌於禽獸矣"的評論，都可見到荀子無意在治喪過程中令生者一如平常而停止哀痛思慕，《禮論》故清楚表明："君子敬始而慎終，終始如一，是君子之道，禮義之文也。夫厚其生而薄其死，是敬其有知而慢其無知也，是姦人之道而倍叛之心也。君子以倍叛之心接臧穀，猶且羞之，而況以事其所隆親乎！"與之相對，《禮論》確實也提到節制哀痛之情以復生的說法，如："三年之喪，二十五月而畢，哀痛未盡，思慕未忘，然而禮以是斷之者，豈不以送死有已，復生有節也哉！"但節制的時機是在守喪之後，非喪禮過程中之事。楊倞或王先謙註："久則哀殺如平常也"因此不確，"久"應是指哀敬與禮文物用的刻意持續，由此也才更能突顯出荀子禮學與當代哲學、人類學對禮之濫費（consumption）的相通和差異，以見荀子禮學思想的客觀性及獨到處。

望達到的人道宗旨有相當大的差距。①禮所造成的瞬間感受
究竟正面或負面、做法的合道或無理，故似非禮堅持的重
點。那麼，什麼是禮在這些彈性而多樣化的施行措施中，唯
一不變的效果？

　　細察荀子對"變而飾"問題的描述，可以發現，構成
情感反應的因素，並非只有具體可見的"死喪"（即未經
"飾"之本來事實）與"飾"兩者。無論在扣緊死喪實況所
引發的"哀→惡→不哀"中，或是因增飾而轉化的"哀→
止哀→美→哀"裡，先後出現的哀慟之情，都只是面對亡
者而有，因後者之亡故而沈痛。但除此之外，在未"飾"
的情況下，惡感的產生，因不可能是對亡者之惡，故只能由
生者對自身境況之意識而致。這是說：不幸雖非我之不幸，
然因身處如此氛圍和哀慟無力之中，故對自我這一處境雖不
致感到悲哀，但終究有所嫌惡。"惡"是針對自我境況而
發。相對地，耳目所及之景象若經修飾、美化，悲哀莫名之
心境反轉為思慕之情、死生之義之體現，則即使仍在治喪
期間，生者所自覺之自我處境便不再只是無奈的負面境況而

---

　　① "變而飾，動而遠，久而平"所涉及的禮文、超越性（或神聖性）、
耗費三者，在當代哲學或人類學思想中往往被聯繫在一起，如一組必然相關的
概念，見 Marcel Mauss, *The Gift*: *The form and Reason for Exchange in Archaic Soci-
eties*，對禮贈（包括傾家蕩產之贈答）及社會地位建構問題的討論，或是 Geor-
ges Bataille, *The Accursed Share*: *An Essay on General Economy*，對獻祭、濫費
（consumption）和越界的討論。然而，荀子《禮論》不僅分別論述之（易言
之，解消其相互聯繫之必然性），並以人道作為其義，執行上述各項活動之人
亦還原至一般境況中人，具有通見之性情，存活於常態之世。對這一論述層次
的堅守，應視為荀子禮學相對於其他禮論的重要人文成就。下詳。

已。這轉趨正面的自我存在感，始讓人能有餘裕將感受重新
聚焦於亡者，如最初尚未意識自身、單純反應死喪而直為亡
者哀那樣，重新體驗最初之哀感。在治喪過程中添加
"飾"，因此主要是為了調整生者的自我感受，藉飾之美與
飾的象徵意涵，一掃原有的負面性，使生者在喪事中得以
自適。

　　透過"變而飾"，我們因而也能夠看到，在感受過程
中，人實際面對的，並不只是亡者之死。事實上，有四個
項目同時觸發了感受，分別是：作為外在實際事件或景象
之"死喪"與"飾"，以及作為相對關係的"亡者"和
"我自己"。這是說：感受除了反應表面可見的對象（如
"死喪"與"飾"這類直接引發人心之動之物），更有一
隱然的"人—我"結構，同樣牽動人心，同時作為感受之
源。若然，則我們可以非常確定地說：表面上看似發生無
理變異的感受，實質上並非真與感受對象不相應。人對亡
者和自身處境所產生的感受（因亡者之不幸而哀，因自身
之參與不幸而惡），都正確對應二者境況之好壞，合乎
"唱和有應，善惡相象"規律。以為不相應，實際上僅是
我們未將人對自我的反應納入其中而已。需要追問的問題
只是，若所有感受皆相應對象，那麼，為何特定感受卻能
凌駕其他而成為最終的定調？何種感受在何種情形下，得
以如是？答案是非常清楚的：從"惡"超越原有之
"哀"、增"飾"後無惡而復"哀"，可以知道，情感取向
的關鍵，實由人對自我境況的感受所決定。若人能對後者
予以肯定，無需再多顧慮，人將自然而然地專注於他者，
以他者之境況為感受所對應之內容；反之，即使對他者懷

抱真摯之情，其情亦無以為繼。

　　禮的整體操作，因而皆以此為原則，務必使行禮者回到自身所能肯定的自我狀態。故，縱然“變而飾”藉具體文美改變自我感，是最直接可以理解的做法，但看似帶來壓抑感或心力勞損的“動而遠”、“久而平”，也是兩種基於同一目的而有的方式，唯二者更深層地體現了自尊之意義：它們揭露了人在不具明顯可肯定性，甚至已臻負面的狀態中，更為自我接納的正面境況。換言之，對自我而言，超越現實好壞的更佳境況。先就“動而遠”來看：就人之常情而言，在禮未介入前，人通常會自發地安置亡者於近處，藉猶然在側之形軀，得遂對其最後之照護與思念。[①]此做法，表面上似亦慰藉了生者自身，故當如增“飾”後那樣，令人無需再顧慮自我處境而將情感專注於亡者身上。然而事實是，它卻帶來了相反的發展態勢——“瀆則厭，厭則忘，忘則不敬”，對亡者的敬慕之情仍告失落。顯然，在這得償所願的親近狀態下，隱然存在著使自我無法全然肯定的緊張關係——如同子女眷戀父母，卻未必在相處時感到愉悅般，看似親密一體的情感關係，並不能取消他與對方之間的矛盾，這人、我過為緊密的繫絆，使人更感自我之窘迫。若在平時，人尚顧忌對方感受而對自我有所壓抑，那麼，對方之死去，則使後者不必再受束縛——人對自身處境的關切、對自我實現的內在要求，獲

---

　　① 相對於“動而遠”，本書因此將禮未加諸“動而遠”措施前的原始治喪，推斷為“靜而近”，解釋為使遺體保持近在之意。

得了宣洩的機會。① "狎則厭,厭則忘,忘則不敬"便正
是荀子對此自我突顯進程的描述:"狎"勾銷了己與亡者
間原有的尊卑、長幼份際而狎玩,"厭"主觀地中止或排
斥與亡者之牽扯,"忘"如已然遺忘般、不再反應其人,
"不敬"則根本地反轉了原本對對方的敬愛珍視之情……
從超越他、我界線,至對此關係之漠視,亡者之實存性一
步步受到考驗,而人亦由此終能擺脫對方牽絆,重拾自
我。面對如此趨勢,禮故以"遠"因應這掩藏在親近情感
中的深層本心,它在自我尚未突顯之前先行拉開亡者與生
者之距離。此時,人縱然同感壓抑,但受到壓抑的並非他
在人、我關係中未能伸張之自我,而是自身對亡者之情。
禮令人體會到壓抑對對方之情感所帶來的遺憾與無奈,實
遠較壓抑自我更加沈重;因為,不僅愛、敬亦其本然之
心,更重要的是,"死之為道也,一而不可得再復也"
(《禮論》),人如只以對方尚存時對自我之束縛來感受雙方
關係,其未來之悔恨是無可估計的。換言之,禮藉"動而
遠"令人體驗到:在情感與自我僅能擇一的情況下,人所
選擇的亦唯情感而已;反之,若尚可執著自我,實是因情
感關係還未真正失去(對方還未死去)之故。該事實極清
楚地說明了:在人、我關係中之自我並非只是一虛構之
位格,它更是以"我"所懷抱的感性內容作為自身之質地。

————————

①   見《禮論》:"夫厚其生而薄其死,是敬其有知而慢其無知也,是姦
人之道而倍叛之心也"之告誡。亡者之無知,故是荀子喪禮措施的考量因素
之一。

相較於"變而飾"例以自身外部境況作為對亡者之情的前提,"動而遠"反過來指出:情感才是人真實之自我,人在人、我關係中自我所真正投注之內容。這是説,人對自身存在處境之衡量,不應再著眼於現實境況,更應直從人性而觀。①無疑地,荀子通過此例將感性中"人—我"結構之意涵更推進一層;禮的作用,也由"變而飾"中對現實情感的回歸(由飾所產生之止哀與美,復返哀),走向對人性本身的回歸。

與此相同,《禮論》祭禮例中,為乍然湧現的"志意思慕之情"設置祭禮,目的亦在協助自我對自身的肯認,以解決人在現實處境下無法專注其情、"於志意之情者惆然不嗛,其於禮節者闕然不具"的尷尬處境(該處境因是對自我而言的負面處境,故若不能化解,則將在並生的情感中虛無,甚至同時否認包括歡欣與思慕在内兩股情感感受之價值)。尤其當祭禮的執行,實際上並非"惝怳唈僾"發生當下,而是另謀時段時,儀式顯然已不是為了宣洩當日驟然出現的志意思慕之情而作,而是為了讓人對自己竟有如此超離"歡欣和合"實境、而對他人懷抱不渝情感的存在姿態和意識,有所正視和肯定。

至於"久而平",荀子將它的目的定位為"優生",旨在維護生者、生道,使生者不致過分哀痛、不能自解。②然

---

① 應注意到,這並非是説對亡者之感受優先於對自身境況之感受,而是説,即連對亡者之情感都發源於自身,故亦為自我之體現。換言之,情感實踐本身,亦為一種自身境況。
② 《禮論》後文再度重申此優生觀:"刻生而附死謂之惑。"

而優生的方法，卻是表面看來與目的相衝突的"久"——包括哀痛之情等一切治喪事務與感受的長時持續，乃至人為地拉長時間，任其哀痛、耗費，而不自然停止。這刻意之"久"，較諸《禮論》另一段要求治喪應避免匆促之論，出發點完全不同：

> 禮者，謹於吉凶不相厭者也。紸纊聽息之時，則夫忠臣孝子亦知其閔已，然而殯斂之具未有求也；垂涕恐懼，然而幸生之心未已，持生之事未輟也；卒矣，然後作具之。故雖備家，必踰日然後能殯，三日而成服，然後告遠者出矣，備物者作矣。故殯久不過七十日，速不損五十日。是何也？曰：遠者可以至矣，百求可以得矣，百事可以成矣。其忠至矣，其節大矣，其文備矣。然後月朝卜日，月夕卜宅，然後葬也。當是時，其義止，誰得行之！其義行，誰得止之！故三月之葬，其須以生設飾死者也，殆非直留死者以安生也，是致隆思慕之義也。

本段之所以主張喪事日久，有其客觀需要，故對於生者之親身觀察、情態、能力（如"知其閔已"之知、"垂涕恐懼"之情、"備家"之財力）等主觀面向，均擱置不論。段末更直言："殆非直留死者以安生也"，表明非基於"優生"而說，非藉此換取生者之安，而全是對亡者與治喪事宜之考慮。反之，"久而平"看重生者，並不著眼於實際喪事，而只在意生者所感、所為。刻意之"久"，正是使生者在治喪過程中的作為，超出實務所需，從而讓自身由單純的執事角色，一躍而為喪禮之主體，並如同"飾"、"遠"般，成為禮所實現的感性形象，得為眾人所直觀。而當"久"的目的為自己之"平"、而非其他時，荀子更表明：生者在喪事中的展演並非為了他人、為了任何由炫耀或造作所興起之激情，而是為了自己。換言之，此直觀，其宗旨當在形成生者反身對自我之直觀。那麼，禮欲令人反身直觀什麼樣的自我？明顯地，在長時維持思慕悲痛與心力耗費的過程中（"久"），人所直觀到的自我形象，不僅是對他人全心付出哀、敬之自我，更因持久而確認了自身純然無己的德行性。此自我德行形象之實現，始帶來感受上真正的平靜（"平"），既無否定、困疑，亦無對立和不安，如同存在之已然坦然。該心境的實現，亦始是對生者真正之優待（"優生"），它超越表面上悲悽、憂勞等對人的損耗，而更為生道之本。可以說，就對人、我關係中自身境況之判斷而言，"久而平"實達到高於"變而飾"之美醜好惡、"動而遠"之情感自我的更高境況——平，一種對存在境況全然不感對立的豁然和優裕。並且，該境況更是通過對他人純然無己的情感關注而致，這使得"久而平"實現了"變而飾"、"動而遠"或單純的哀、敬情感中，尚未實現的對人、我一體之肯定。"人—我"絕對之正面性，於此實現。而荀子不將人之惡歸咎於人與人或人群交往，仍視人類共在關係為可貴的基本態度，亦由自我所可實現的人、我一體之正面性，獲得輔證。

歸納上述，荀子透過禮所採取的措施，無不是通過感性中的"人—我"相對感受，回復原初之情（此即《禮論》："復情以歸大一"中"復情"之意義），藉此實現"人、我

和合"之善。諸措施從不同層次揭示自我之內涵，扶持人
對自我的反身感受；另一方面，亦透過上述正面自我之建
立，使人自然而然地將用心傾注他人，穩定他與人事的情感
關係。通過上述分析，荀子亦具體地將感受問題的本質，指
陳出來。簡言之，人在感受所有外在境況的同時，都區分著
後者在人、我上的不同意義，並因此形成對存在處境的完整
感受。此"人—我"結構對感受所產生之影響，較外部境
況更深刻，且無時無刻不內在於感受之中，對感受結果加以
運作。故即便在喪事——至親亡故、唯生者獨存這人、我一
方有缺的情境下，人都區隔人、我。前引祭禮例，志意思慕
之情的"悵詭唈僾而不能無時至焉"，更將這樣的內在感受
結構毫無遮掩地提示出來：在該段敘述裡，實況其實是不再
有任何人我對立、分隔的"歡欣和合之時"，但忠臣孝子卻
於和諧一體的境況下，必由內重新構造出另一對象，以與自
我相對，以之作為活躍感受的契機。不僅如此，"悵詭唈
僾"更在"喜樂"、"哀痛"、"敦惡"，乃至面對鬼神的
"卜筮視日、齋戒、脩涂、几筵、饋薦、告祝"、禮敬賓客
等各種公、私情境下，"狀乎無形，影然而成文"。"人—
我"結構可以獨立實施，不受外部左右，且較之外部實況
更無時不存的根本地位，由此可見。人、我相對，作為人對
其存在處境的內在意識，雖可能極之主觀，一切境況卻都必
須置於這一框架下確定其所連結的感受，而人則活在由此所
詮釋出的世界之中。荀子多由社會、榮辱、禮義群分、人文
傳統等共體課題切入，較少申論個己主體問題的思想特質，
實是對此存在意識的回應。而當荀子指出：感受皆必先以自
我感受為優位，則存在感受問題的關鍵，歸根究柢，實已全

盤指向人的自我性。為政對人存在感受的致力，故將化約為
對人之自我的扶持與肯認。

（三）　論自我之意義

　　荀子在《禮論》中藉喪、祭二禮所做的分析，在探究
此類狀似無理的感性感受問題上，是具有代表性的。原因在
於，喪、祭二禮發生的背景，均在對象逝去（不在）之時，
此刻之感受及主動舉喪時之用心，既無取悅對方的需要，亦
不必因對方的好惡、利害而有所防範，較其他感性運作事例
更能體現人的真實情感。而二者所呈現者，不唯真實，更是
對人而言極其深摯的：喪事中"一而不可得再復也"（《禮
論》）之憾與至親亡故之至痛，祭禮的"志意思慕之情"、
"忠信愛敬之至"，皆環繞人情最深摯的一面，體現了情感
感受之極致，而為感性最活躍、深刻的表現。喪、祭故成為
《禮論》在結束對禮總綱性之論述後、唯二具體分析之禮。
然而，在如此極致的人情實踐中，人卻仍然不免流露出各種
悖逆之情，則人情之不美，便不只是偶然、或無人性者之
事，更是人情的必然常態。《禮論》對同時結合真摯、悖逆
之情的喪、祭問題分析，因而有展示感性教化原理的意味。
該篇說明了：人、我相對意識的實在性，當在客觀境況之
上；自我及其背後所反應的人、我相對意識，非無理或無意
義之造作，它們代表著一般人真實的存在感受；也因此，人
由自我所導致的種種主觀、任意之反應，實際上都有明晰的
成因，也未違背感性運作最基本的各從其類、善惡相象之規
律，唯必須更整體地將感受者對自我之感受，也納入感性活

動中。

承此，現實中個人何以不似整體民情般以純樸、本真的樣態出現，且不直接對應情感根本對象（存在之道，見本書"詩性"節，對感性對象之分析）而動，原因也就非常清楚：個人以泛用在所有人際關係底下之"人—我"感受其與他人之關係；而民所相對的，則唯上位者而已（"君—民"）。兩相比較，上位者之善惡、有德抑或強舉其力，無不昭然明確、人盡皆知；而其影響，也涵蓋世態之有道、無道。這使得民對君上之好惡感受必然客觀，民對存在境況的感受以及他對上位者的感受更本即一事，無需分別，且必然從對德或存在之道這至根本對象獲致感受。民情的質樸真實，由此而然。相對地，人、我意識下所對向之他人，其性質無論好壞都因僅止於個人而近乎主觀，甚至，人更無意於他人的性質、他對己而言之特殊關係，而僅是從他之非我來體會對方之意義，這使得個人在人、我意識下的感受必然浮動，且難以自解。現實中個人所在意的"人—我"關係，故與基於人性而客觀的人倫關係、基於共體存在而客觀的上下關係，並不等同，它作為意識產物，而非具體的人與人之往來。

最後，針對荀子所指出的人常態性之自我困頓，及其對應措施之人論意義，總結如下：

1. 自我或個體內在性的發生，源於"人—我"這一相對意識，它固然造成同一情境底下的人、我二分，但反過來說，此意識的不可或除，更說明了自我與他人間的依存，正是現實中個人最根本的存在心態。特別祭禮一例，更顯示"自我"意識之出現實有待於他人，非人獨立反身自覺以後所有者。若然，此主觀依存性，便是人、我之間可以取得正面共生關係的先天基礎，荀子能夠肯定人之有自我，且能夠說出："人何以能群？曰：分。"（《王制》）由分而群的可能性，即基於此。現實中一般人之自我，故不等於純粹的自愛自利。相反，如同喪、祭二例所指出的，由於自我在下列三種存在境況下感到自尊（對自我存在境況感到肯定）：所見客觀為美、意識到對他人之情感（易言之，意識到自身之人性），以及實現自身之無我德行，是以，自我對人、我，乃至對一切人、我相對架構下所體驗的存在境況，實仍抱持善意；這些善意的能否實現，更是自我對自身能否肯定的關鍵。自我，故善。

2. 作為現實中一般人對自身之意識，自我固然非真正之主體性，但從上述對自尊條件的歸納，以及自我面對現實各類否定，既無意逸離、更能隨時成立的無待性格，亦足見現實中一般人所具有之尊貴性。

3. 自我否定作為人類普遍的存在經驗，無論是源於惡劣的現實處境，或僅是自身無法擺脫的負面心境，在人多半無法自行脫離此自我否定的情況下，一般人的存在實況故都是令人悲憫的。《尚書·無逸》"小人之依"所提到的眾民之隱痛，與荀子這裡的觀察無別。人不僅甚少能如聖人"專心一志，思索孰察，加日縣久，積善而不息"（《性惡》）自力積善不已，亦少能既"知"且"勇"、不

受外在搖撼，①唯具"聖可積而致，然而皆不可積"（《性
惡》）的被動和軟弱。自我否定感伴隨著這無能為力之自
知，使人鮮能素樸地感受世界、正面地實現自身。而
"性惡"，則是自我困頓所必然產生的結果，自我困頓故
較諸惡意或盲目無知，更是人之惡的根源。這既是對他
人、他物而言之惡，對己亦然。惡之意義如是。

4. 原發於內在負面感所致之惡，故與純粹出自惡意之惡，
性質迥別；它和善只有從事實結果而言之對立。對一般
人來說，善即人之自我肯定以及藉此得以實現的人情之
實而已；而惡，則是相反的自我否定，以及不克將感性
對向他人與實際物況，所產生的扭曲、悖逆之情。《性
惡》對性善、性惡的分辨，其中一項重要標準，即以人
所偏重執持者究為自我或他人，見下文：

　　所謂性善者，不離其樸而美之，不離其資而利
之也。使夫資樸之於美，心意之於善，若夫可以見
之明不離目，可以聽之聰不離耳，故曰：目明而耳
聰也。今人之性，飢而欲飽，寒而欲煖，勞而欲
休，此人之情性也。今人飢，見長而不敢先食者，
將有所讓也；勞而不敢求息者，將有所代也。夫子
之讓乎父，弟之讓乎兄；子之代乎父，弟之代乎

兄；此二行者，皆反於性而悖於情也；然而孝子之
道，禮義之文理也。故順情性則不辭讓矣，辭讓則
悖於情性矣。用此觀之，然則人之性惡明矣，其善
者偽也。

　　人能否由自我轉向他人，為決定善、惡最大的關鍵，而
這莫不與自我觀感與情感運作有關。善與不善故不存在不可
跨越之鴻溝。其次，人的自我否定感也必然趨使其抱有向善
之期盼，如"薄願厚，惡願美，狹願廣，貧願富，賤願
貴"，有著"凡人之欲為善者，為性惡也"（《性惡》）之必
然。原因在於，若不如是，自我感受將無法如其所願地轉為
正面，更加劇內在之困頓。只不過，一般人之為善，仍有賴
"禮"這類外來助力給予導引，而無法仰賴主體自身之德行
工夫，[①]後者只應用在特殊秀異個體上。而當善無關德性努

_____

　　① 應注意到，《荀子》談論個己德操養成的主要篇章——《勸學》，所
關切的並非"由惡遷善"這一基礎問題，而是如："君子知夫不全不粹之不足
以為美也，故誦數以貫之，思索以通之，為其人以處之，除其害者以持養之"，
從更臻"全"、"粹"這立足於"已善而欲更善"的角度言人之修養進益。不
過，即使已超越去惡遷善層次，該篇所謂德操仍只如去惡遷善時對自我感受之
操作般，亦從自我之獨立性言——"權利不能傾也，群眾不能移也，天下不能
蕩也。生乎由是，死乎由是，夫是之謂德操"，而未直接著眼仁、義等德性內
容。至於表面上看似最與德性修養工夫相關的《修身》，實則為種種本乎感受、
好惡及人、我意識之作為，如："見善，修然，必以自存也；見不善，愀然，
必以自省。善在身，介然，必以自好也；不善在身，菑然，必以自惡也"與
篇內如"惡人之非己"、"欲人之賢己"、"士欲獨修其身，不以得罪於比俗之
人也"或"禮者，所以正身也；師者，所以正禮也。……禮然而然，則是情安
禮也；師云而云，則是知若師也。……故學也者，禮法也；夫師以身為正儀而
貴自安者也"，幾同乎本文前述禮處理感性變異所涉之元素，而直為對現實
中"自我"樹立問題之討論，"身"正指自我在現實中之立。《修身》宗旨故
仍與德性境界工夫有別。

力、惡亦無涉惡意，則善、不善，對荀子或一般人而言，便
非道德意義下之善、惡，人由惡遷善之歷程亦無關道德，而
只是自然情狀使然。善、惡問題故對一般人來説，應與嚴苛
的道德要求劃分開來，更單純地從能否還原自身之本然、能
否順應內在真實之期願、能否解開其至深之矛盾和困難而
言。易言之，一般人實不必對自身之善、惡承擔過度之
責任。

　　荀子對善惡、性情之論析，已見上述。可以説，其最重
要之意義，當在以一般人之立場、針對一般人之需要與可能
性，做出對人性之分析。惡非純粹惡性之惡，善不必從對他
人之施惠扶持，或其他超拔德行而為善，人的由惡遷善亦無
需以德行自覺或修養工夫為必要條件。在善、惡之外，是一
般人之不是，與一般人所可期待之更好。此或即孔子所指介
乎上智、下愚間之"中人"，[1]或更擴及孟子所謂有恆產、始
有恆心之民，[2]但能像荀子這樣詮釋善、惡，並由此開展出
相對應的人性論述，則是難能的，它開啟且探索了一種以中
人為主的存在視域。更重要的是，這些觀察固然專就一般情
況言，然其所呈現之善、惡，卻不止於經驗層次，更未自規
範外部行為秩序、分配利得所促成的表面和治，外在而狹隘
地限定一般人可有之善。相反，縱然是一般人之善、惡，仍

_____

① 《論語・陽貨》："子曰：性相近也，習相遠也。唯上知、下愚不移。"
② 《孟子・梁惠王上》："無恆產而有恆心者，惟士為能，若民，則無恆
產因無恆心。苟無恆心，放辟邪侈，無不為已。"

繫諸感性感受，以反身之自我感為關鍵。荀子明白指出一般
人亦凡常地具有的內在性，及其處境雖受現實左右，卻始終
保有的一貫本性，其善固非道德善，卻確然是基於人自身之
正面與真實性所呈顯之善。

（四）論上位者對民之責任

由於自我否定及連帶產生的無理感受，皆非現實中一般
人可自行導正者，故對荀子來說，唯有由聖王、君子主體，
乃至現實中居於上位之人肩負起。因作為上位者，他們具有
足以突破現實之主體性，而人民沒有。如《君子》所言：

> 聖王在上，分義行乎下，則士大夫無流淫之行，百
> 吏官人無怠慢之事，眾庶百姓無姦怪之俗，無盜賊之
> 罪，莫敢犯上之禁。

下位者之或善或惡，端賴上位者如何而已。如此，一般人始得
以從善、惡之重擔中釋放出來，而只有本真與否、自我正面與
否這種種為了脫離變異、矛盾，以在感受上自在安適的為善方
向。這一立場，甚至較中國近代從人欲、日用、養生畏死等面
向切入，建立以庶民為中心之人論與道德論者，更為寬大。後
者作為對宋明理學之修正，所改變的唯有道德內容，[①]但"人應
為道德主體"這一前提，則未有改變；是以，包括禮之執行、

---

① 即改變以理殺人之嚴苛性。如將人欲收攝於天理之中，或以日用事務的應
對處理，取代心性修養等。

對他人之同情等，都仍待庶民自身的覺醒與自律。①荀子反是，
一般人對他人之情感善意，也即人本然之感受而已，不應藉反
躬同情等後來之推及而致。人唯復情而已。

　　進一步説，若一般人在現實中之困難與不善，俱源於自我
否定，那麼，上位者之為政責任，便應收攝為對人之自我的承
擔。消極言之，則應在解除人的自我否定，使引發自我否定之
情境無法再現。而後者，相對於自我肯定所需要的三項條件：
所見客觀為美、意識到對他人之情感，以及實現自身之無我德
行，則應在去除現實客觀之不美，人與人間情感的淡漠，以及
社會之自利、無德性。積極而言，則在締造一文美、人性且德
性之現實世界。而此，荀子以為當即禮所成就者。②

　　以下，故從荀子《禮論》對禮的示範，簡要分析其特性和
做法，以説明上位者具體落實為政責任之方式。

　　禮的性質為何？相對於"政"、"刑"這類具有立即效
果的對治方法，禮顯然缺乏二者的禁制優勢。但即便如此，
為了達成化治人情的目的，③荀子都必然捨政、刑而取禮文。
理由為何？簡言之，政、刑雖帶來莫大的震懾和恐嚇，且以
控制或傷害身體、感官、利益為其代價，但究實而言，它們

────────────

①　以戴震思想為例，村瀨裕也《戴震的哲學——唯物主義和道德價值》便將
後者定位為一種主知主義的自律道德。如該書頁258—259所指出的：反躬同情之原
理，必須推至"'己'的見識或者良知（健全的判斷力、健全的見識）上，亦即戴
震所謂'神明之知'"。

②　在禮之外，為政尚有其他須致力之方面，尤其是與禮經常並舉的"樂"，
也具有和禮相同的"管乎人心"（《樂論》）的作用。不過，《樂論》所討論的感性
感受並不涉及《禮論》中處處可見的變異、悖逆之情，樂教之對象、目的與禮有
別。

③　《樂論》："禮、樂之統，管乎人心矣"，《禮記・樂記》則將"人心"
直改為"人情"："禮、樂之説，管乎人情矣。"

之所以能夠生效，前提都在人能根據知性，做出合乎己利的行事。法家正是如此分析政、刑的施行原理：

> （明主之道）設民所欲以求其功，故為爵祿以勸之；設民所惡以禁其姦，故為刑罰以威之。慶賞信而刑罰必，故君舉功於臣，而姦不用於上，雖有豎刁，其奈君何？且臣盡死力以與君市，君垂爵祿以與臣市，君臣之際，非父子之親也，計數之所出也。君有道，則臣盡力而姦不生；無道，則臣上塞主明而下成私。（《韓非子·難一》）

作為一種以私意和賞罰間的計數交易為原理的治理方式，政、刑所依賴的前提，因此是人的明智（對客觀利、害的如實認知，以及對利、害交換的冷靜計算），其他在感官感受上造成的影響只是附帶性的，非政、刑真正的關鍵。然而，如同《尚書·呂刑》苗民在嚴刑禁制之下益發"民興須漸，泯泯棼棼"，近乎瘋狂而無有理智般，荀子對現實人性的觀察，已清楚意識到知性並非決定人現實存在的首要依據。感性對政、刑的反撲不僅如苗民之瘋狂般無可預期，即使人在理智上知法，為政者也絕對無法達成他所期望之治，"民免而無恥"（《論語·為政》）所必然帶來的更大之敗壞，指日可待。

　　相對地，禮主訴的人性面向，在於感性，尤其針對現實中的悖亂人情，而為"化性起偽"的主要憑藉。見《禮論》：

　　（吉、凶）兩情者，人生固有端焉。若夫斷之繼之，博之淺之，益之損之，類之盡之，盛之美之，使本末終始莫不順比純備，足以為萬世則，則是禮也。

禮的功能在使情感的本末終始均能"順比純備"；而"順比純備"，明顯地，正指"唱和有應，善惡相象"這類規律且真實、素樸的情感。禮故是使常態人情得以回返其實的樞紐。"復情"、"養情"、"得情性"①等對情感的還原或維護，為禮之目的。《禮論》裡所描述的感性現象（無論是來自人自己，或是由禮所導致者），故多半帶有無理特質（即無知性可解釋之合理性），例如該篇初始提到的"天子之養"：

　　天子大路越席，所以養體也；側載睪芷，所以養鼻也；前有錯衡，所以養目也；和鸞之聲，步中武象，趨中韶護，所以養耳也；龍旗九斿，所以養信也；寢兕，持虎，蛟韅，絲末，彌龍，所以養威也。故大路之馬必信至，教順，然後乘之，所以養安也。孰知夫出死要節之所以養生也！孰知夫出費用之所以養財也！孰知夫恭敬辭讓之所以養安也！孰知夫禮義文之所以養情也！

若"養"所涉及的已是現實上最切近之層面，本段卻頗多

---

　　①　《禮論》："禮義文理之所以養情也"，"人一之於禮義，則兩得之矣"，"復情以歸大一"。

令人不解之處。扣除體、鼻、耳等尚可視為美感品味之養的
部份，"前有錯衡"既不與視力之明晰有關，亦無涉美感的
提升；而"龍旗九斿"與信之關係、"出死要節"與生之關
係、"出費用"與財之關係，乃至"恭敬辭讓"與安之關
係，更缺乏直接的對應。若"養"能帶來禮所期盼的效果，
那麼，這表明，即使是最日常、具體的感性經驗，都已具有
曲折、變異的特質，遑論牽涉特定情境時，人所可能經歷的
"如死如生，如亡如存"等錯綜交替、猶豫難決、具有幻象
性的情感經驗。禮面對如此複雜、無理性之情感，卻能毫無
阻礙地進行調解和塑造，荀子因而盛讚為"人道之極"(《禮
論》)，它的極致性是無可置疑的。

　　與之相反，知性思慮和禮的關係則較顯次要。《禮論》
不僅指出"法禮"、"足禮"不以對禮的思慮理解為條件,[1]
荀子更表明：知慮實際上亦不可能窮盡禮之理。是以，他雖
然承認"材性知能，君子小人一也"(《榮辱》)，也同意"仁
義法正有可知可能之理"、"塗之人也，皆有可以知仁義法
正之質，皆有可以能仁義法正之具"(《性惡》)，但這都只是
針對"仁義法正"而言，而不是禮。禮之高深精微遠遠凌
駕於此，若不得不指出一足以對應禮之原理之知，則僅能歸
諸於聖人，除此之外，人也僅能法禮而行，既無法對其思
索，更無法干涉禮之本末：

---

　　[1]　《禮論》："不法禮，不足禮，謂之無方之民；法禮，足禮，謂之有方
之士。禮之中焉能思索，謂之能慮；禮之中焉能勿易，謂之能固。能慮、能
固，加好者焉，斯聖人矣。"

> 禮之中焉能思索，謂之能慮；禮之中焉能勿易，謂
> 之能固。能慮，能固，加好之者焉，斯聖人矣。(《禮
> 論》)

或是：

> 苟非聖人，莫之能知也。聖人明知之，士君子安行
> 之，官人以為守，百姓以成俗。其在君子，以為人道
> 也；其在百姓，以為鬼事也。(《禮論》)

眾人僅知其所以，而不知其所以然，甚至如百姓"以為鬼事
也"般地錯認其義。理由當然在於禮的施行方式與對象俱屬
感性，而不直接對應事理，僅構成與事理並生的特殊氛圍或
感受對象。例如：在對應神明、自然等所代表之原初性、時
空規律，乃至日用現實之意義時，禮僅從祭饗典禮中與官能
相關的飲食陳設，[①]作為對上述意涵的詮釋。行禮者由此所體
驗到的，非先是神明所蘊含之規律或深意，而是人面對這些
對象時特殊的感性關係。又或是在論"禮之本"時，禮將
"生"、"類"、"治"這三項禮之本，具象為可直接體驗的
"天地"、"先祖"、"君師"，[②]由人面對三者之心態完足其禮，
既不說理，也未對三者之根本性做出闡釋。其餘如以各類文

---

① 《禮論》："大饗，尚玄尊，俎生魚，先大羹，貴食飲之本也。饗，尚玄
尊，而用酒醴，先黍稷而飯稻粱。祭，齊大羹而飽庶羞，貴本而親用也。"

② 《禮論》："禮有三本：天地者，生之本也；先祖者，類之本也；君師
者，治之本也。無天地，惡生？無先祖，惡出？無君師，惡治？三者偏亡，焉無
安人。故禮，上事天，下事地，尊先祖，而隆君師，是禮之三本也。"

理與財物上的隆殺表現，取代原本更具現實得失或德化問題
之治道；或以如死如生而令人動容的主觀形象和氛圍，傳達
原本極其客觀的死生之義，都具有類似傾向。凡此種種，都
清楚反映出荀子純然本於感性之禮，與客觀、實質的人倫之
道、君道、天道之間的分別。荀子甚至感嘆禮原理之不可知，
它超乎知慮所能概括之範圍而更理所當然，見《禮論》：

> 凡禮，事生，飾歡也；送死，飾哀也；祭祀，飾敬
> 也；師旅，飾威也；是百王之所同，古今之所一也，未
> 有知其所來由者也。

"未有知其所來由者也"，非常明確地指出此事實：禮已超越
知性可以解釋、立說之範圍。禮既飾歡又飾哀，既體現對他
人之敬慕，又反過來威懾他人，如此矛盾、卻又是同一物之
不可解，如同前後文提到的各種儀飾之"如死如生，如亡如
存"的混沌雜瑣。這與《荀子》另一次出現"未有知其所來
由者也"之論，所流露的矛盾性相似，見《正論》：

> 夫征暴誅悍，治之盛也；殺人者死，傷人者刑，是
> 百王之所同也；未有知其所由來者也。

若傷人、殺人皆有罪，則"征暴誅悍"、"殺人者死，傷人者
刑"亦應當因為以暴制暴而有罪，其對暴政、悍徒的傷害與
殺傷人者一模一樣。但對此，人們卻反盛讚為"治之盛"，甚
至是"百王之所同"，對其未寬諒以德的做法不加苛責。如此

之行為反應，是知性所無法完全解釋的。《禮論》對禮也用了
與對"征暴誅悍"相同的形容——"未有知其所來由者也"，
其非根據知性判斷或事理原則而立，可見一斑。

　　那麼，禮如何具體化對感性之影響？除了導正人之自我
否定感外，禮本身所採取的措施首先也必須是感性化的。[①]其
次，為了避免外在強制性所帶來的負面影響，而能被人自然
而然、毫無對立地感受，禮所施用的時機，就不能只限於爭、
亂、窮等顯然不善的行為或情境，而令人產生突兀或刻意針
對之感。相對地，禮須對應人情的無時不有，而為一種涵蓋
整體的常態之治。如前引《禮論》有關口、鼻、目、耳、體
的全面之養，或是禮之三本對人存世一切面向——"生"、
"類"、"治"的總括；又或是視禮為貫穿人道、人之始終，
不可厚薄不一、[②]治喪不忘優生等種種看法，[③]便都具有涵蓋

---

　　①　近年禮學研究者如林素娟等亦關切禮典中各項儀節、器物，乃至氣味等
各項元素所可能產生的感性內容，皆可視為類似觀點下的研究成果。而西方學者
如卡西勒（Ernst Cassirer）、杜普瑞（Louis Dupré）或其他文化人類學者，將儀
式活動視為具有象徵意義之符號，主張其開啟心靈、思維，反映共同意識，及重
組社會整體生命之功能，也與本文看法略有相通。然而，相關研究仍只將禮定位
在特定的儀式活動上，而未涵蓋全體生活、感官或存在層次。這使得透過儀式所
養成之心境感受只限於特定的心境感受，如敬、靜、肅、和等，禮的成效因此受
到侷限，無法涵蓋超出特定儀式所及範圍的人情事件。其次，對儀文符號性（共
同意識之載體）的過度強調，也同樣意味著排除了對禮的個別實踐問題的考慮，
如是，禮的教化層面也僅能止於與風俗、群體現實生活相關之人情，而不及更高
之人道。
　　②　《禮論》："禮者，謹於治生死者也。生，人之始也；死，人之終也；終
始俱善，人道畢矣。故君子敬始而慎終。終始如一，是君子之道，禮義之文也。
夫厚其生而薄其死，是敬其有知而慢其無知也，是姦人之道而倍叛之心也。"
　　③　《禮論》："喪禮之凡：變而飾，動而遠，久而平。故死之為道也，不飾
則惡，惡則不哀；尔則翫，翫則厭，厭則忘，忘則不敬。一朝而喪其嚴親，而所
以送葬之者不哀不敬，則嫌於禽獸矣；君子恥之。故變而飾，所以滅惡也；動而
遠，所以遂敬也；久而平，所以優生也。"

性，而與其他針對特定行為、情境而發的片面之治（如法、政、刑）區別開來。禮必須在各方面持續發生影響，自然地凝聚體驗，也因此必然作為對人整體生活的構建。

以上，結束本節對上位者對民之責任之討論。

天　性

　　人類差異研究之重要性，與人性研究（人類共同本性）的重要性相當。原因在於，差異正是決定人性具體模態與終極所在之本。然而，差異確實無法窮盡，無論是文明與文明之間、民族與民族之間、階層與階層之間，乃至個體與個體之間，都存在無窮差異，從而人與人也理所當然地有著無法歸納的類型和取向。相對於人性研究必先穿透人類現實表現，[1]人類差異研究也有它必須取捨以切入之面向。而天性差異，顯然是人與人一切層次之差異之根本，其較所有後天，甚至有意無意造作出之差異，更真實且必然，概括著人類差異的大體形態，也更直接反映人本來之事實。而性別差

---

　　[1]　如孟子從"他人有心，予忖度之"（《孟子·梁惠王上》）這"心"之角度對人類思行現象的重審，或是《告子上》記孟子突破公都子所列舉的其他人性論述類型（"公都子曰：'告子曰：性無善、無不善也；或曰：性可以為善、可以為不善，是故文、武興，則民好善，幽、厲興，則民好暴；或曰：有性善、有性不善，是故以堯為君而有象，以瞽瞍為父而有舜，以紂為兄之子且以為君而有微子啟、王子比干'"）以言性善；荀子由"人一我"這最內在的感性感受構造觀察人類的現實活動；《孔子詩論》從種種固然之外延性反向總結民性，而不片段地以對一人、一物的好惡美刺、怨悅離愛為其情性反應之整體等，都可見這類穿透表面現實現象的努力。

異，從其不離天性這一前提言，無疑是最足以表徵人類原本差異者。它涵蓋人類整體，且以男、女兩大相對、相愛、相輔的對應形態，構成了人類至今之歷史，未曾缺席。其所反映的，是人類差異表現中客觀之一類（無論是從其以自然生理為本，抑或是從超越個體差異而更是人群普遍差異而言之客觀性），這使得它可以被分析，並且更重要地，亦具有可被期許的應然情狀。固然，無可諱言，社會化或文明化已使孰為兩性本然之份際、孰為後天造作之結果，不易判斷，但這也讓性別研究作為人類客觀差異研究這一本質，更加鮮明。因為，它反而更明確地使兩性論述作為一種觀法、一種對人自身反思性之思維。這是說，如同中國將天地萬物化約為種種相對兩造，藉由不同性質相對關係的張舉，窮盡兩造之間的可能類型，①再將各種不同的相對關係收歸於陰、陽，以達成對一切元素之總攝般，兩性同樣作為一組相對典型，藉以標誌、涵蓋並歸納兩組可資對照的人類差異元素——男、女形象不過是使這些元素能夠更具體、有機地組合起來，並因著人的生命發展、交往互動而得以活化的載體。由此，人們得以對人類差異模態與意義進行具體的反省和構想，不僅界定了人類差異中孰為客觀、孰為本然，闡述了諸差異之意義，也探究了各成份在人類存在活動中的作用和分合原理。相反地，從當前已混淆先、後天影響的兩性現實

---

① 如《易·繫辭上》所列舉的各種異質之相對兩造："天尊地卑，乾坤定矣。卑高以陳，貴賤位矣。動靜有常，剛柔斷矣。方以類聚，物以羣分，吉凶生矣。在天成象，在地成形，變化見矣。是故剛柔相摩，八卦相盪，鼓之以雷霆，潤之以風雨，日月運行，一寒一暑，乾道成男、坤道成女，乾知大始、坤作成物，乾以易知、坤以簡能。"

中，追究有無性別差異，或追究一性別觀察之對錯，已非兩
性論述反思人類差異問題時之重心，而往往只是一基於弱勢
關懷、平權主張等社會性議題的反映，非我們在這裡所討
論者。

據此，先秦典籍中何者包含了我們所需要的兩性材料？
顯然，《詩經》對兩性的勾勒，其重要性是他者所難望其項
背的。理由在於，作為經學，她所秉持的人類差異觀對中國
影響深遠，他者不能比較；其次，《詩經》著成時代之古
早，以及表述心志（“詩言志”）這一詩性形式，也使她所
體現出的差異內容，較其他文獻更貼近兩性本然實況。①

本書以下故以如實地重建《詩經》兩性觀為宗旨，進
行闡述。扣除《詩經》裡不直接突顯詩中主人翁性別屬性
之作，本書對兩性的觀察，將以三項主題為中心：兩性各自
之生命形態，兩性之相對關係及兩性對人類整體之意義。三
項主題分別說明了：兩性之差異，兩性之互動與分合，兩性
在人類整體上所扮演的角色與至高典範。藉此作為對人類差
異中至客觀、根本的天性差異之討論。

一　論天性差異

《詩經》對兩性生命形態的基本看法，可以《小雅・鴻
鴈之什・斯干》後半篇詩人對室家主人子女的祝願，作為

---

① 不過，學者對《詩經》兩性之觀察，仍多依附周史或先秦社會文化
史，而偏重兩性的現實處境或主觀差異等後天表現，反而極少關於兩性先天性
情的闡述，或提出足以概括《詩經》整體且對等人性論的兩性理論。

代表。詩中對男、女新生兒的期許，由平實的家庭生活角度
著眼，①真實而無造作，並且，因是對宛如白紙般之新生兒
而說，無需考慮孩童年歲漸長後的不同個性、能力或後天際
遇，故可視為《詩經》兩性觀最純粹的反映。以下故以該
詩為主軸進行分析，輔以其他詩作為證驗。

《斯干》相關原文如下：

> 　　大人占之：維熊維羆，男子之祥；維虺維蛇，女子
> 之祥。乃生男子，載寢之牀，載衣之裳，載弄之璋；其
> 泣喤喤，朱芾斯皇，室家君王。乃生女子，載寢之地，
> 載衣之裼，載弄之瓦；無非無儀，唯酒食是議，無父母
> 詒罹。

詩人以諸多象徵措施，傳達對兩性生命的想法。這些措施故
應著眼其寓意，而非簡單地視為詩人對實際養育情況的要求
或描述。特別是當該詩前文才對居處空間、配置，提出諸多

---

① 《毛詩序》："《斯干》，宣王考室也"，《毛傳》承此，云："德行國
富，人民殷眾而皆佼好，骨肉和親，宣王於是築宮廟群寢，既成而釁之歌。"
此說並為《鄭箋》、《毛詩正義》等所接受，即若未強調為宣王之事，也以本
詩為祝頌周天子宮室落成之詩。不過，《斯干》"秩秩斯干，幽幽南山"對居
家幽靜環境的描述（鄭玄將"秩秩斯干，幽幽南山"視作對宣王之德的形象
譬喻："喻宣王之德，如澗水之源，秩秩流出，無極已也。國以饒富，民取足
焉，如於深山"，將"如竹苞矣，如松茂矣"亦視為象徵："民殷眾，如竹之
本生矣，其佼好，又如松柏之暢茂矣"，則已配合序傳之說，非對此景象之直
解。"秩秩斯干，幽幽南山"雖被《毛傳》標註為"興"，都仍應視為是新居
周遭的真實景象，詩人見此而有所興而已），以及僅要求最基本的"風雨攸除，
鳥鼠攸去"、"下莞上簟"等，都有別於宮室生活之華美。屈萬里：《詩經詮
釋》，台北：聯經出版公司，1983年，頁340，註1謂"此當是築室既成而頌
禱之之詩"，不專指室家主人身份的說法，應較適切。

合乎生活所需的合理考量，如"約之閣閣，椓之橐橐，風
雨攸除，鳥鼠攸去，君子攸芋。如跂斯翼，如矢斯棘，如鳥
斯革，如翬斯飛，君子攸躋。殖殖其庭，有覺其楹，噲噲其
正，噦噦其冥，君子攸寧。下莞上簟，乃安斯寢"，本段讓
新生兒寢處不一、衣著只限局部等明顯矛盾生活理性之措
施，就不可能真為實指，而僅能看作是另具寓意的言論。因
此，如鄭玄等據表面文意，便主張男、女尊卑之分的說法，
實未準確對應詩意。那麼，這段文字說明了什麼？根據文句
的對稱安排，可整理如下：

		男	女
總體象徵		維熊維羆	維虺維蛇
就其自身言	寢：本性	牀：文明或人為性	地：自然
	衣：模態	裳：行動	裼：懷抱
	弄：價值	璋：德行	瓦：生活
就其存在言	主體性	其泣喤喤：主體自身之實現	無非無儀：對外無所否定、亦無對偶性之主體
	對存在整體之認知及其致力形態	朱芾斯皇：對作為客體之人為共體的發皇	唯酒食是議：對共體中主體之存在境況的敬慎
	對人之承擔形態	室家君王：以君長方式承擔其家	無父母詒罹：對弱勢或情感對象之保愛

明顯地，詩人正以男、女兩性，統領數組相對面向，且
系統性地將後者的主要類型及其典型，無一遺漏地容納進

來。《斯干》本段文字故是極具思理意圖之論述。歸納而
言，夢中出現的熊羆蛇虺，概括了下文中的男、女形象。男
性音聲之宏大、支撐他人時之強健堅毅，以及衣裝色彩之顯
耀，都對應熊、羆厚重魁梧的姿態；而虺、蛇的蜿蜒爬行、
小心翼翼，除了如女性之柔美節制，也呼應了後文的"載
寢之地"。其下則分兩方面具體描述：一、從兩性自身著
眼；二、從面對他人、世界切入，故是對男、女各自之存在
義之勾勒。前者包括"寢、衣、弄"三事，它們均屬對嬰
孩的貼身照顧，具有象徵男、女自身形態的意思。其中，
"寢"由身體的睡臥安息，代表生命自在安止之境，故喻指
出兩種不同生命之本性；"衣"則因強調的服裝部位不同，
突顯出男、女各自不同形象，而有代表其生命發展模態之意
義；"弄"指幼兒平時把玩、摸索之活動，藉此塑造孩童對
該事務的情感和習養，具有象徵二者生涯內容的意義，實為
二者生命價值所在之展示。其後，"其泣喤喤，朱芾斯皇，
室家君王"與"無非無儀，唯酒食是議，無父母詒罹"，延
伸至成年後的人事關係，蓋由存在角度闡釋兩性。詩人分三
方面切入：一是由二者之主體形態，說明男、女不同之主體
性；二是兩性之共體觀及對共體的致力形態；三則是二者對
他人之承擔形態。以下，除熊羆虺蛇部份可不再贅述外，皆
以相對對舉方式，分別加以說明：

（一）天性使然之傾向

討論男、女本性之詩句，見諸"載寢之牀"、"載寢之
地"。"寢"點出了兩性之安適自在，所寢之處故有適性、
體現二者本性之意。不過，"牀"和"地"予人的自在感卻

有分別："牀"因是人所做，故有意地形成一較舒適的臥寢環境；自然而然之"地"，則遠不如牀的溫軟，但相對地，它無人為界限，而可延伸無盡之廣大，乃至承載一切事物的豐袤，也是牀所不能比較的。二者各有長處，只是人往往只見"牀"之舒適，卻對"地"的廣袤闊大，毫無覺識。①

　　詩人因而突顯了兩個重點：一是男性之安於人為創制，與女性之安於自然；二是男性通常突顯，而女性則相對隱微。這兩項特質，在《詩經》中經常可見。例如：同樣以"孌"形容少美，《邶風・靜女》裡"靜女其孌，貽我彤管。彤管有煒，說懌女美"，女性青春而直率；而《齊風・猗嗟》的男性主人翁卻"抑若揚兮"、"巧趨蹌兮"，刻意以不自然的矛盾姿態（"抑／揚"、"巧／蹌"）作為舞容之美，而他"終日射侯，不出正兮"之毅力與精準、"射則貫兮"之強勁、"四矢反兮，以禦亂兮"的自制與良善，也顯示出經過自覺鍛鍊的能力和人格，其鮮明的人為性，與靜女的純樸自然、天真無為完全不同，卻始體現男性生命力之強勁。這分別安於人為、自然的特性，故使人類的文明建制和積累工作，多見男性的參與，女性卻更關注家庭、情感、生活等自然層面。連帶地，在人類世界中，也就往往僅有男性成就獲得注目，女性所為則像是原本即然、無甚特別之事，故亦難以"成就"形容之。如此之本性與顯、隱形象差異，構

---

① 如鄭玄所以為："男子生而臥於床，尊之也"、"臥於地，卑之也"，則顯然只從表面或僅以人為產物為高等立足於男性價值的角度言。詩人既明白表示子、女誕生乃家庭之"祥"，且不分妣、祖地皆欲有所承繼（"似續妣祖"），並以家人"爰笑爰語"之和樂為居處生活的願景，實不必再將外部社會尊卑導入家庭內在人倫之中，造成分化。

成了《斯干》隨後兩性論述的基礎，詩人以此為本，展開他對新生兒未來的期待，是以，他期望男兒能對德行、事功、價值理想，自覺地致力，更應以成果的顯赫為終極；對於女孩，詩人所期望的則是她能全心全意地置身於那些看似日復一日、平凡瑣細的事務上，因這正是維護生活與人心之真實、平實，最不可或缺的工作。

上述對本性與生命形象的看法，固然只是針對兩性而說，但同時也是對不同生命之人其天然性向的分類。易言之，從本性上來說，人或是致力於各種有為、有形之事，並以之為自身生命之意義；或是從對種種根本性的、本然真實的實踐，作為他對自身生命的期許，且因之感到充實安止。這內在的生命取向的區分，超乎其人後天所受到的薰陶培養或自我覺識，天性地構成不同生命者共同的分野；人即使不是因為身為男、女而為彼、此，其所追尋和謀求之生命，仍不出此二種基型。

（二）　天賦之生命模態

討論男、女生命模態之詩句，見諸“載衣之裳”、“載衣之裼”。詩人僅突出男、女局部衣著，以突顯二者最主要的形象特徵：“裳”為下身之衣著，故有突顯步履、實踐等行動能力之意思；“裼”為褓褓，有溫暖懷抱之意。[①]這表明，男性乃以實踐為其生命特有之模態，生命必須落實為一

----

① 《鄭箋》：“裳，晝日衣也，衣以裳者，明當主於外事也”、“褓，夜衣也，明當主於內事”，孔穎達故總結：“一晝一夜，明取內、外為義”，將“裳”和“裼”的象徵意義，從最初的行動性與懷抱性，進一步指向“晝／夜”和“外事／內事”，則已屬引申義。

持恆不懈的行進歷程，不斷突破而進；女性則以溫和懷抱其所可能懷抱者為其生命模態，無論是生活中的人們、事物、作息，乃至片段的時光、景致或微小的感動，都容納進自己的心懷裡。男性故動態地使生命有所進益，而女性的靜態懷抱則使生命獲得擴充；男性生命力求突破，女性生命則力圖保持和守護。

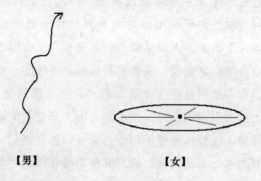

【男】　　　　　　　　　　　【女】

　　與前述有關生命適性趨向的討論不同，此模態差異對應的是兩性在體能上的差距。強健者故能動態開展，既無既定界限，更內發於自身而得以進行客觀之創變。相對地，因生理限制而柔弱者，自然趨於靜態，然而，她仍然可由內在的深沈素養，別開生面。詩人以情感懷抱之擴充作為女性生命模態之實，即說明了這另一種對人而言同樣真實的實踐領域，後者開啟了別於強健者的另一番視野與內涵。

　　《斯干》此說在《詩經》中則以“長子維行”（《大雅‧文王之什‧大明》）、“女子善懷”（《鄘風‧載馳》）為代表，進行對二類生命模態的表述。有關前者，《詩經》將“景行”

（《小雅·甫田之什·車舝》）、"啟行"（《大雅·生民之什·公
劉》）、"長子維行"與"維德之行"（《大雅·文王之什·大
明》），乃至其他雖未直言"行"、但同樣強調實踐性的敘
述，如后稷的"誕實匍匐，克岐克嶷"（《大雅·生民之什·生
民》）、古公亶父"來朝走馬"（《大雅·文王之什·緜》）、"蹶
父孔武，靡國不到"（《大雅·蕩之什·韓奕》）等，都推崇為
男性楷模具有之德行。相反，"貳其行"（《衛風·氓》）、"憚
行"（《小雅·魚藻之什·綿蠻》）、"匪行邁謀"（《小雅·節南山
之什·小旻》），則為男子無德之表現，《陳風·宛丘》："子
之湯兮，宛丘之上兮。洵有情兮，而無望兮"，更對男性混
淆"湯"與"行"，提出了"無望"的批評。[①]這是因為任
何停滯不前——無論源於內心之懼憚（"憚行"）、欲念之多
而無終（"貳其行"）、行之虛假（"湯"）、或行之不具客觀
基礎（"匪行邁謀"）——都是不合期望的。但女性懷抱他
者之天性，則為男性評價女性、甚至擇偶的主要條件。這可
從《詩經》婚嫁詩無不強調新婦出身得知。如《大雅·文
王之什·大明》："摯仲氏任，自彼殷商，來嫁于周，曰嬪
于京"、"大邦有子，俔天之妹"對大任、大姒背景的說明，
《大雅·蕩之什·韓奕》："韓侯取妻，汾王之甥，蹶父之
子"，《小雅·魚藻之什·都人士》："彼君子女，謂之尹
吉"，或是從反面詰問的《陳風·衡門》："豈其取妻，必齊
之姜？""豈其取妻，必宋之子？"等看出。這是因為，原生
家庭的氣氛與教養、婚前曾體驗之人倫關係和生活形態，作

---

① 《毛詩序》以"湯"為"遊蕩"；鄭玄則釋"無望"為"無可觀望而
則傚"。

為女性所懷抱之對象，使她即使在環境已完全改觀的新家庭中，亦必努力使之重現，如仍然同在般不曾遠去。相對地，"行"則非女性之常態，《鄘風・載馳》："女子善懷，亦各有行"，便以"亦"字指出其"行"之反常。事實上，《詩經》女子之行一般唯指婚嫁，如《邶風・泉水》、《鄘風・蝃蝀》、《衛風・竹竿》的"女子有行"。除此，縱然心意多麼熱烈，亦少能付諸行動，僅能"駕言出遊，以寫我憂"，以不具現實目的之"遊"取代之。原因有二：一是，女性即使在主觀上嚮往婚姻、客觀上宜其室家，然而一旦婚嫁，勢必帶來"遠父母兄弟"的結果。而這明顯是對其內在懷抱極殘酷而劇烈的割裂，甚至是女性在婚姻中憂傷不安之源起。《鄘風・蝃蝀》故對那些不明白自身深層心理而只知追求一時幸福之實現的"懷昏姻"者，責其"不知命"，對自己此後永在母家與夫家間拉扯，無法兼顧而必然嗟嘆自責之命之無知。[①]二是，從以懷抱為主，且在無法懷抱時必然致力重現的生命立場來說，可以想見，其心境與生活方式，實際上極少真因外在改變而發生變化，即連生理年齡，都未必能夠左右女性的心境、心態，一般的交遊互動更是。外在所能改變的，亦唯外在；女性看似多變，實因所變全止於外而已。相對地，婚姻是唯一深刻影響女性之變動，女性在成為婦人、母親之後，無論是自我定位、形體、生活目標等，都不復舊時。此生命的實質改變，故為女子通常僅有之行。誠

---

① 《蝃蝀》："蝃蝀在東，莫之敢指。女子有行，遠父母兄弟。朝隮于西，崇朝其雨。女子有行，遠兄弟父母。乃如之人也，懷昏姻也，大無信也，不知命也。"

然，對於兩性亦做到女子有"行"、男子有"懷"，《詩經》並未否定其意義，但《詩經》對此的描寫，也反映出，伴隨這類相反天性之活動，所帶來的將是使二者備感憂傷沈重之情。如"女子有行，遠父母兄弟"之憂思，對男子如《邶風·雄雉》"我之懷矣，自詒伊阻（慼）"、《小雅·節南山之什·小宛》"明發不寐，有懷二人"等僅"懷"而無可起身力行的嗟嘆等。

《斯干》這基於體能差異所區分出的動、靜生命模態，雖只針對兩性言，但更亦是在人都具有不同體能的情況下，若欲成就各自生命，所不得不依循的兩種實踐路徑。這依據強、弱條件而有之分途，極其客觀，乃人與人真實差異的體現。而體能之強弱，作為人天生而不能跨越的差距，也反映出身體在人與人差異問題上的重要角色，它與前述"顯／隱"、"人為／自然"等由適性角度所致之結果，分別展示了人在身、心兩面中的自然差異，及這些自然差異在人後來的生命歷程中，具體帶來的影響和塑造。

（三）不同天性者之安身立命

作為對男、女兩性未來生涯事務的性質界定，詩人簡以"載弄之璋"、"載弄之瓦"表述其意。所並列對比的，則是德行（"璋"）與生活事務（"瓦"）二者。①可以明顯看到，此結論正是延續前述二項討論所形成的看法，故對於以人

---

①　《毛傳》："瓦，紡塼也"，瓦即紡錘，與下文之"酒"、"食"，各代表溫、飽，同指生活事務。或謂瓦為豆等陶器，用以裝盛酒、食，就此而言，亦可象徵生活。

為、力行為主的男性，詩人要求相應的德行實踐，對自適於
自然和情感懷抱的女性，生活之平實無為，承擔一切以至於
作為各種人為事務之基礎，也具體對應了她的性情特質。並
且，透過親近之"弄"，詩人亦就小兒對該事務的習養體
會，做出了暗示：於"弄璋"，因終日親撫佩玉，對於德行
如玉佩般溫和澄澈之善，以及日益潤澤的內在之美，自然而
然地體驗其滋味，而有所陶養。同樣，在布織活動的模仿
裡，如同作息般日常之操持勞動以及藉細心、耐力所織就之
巧致，也成為女性體會生活平易善美的方式。"弄璋"、"弄
瓦"故自然而然地教導小兒生涯事務之意義，也塑造了二
者對自身生命價值之品味。

（四）主體之唯二形態

對於男、女各自應樹立的主體形態，詩人以"其泣喤
喤"、"無非無儀"二句表示。二者實際上也是對主體之所
以為主體唯二之兩種形態的界定，而人與人之所以分別以這
兩種形態樹立自身，也首先本於天性差異這對人而言至客觀
之事實。

首先，對於男兒，詩人從近乎無識的嬰孩開始，即已強
調啼哭之壯聲，[1]除了期許其氣血強健，更顯示對男兒堅定、
坦直志意的重視。易言之，對男性具備主體獨立性之期待，
這是男子由內而外推動自身、謀求開拓之生命所必要的，尤
其是心志之厚篤，更是參與客觀世界時不被外在陷溺的前
提。相對地，女子主體則從"無非無儀"達致。歷代傳疏

---

① 　類似例子亦見《大雅·生民之什·生民》："后稷呱矣。"

對"無非"、"無儀"有不同見解,①不過, 由於"非"字僅
另見於《小雅‧谷風之什‧北山》的"莫非王土（臣）",
具有"否定"之意,"無非"因此也應該單純地解釋為"無
所否定"; 從而,"無儀"也就不應解釋成和"無非"剛好
意思相反的"無善"。那麼,"無儀"可否解釋為"無度"?
案:"無非"的無所否定固然與"無度"看似相類, 然"無
非"涵蓋是、非,"無度"則純然無視客觀而過失, 二者意
義有別; 並且, 對照《斯干》後文"唯酒食是議"、"無父
母詒罹"等對女子應謹慎於庶務與處事之告誡, 亦明顯矛
盾,"無度"故不應用來解釋"無儀"。"儀"字於《詩經》
僅有兩類用法, 一是較常見之"威儀"、"儀節"意,②一是

---

① "無非"之"非", 如陳奐《詩毛氏傳疏》: "猶過失也", 馬瑞辰
《毛詩傳箋通釋》: "違也", 近人俞樾則以為"當讀為斐", 指文采、文章。然
而, 作為道理,"無過失"顯然不及"不貳過"來得正確, 即便有道, 亦應是
對男、女共同之期許, 不應僅針對女性; 而"無違"、"無文"則明顯不是
《詩經》肯定女性的條件,《鄘風‧載馳》"既不我嘉, 不能旋反"之獨行,
《周南‧桃夭》"桃之夭夭, 灼灼其華"、《衛風‧碩人》"碩人其頎, 衣錦褧
衣"及"美目盼兮, 巧笑倩兮"女主人翁之雍容而美, 同樣受到詩人的頌讚。
至於"無儀", 毛《傳》: "婦人質無威儀也", 直釋"儀"為威儀, 鄭玄則
言: "儀, 善也。婦人無所專於家事, 有非, 非婦人也, 有善, 亦非婦人也",
以"儀"為"善", 與"無非"之"非"（過失意）相對, 指女性當無所專於
家事之謂, 馬瑞辰則以之為"度", 度量其事, 林義光《詩經通解》則讀為
"俄"、"義", 邪也。其中, 無威儀、無儀文的説法與將"無非"釋為"無
斐"之過誤相同, 迥異於《鄘風‧君子偕老》對宣姜"胡然而天也? 胡然而
帝也?"之質問, 女性德稱玉瑱時人亦應尊之如天如帝, 故亦威儀棣棣。至如
"無善"、"無度"、"無邪"諸説之曲直, 則見下文討論。
② 如《邶風‧柏舟》: "威儀棣棣",《鄘風‧相鼠》: "人而無儀",《齊
風‧猗嗟》: "儀既成兮",《曹風‧鳲鳩》: "其儀一兮"、"其儀不忒",《豳
風‧東山》: "九十其儀",《小雅‧南有嘉魚之什‧湛露》: "莫不令儀",《小
雅‧南有嘉魚之什‧菁菁者莪》: "樂且有儀"。

《鄘風・柏舟》與“特”並列的“實維我儀”，作“匹配”解。①然而，若取前者，則必矛盾《詩經》的看法，《鄘風・相鼠》：“相鼠有皮，人而無儀，人而無儀，不死何為”，即清楚表明人應有儀。換言之，“無儀”只能解釋為無所匹配，近乎《莊子・齊物論》“似喪其耦”的無對偶、無相對性。詩人欲女性“無非無儀”，實亦基於女子善懷特質而致：“無非”，因否定之產生，無論理由如何對確，始終只是某一原則、立場之決斷，故隨著否定，人同時亦否決自身懷抱他者之可能；同樣，由對象或與對象相對之關係來界定自身之作為（有儀），實如教師反應生徒素質而教、君主因人群之鄙陋而徒事刑罰般，看似客觀，實則狹隘。相反地，“無儀”，如同母親所付出的必然超越子女般，不受相對性所制限之作為，其所形成的教導與示範，始更為真切。“無非無儀”正是女性成立寬大懷抱的先決條件。反之，若女性試圖“有非有儀”地窄化懷抱範圍、堅持特定立場，其虛偽與惡將由此誕生：《魏風・葛屨》對女性雖為“好人”但卻“褊心”之針砭，是其輕微者；《大雅・生民之什・瞻卬》：“人有土田，女反有之；人有民人，女覆奪之。此宜無罪，女反收之；彼宜有罪，女覆說之”，哲婦眼中僅存土田、民人等自我之利，對人亦僅以愛惡為之，此對眾人無情與惑於巧媚人心的結果，將是“傾城”之大厲。

　　對比“其泣喤喤”與“無非無儀”之主體形象，二者之差異是極其明顯的，特別是後者，更迥異於一般對主

————————
① 《毛傳》：“儀，匹也。”

體的設想。為了更清楚闡明這一特殊主體形態，以下再作
申説。

　　應很容易想見："無非"這樣的態度，在對是非、對錯
無能分辨的情況下，事實上絕不可能產生。甚至，是非判斷
若未經再度反省，更不可能實現"無非"。理由非常簡單，
因對於所否定之事物的厭惡感，通常難以遏抑，人更少能主
動放棄已形成之否定意見。"無非"之所以可能，故唯建立
在超越是非意識的更高自覺與自制力上。並且，當"無非"
成為女性衡量他者之態度，這也等於，女性實將"是非之
所以為是非"的關鍵不再繫諸對象，而是自己——自己承
擔對象之是非，由自己之正面性成就"是"、因自身之負面
性造成"非"；"是非"亦因此不只是一種知見、判定或表
態，更是人與對象間之力行。此即"無非"所實現之主體。

　　"無儀"涉及的問題，則關乎自身能否超越因對象而構
成之限定性。表面上，人能在"人／我"這樣的主客關係
中佔有主動地位，便已是最佳狀態了，相反地，不僅順服於
對象者無有主體，人在現實中離開對象而獨自，亦往往只是
無法躍居主位、又不願處於被動客位時之一種逸離，如隱士
之避世。但"無儀"之意義則顯然深於此表面觀法。試先
引同樣主張取消對象性的《莊子·齊物論》"似喪其耦"
説，由莊子對此之分析，作為基礎，檢視《詩經》"無儀"
之義：

　　　　南郭子綦隱机而坐，仰天而噓，荅焉似喪其耦。顏
　　成子游立侍乎前，曰："何居乎？形固可使如槁木，而
　　心固可使如死灰乎？今之隱机者，非昔之隱机者也。"

子綦曰："偃，不亦善乎，而問之也！今者吾喪我，汝知之乎？女聞人籟而未聞地籟，女聞地籟而未聞天籟夫！"子游曰："敢問其方。"子綦曰："夫大塊噫氣，其名為風。是唯無作，作則萬竅怒呺。而獨不聞之翏翏乎？山林之畏佳，大木百圍之竅穴，似鼻，似口，似耳，似枅，似圈，似臼，似洼者，似污者；激者，謞者，叱者，吸者，叫者，譹者，宎者，咬者，前者唱于而隨者唱喁。泠風則小和，飄風則大和，厲風濟則眾竅為虛。而獨不見之調調，之刁刁乎？"子游曰："地籟則眾竅是已，人籟則比竹是已。敢問天籟。"子綦曰："夫吹萬不同，而使其自己也，咸其自取，怒者其誰邪！"

該段之詳細分析，已見本書"詩性"節中對情感主體的討論，在此僅約言其結論，尤其是南郭子綦用來解釋其"似喪其耦"、"吾喪我"境界的最高主體成就——"天籟"所象喻的主體意義，撮要如下。簡言之，南郭子綦指出，"我"與"對象"實為一組存亡與共的概念——無對象，人亦無必求自我；人之所以求自我，亦正因有對象。是以，若人將這相對關係中之"我"視為主體之本，主體永不可能成立，它沒有獨立而不依存於對象之基礎。這一看法，取消了在主客關係中成立主體之可能性。人表面上之主動或主控性，實際上由客體對象所支撐，客體實為此看似主體者之前提。同樣地，一試圖藉逸離主客關係，以實現主體獨立性之主體模態，亦必然受制於對象而無真正之獨立，因逸離仍是對應客體對象而有之反應。"似喪其耦"乃至與之近似的

“無儀”，因而已是超越一般主體看法之上對主體問題的更高論述。而這更上一層的主體，即南郭子綦透過構成“天籟”之“風”所譬喻的主體。

首先，“天籟”所實現之和樂並非聲音共鳴之事，因光就聲響言，其聲亦“地籟”的眾竅之聲而已。“天籟”乃另一層次之和樂。若然，此無聲之樂為何？“夫吹萬不同，而使其自己也，咸其自取，怒者其誰邪”，明顯地，亦即風不自發聲響，卻由對眾竅之吹拂，使眾竅遂行自己，這使他者各是所是之和，構成了“天籟”。風自身之變化（泠風、飄風、厲風），同時亦是眾竅自取之聲，故“怒者其誰耶”，再無法區分究竟竅或風誰之怒。可以説，“天籟”所成之樂，非於萬物之外別有其他，卻又不止於萬物；“天籟”之豐富與無限，連萬物亦無法企及；“天籟”假萬物而發，無自己之聲，但萬物之聲亦僅源於這無形聲之風。綜合上述，透過“天籟”及其主體“風”，我們可將南郭子綦“似喪其耦”、“吾喪我”文主體至高意義，條列如下：

1. 主體無自己（如風本身之無形無聲，南郭子綦之槁木死灰）；
2. 使他者能夠自己者，即主體（如“使其自己”所指出的）；
3. 主體使他者自己且不止於自己（如“咸其自取”所指出的）；
4. 主體主動之範圍為全體他者（如“吹萬不同”之萬）；
5. 主體是使全體一體之樞紐，這是指：包括全部他者均能

　　和合如一，以及主體與此和合之無分（如“怒者其誰
　　邪”所指出的）。

如是之主體，既不隱沒在相互之中，亦為相互之主體，其超
乎一般主客關係中之主體而至高，由此可知。

　　“無儀”作為與“若喪其耦”相同、皆排除對偶性的主
體形態，顯然對前述所涉及的一連串主體定位問題，已然有
所反省，作為以承懷他者作為生命模態之女性，亦自應如同
風對萬物全體之意義般，承擔著使他者成其自己，並和諧無
分的主動職責。然而，莊子所欲避免的主體虛構性固然也是
“無儀”所自覺排除的，但“無儀”仍不等於莊子藉“風”
所體現之主體。理由在於，莊子之反省，始終止於抽象的
“主／客”、“人／我”關係，他對取消相對性的關注如同
“無非”對是、非這相對價值的超越，“風”所象喻之主體
因此更接近“無非”所涉及之主體面向。但《詩經》對人
與人關係的觀法，卻是具體深入每一種關係之中的，這一方
面使得《詩經》並未全面否定“有儀”，另一方面，“無
儀”主體也必然較諸南郭子綦“吾喪我”之主體更為平實、
人性。何以見得？

　　有關《詩經》對“有儀”的看法，如《斯干》對男性
主體之敘述——“其泣喤喤”，或如諸多詩人在戀歌或婚嫁
詩中對配偶的強調，均可見“我”及對偶關係的存在，以
及《詩經》對此不帶一絲否定之態度。條件只在於：在此
對偶關係中，對象確實良善美好，主體本身也同樣純粹
（如嬰孩“其泣喤喤”暗示的純真之思），主體對對象情感
更是深摯而不求回報（如《周南・關雎》君子求之不得後

仍貫徹其愛）。①這些條件，對人們來説，實為人與人交往中
應然、易明之道理，它不必倚賴更高之立場或境界作為支
撑，其真偽和價值更不被“人與人相對”這一形式所必然
決定。主體問題的關鍵是尋常的，對人而言是真實的。如同
《關雎》“琴瑟友之”、“鍾鼓樂之”，“友”與“樂”無法造
假，二者也確實為人與人間至光明之情感；琴瑟、鍾鼓縱屬
人為比竹，其所對應的仍是人真實之友與樂。又或是《大
雅》與《頌》對“君／臣”、“君／民”等相對關係的描
述，雙方各自之獨立與主動性，仍洋溢在詩文之中：如君主
（文王）以德行成就對臣民的教導和提攜，士在王者已逝之
後仍“濟濟多士，秉文之德，對越在天，駿奔走在廟”（《周
頌·清廟之什·清廟》），秉效其德地奔走致力，民則“庶民子
來”（《大雅·文王之什·靈臺》）地主動與上位者親近同樂。
君之為其臣民，臣在無君（君逝）時仍如有君地思行，民
之快樂親和，三者均非相對之另一方所可以強制，故各是主
體。對《詩經》來説，人之得以為主體，非從“我”之有
無言，而先立於締造與對方之友、樂、教化等內在真誠深刻
之連結。此對他人之友愛扶持，在人與人間之意義，實同
“天籟”所達致之一體性，該主體故亦如“風”所象喻的君
主性。差異僅是：此時之主體並不只是如“風”般以
“萬”、“眾”等泛詞，抽象地面對諸竅；也不只是以達成眾
竅“自己”——萬竅自然、勃發、未經修飾之活力，作為
對象最佳的存在狀態，若只是如此，作為對象之“人”與

---

　　① 《關雎》君子故在“求之不得”後，仍有“寤寐思服”、“琴瑟友之”、
“鍾鼓樂之”之愛。

作為對象之"物"是無所區分的，因同樣為萬竅之一，人亦如物之求生生自然而已，別無人性特有的情感追求與更高的嚮往。相對地，在士女、君臣、君民等關係中，其對象始終是平實、具體而獨異的人性對象，其所達成的友、樂或教化，亦不離人性情感與人性期待。換言之，對《詩經》來說，人性始是使人克服對偶與自我造作的真正基礎，非先求對此之超離。這也等於是說：固然在對偶關係中，《詩經》都已提出一對等莊子"天籟"的主體形象和整體；而莊子之說雖似是對對偶性的超越，但歸根究柢，終只是"我"和"對偶關係"種種不同層次之對反與擴充（如不以"我"而以眾多"非我"作為實現之場域、因對象之無限而突破自我原本之有限、以主體與萬物之一體擴大個別的對偶關係等），非真正對此之取消，南郭子綦因而仍止於"'似'喪其耦"。

若在有"我"之相對關係中，《詩經》已能提出一對等"天籟"中"風"所象徵之主體，那麼，"無儀"的意思便另有其他；在《詩經》未否定"有儀"、"好述"的情況下，"無儀"更不應該視為對對偶關係的否決。那麼，這究竟是什麼樣的主體？

簡言之，考慮女性"善懷"等種種性情，"無儀"所反映的，乃詩人期許女性將用心盡可能施於共在對象，不為特定相對關係所限，使主體之實現同時也是對客體世界整體之愛。更重要的是，就女性自身而言，這不被相對關係所限之主體亦意謂著：在所有人物關係之外，女性更應實現一純粹為己之生命。如《大雅·文王之什·思齊》："思齊大任，文王之母。思媚周姜，京室之婦。大姒嗣徽音，則百斯男"

之大姒，她不像大任之於文王，或周姜之於京室（古公亶父）那樣對應對象地實現為人"母"與為人"婦"之成就，而是以繼承大任、周姜二女的德行與性情（"嗣徽音"）為心力所在，並因此達到承擔、成就"百斯男"這更不為對象所圍限的闊大性。易言之，大姒不再以"子"與"夫"（室家）這女性的主要兩類對象塑造自己，而直以女性本身作為效行典範——女性以女性自己為典範。大姒所考慮而實踐的，對自身人格性情的致力而已，作為女性地為己而學習、繼承而已。不過，"嗣徽音"並不等同"地籟"中眾竅自己之聲，因其自發之繼承並無待他者之吹拂，其音聲亦非個體之聲，而是女性這非個體意義底下之生命類型的善美之音。《思齊》詩人更將大姒這無關對象的為己之嗣，以"則百斯男"說明其義："則"指出結果，"男"則正是概括大任所相對之"子"、周姜所相對之"夫"的男性對象之總言。①換言之，女性之"無儀"、女性之致力於女性自身，正造就男性的繁盛。作為兩種生命形態，女性與男性間因而不同於"地籟"中竅與竅的偶然和鳴，而是如"天籟"中風之於竅之意義——女性為男性在其自己之上更高之主體。此主體與更高主體間，甚至不存在風對竅而言之主、客差異，

---

　　①　"子"與"夫"均是"男"，前者是女性所處上下關係中之男性，後者是平行關係中之男性。是以，單獨"男"字，即涵蓋了子、夫兩種對象。對比大姒範式女性地作為女性，"百斯男"或即異性（男性）之泛稱，從而反映女性之於男性之意義——"則百"，使後者昌盛。"則百斯男"故不應如《毛傳》："大姒，文王之妃也，大姒十子，眾妾則宜百子也"所以為乃大姒和眾妾所生之百子，如此除顯示大姒寬大不妒、能平治家室外，實與大任、周姜所具有之徽音內容無涉，特別是周姜媚於大王的女性意味，而作為數量之"百"亦不足以反映類似大任對其子的身教深淺。

因女性（如大姒）亦純粹內在於己而已，連試圖主導他者
（異性）的意識均無，故仍為與男性對等的兩性形態之一。
女性這既高乎其上，又理所當然地對等敬愛對方，以至於雖
為對方之主體，但又未曾在自身之努力外有所他務，故為更
高之主體。

（五）主體於共體中之職志

"朱芾斯皇"、"唯酒食是議"均象徵共體事務："朱
芾"為天子或諸侯所佩，[①]如《小雅・谷風之什・北山》：
"溥天之下，莫非王土；率土之濱，莫非王臣"，以"王"
總括封土及其臣民般，《斯干》亦以"朱芾"象徵天下人
群。而"酒食"，雖為餐飲瑣事，但相對於邦國、天下及其
之有君，卻是支撐人群存在、使之更緊密者。其中，"食"
是維繫人類存續與生活常態之本，包括家庭乃至村里鄰人之
間如何分工、人和他人在日常生活中各種自然而平實的交往
關係，都首先和"食"及食事需要有關。透過耕食，人保
有了生活的常態與自然。"酒"則雖無關民生，卻是人實現
生活期望後必有之飲，人與人同享歡樂而不分彼此的一體之
飲。故《尚書・酒誥》所條列的飲酒時機，除了必須先達
成糧作豐饒、人與人相互協作等"食"事範圍的成果以外，
更繫諸人倫、人事之間是否已實現了對他者之德行。此二
端——生存事務與人情德行——之實踐，也即人在生活中所
期望的全部內容。見《酒誥》：

① 鄭玄箋釋本句："芾者，天子純朱，諸侯黃朱。……宣王將生之子，
或且為諸侯，或且為天子，皆將佩朱芾煌煌然。"

妹土嗣爾股肱，純其藝黍稷，奔走事厥考厥長。肇
牽車牛遠服賈，用孝養厥父母；厥父母慶，自洗腆，致
用酒。庶士、有正，越庶伯君子，其爾典聽朕教。爾大
克羞耇惟君，爾乃飲食醉飽，丕惟曰，爾克永觀省，作
稽中德。爾尚克羞饋祀，爾乃自介用逸。

歸納《酒誥》指出的飲酒時機：一、奔走服事長上、勤勞
孝養父母，父母欣悅；二、君臣上下一志；三、能自省自
學，以致力德行，無愧宗祖神明。可以看到，三者實從事務
與家庭、共體協和之理想、對存在整體與根源之德行對應，
直指出人與親長、上下、神明的一體之樂。《詩經》每以燕
飲作為兄弟、友朋、君臣及人神和樂之背景，並讚歎"既
醉以酒，既飽以德"（《大雅‧生民之什‧既醉》），正反映出酒
所實現的無隔之氛圍，歡愉與溫熱，正是樂於一體共在時之
心境。如同"食"之於生存般，"酒"對人類存在而言，故
亦無可取代。

"朱芾"、"酒食"因此皆喻共體事務，"朱芾"直接顯
示天下共體，"酒食"則由心境和身體兩面之滿足，暗示共
體之於人之意義；"朱芾斯皇"體現了主體對作為客體的共
體之致力發皇，"唯酒食是議"則通過對生活的支撐和滋
養，扶助共體中之人得以主體且人性地存在。二者原則性地
並陳了人類共體的兩類面向。而"斯皇"與"唯……是
議"，則進一步強調兩性對此二類面向的應然態度——或求
具體成就，或使之成為全部心力傾注之課題。男性在共體上
所亟欲實現的成就，因此是如《周南‧兔罝》武夫勉力成

為"公侯干城"、"公侯好仇",或如《大雅・文王之什・文
王》:"思皇多士,生此王國,王國克生,維舟之楨"般,[1]
為邦國或天下的發皇而為,為人類之結合(包括政治、地
域或人文上的結合與傳承)而努力。[2]女性則應關注"酒
食",將這兩項對人而言至根本且生活性之事,視為其唯一
汲汲營營、錙銖必較之課題。可注意的是,《斯干》要求女
性"唯酒食是議","唯……是議"的態度,明顯使"酒
食"變成女性"無非"原則之例外,"酒食"之善否故為女
性唯一應據客觀判準衡量之對象,"議"尤其說明了對"酒
食"之事的謹慎客觀。本段藉男、女所申論之存在職志,
亦可作為對兩類主體其如何體認共體,並承擔其主體職責的
說明。

(六)　主體於人倫中之職志

《斯干》最後對男、女的祝願,則總結在該詩的末二句
上——"室家君王／無父母詒罹"。詩人從一家內部之人倫
角色著眼,闡釋兩性與其內在對象(包括情感、生活以至
命運相連的具體對象)之關係。較前一組來說,雖同樣實
踐在人與人間,但由於對象之內在性,更顯示兩性面對他人
時真實的態度與相應責任。"室家"同時包含了家族與其居

---

　　① 本句"思皇多士……維周之楨"實相當於"朱芾斯皇"之意。
　　② 鄭玄將《斯干》依附宣王,以"朱芾斯皇"連下句"室家君王",
謂:"宣王將生之子,或且為諸侯,或且為天子,皆將佩朱芾煌煌然",過於狹
隘,將"朱芾"解為自身之位得,而"皇"也變成僅血統延續問題。《詩經》
另一次出現"朱芾斯皇"的詩篇《小雅・南有嘉魚之什・采芑》則以方叔對
周室(天子)之建功詮釋本句,應是較為準確的用法。

室、祿位，既可以保有，亦能積累；①而"父母"則僅是家
中長者，從詩人刻意提醒"不使父母遭憂"來看，他們已
非強健而能於生活、心境上獨立者。此柔弱形象，《詩經》
數見，如《周南・葛覃》詩人急迫整裝以"歸寧父母"，
《唐風・鴇羽》、《小雅・鹿鳴之什・杕杜》、《小雅・谷風之
什・蓼莪》、《小雅・谷風之什・北山》對父母待其事養的
憂慮。②不寧與不能獨立支撐生計，始是《詩經》對父母之
"罷"最主要的解釋，亦為本句女性所應盡力避免的首要內
容。父母之日漸孱弱，故與"室家"之規模、可資積累，
完全迥異。本組因此與前一組"夙夜斯皇／唯酒食是議"
的兩性角色有所區分："夙夜斯皇／唯酒食是議"裡，無論
是天下、邦國抑或酒食，共體事務顯然是擺在較為優位的位
置，兩性則以之為職份，有所服事；相對地，一家之主引領
室家，或是不遺留憂患予父母，身為君者、承擔者，兩性都
已是關係中實質之上位者。③詩人的意思故是：男性應努力
成為君長般他人所依靠者，特別是應如《大雅・文王之

---

①　見《豳風・鴟鴞》："迨天之未陰雨，徹彼桑土，綢繆牖戶"、《小
雅・節南山之什・雨無正》、《大雅・文王之什・緜》等對"室家"建立與求
備之觀念，《周南・鵲巢》鳩之"方之"、"盈之"也有類似之意。"室家"當
非家庭，更涵蓋財產與社會份位，甚至具有一定規模，《周南・行露》屢問
"誰謂女無家？"並言"雖速我獄，室家不足"，或非指求婚者室家之禮備與
否，從對方欲興起訟獄及數度對比女家與我之屋塘，該詩或應為作者對對方強
以較高之室家背景侵奪己家，甚至試圖左右訴訟，表達仍不屈從之作，"室家"
性質可見一斑。
②　見《唐風・鴇羽》"王事靡盬，不能蓺稷黍，父母何怙"；《小雅・鹿
鳴之什・杕杜》及《小雅・谷風之什・北山》的"王事靡盬，憂我父母"；
《小雅・谷風之什・蓼莪》，《詩序》云："刺幽王也，民人勞苦，孝子不得終
養爾。"
③　女性可以"無詒"，也說明她實際上之自由自主，無所受制。

什・皇矣》中帝對文王"先登于岸"之期許，嚴格自勉以
支撐、帶領他人；女性在相同情況下，則應特別留意那些落
後、未能獨立，以至於在情感上既充滿殷切期待卻又因之不
寧的弱者，若連這些人都能解除其憂，那麼亦再沒有人將遭
受忽視或失去照護。歸納而言，男子在人與人之前，引領人
向前之步伐；女性則在人與人之後，為保有全體，使人無後
顧之憂。二者雖僅從男、女兩性言，但亦是對人在人倫中之
德行向度的說明。

　　《斯干》有關男、女兩性的看法如上，其餘細節及個別
情境下變化之軌跡，亦幾可由此推衍而知。綜合地說，男性
因具有天生較優越的生理體能力量，故以實踐、作為、創
制、開拓、引領、發皇等為其必然且應然的取向，這些取向
由於均直接作用於現實世界，故不但顯著，亦要求著與現實
的客觀對應，男性性情之客觀性、試圖在既有狀態下進行更
高之創為，且需以人格德行為本，皆基於這一天賦特質。相
對地，女性的柔弱體能與生理限制，使其另闢生命路徑。她
別於男性在客觀世界中的各項致力，而以情感懷抱、自然生
活等表面看來較為隱微、無所突出之實踐為主；其拓展並豐
富自身之方式，來源於對他者、特別是弱者之承擔，而非如
男性般首先是對一己之開拓；其對種種是非、輕重之取捨態
度，亦顯示女性對價值極其敏銳而自覺、自主的高度素養。
可以看到，《詩經》面對男、女兩種生命形態，實按其傾向
給予了各自充分的肯定。不過，就存在角度言兩性（即前
述第 4 至 6 項對二者天性差異之論析），《詩經》顯然賦予
女性類型更高、更深，卻又更根本之意義，這是我們重新回

顧天性差異問題時，必須意識到的一極具典範性的看法。

　　本節便以兩性所概括的"人為趨向／自然趨向"、"動態生命／靜態生命"、"德行性／日常性"等本然性向與實踐模態為基礎，申論了這些不同天性素質有機交織之後，所走向的主體形態，及他們向外面對人類共體、向內面對切近人倫時之關切與所扮演的角色。這些差異並非一般見於個體之間的性格或能力差異，[1]更非個人或特定族群、階層的主觀取向，是十分顯而易見的。它們不可被比較，故實質地構成了人類彼此真正客觀的差異；其他看似差異但卻能夠被比較或甚至較量的質素、傾向，反而只顯出同一向度中的級距與類型而已，非人與人真正差異所在。而在人類身上能夠客觀刻畫出的差異，以及能夠涵蓋所有人群主要大向度的屬性，也確實盡乎於此。兩性論述在天性差異問題上所具有的代表性，由此可見。

二　論相異者面對面之道

　　在人類世界中，人們所面對的一個更直接的挑戰，也就在這人與人不全然相近、相同的現實背景下出現，那就是人群結合這看似潛伏著無數內在矛盾、衝撞的問題。先秦所重視之"禮"，其中一項主要精神亦在於解決人群和諧的。[2]但禮所處理的面向仍有絕大比例涉及後天社會人群之一面，它

---

[1]　例如，即使是體能上的強弱差異，在這裡也不構成個體與個體的能力之分，理由是，體能強者所踐履而成的動態生命和弱者所懷抱的靜態生命，各有著不同的向度與目標，二者因而是不可比較，也不因體能強弱而有高低。

[2]　《論語・學而》："有子曰：'禮之用，和為貴。先王之道，斯為美。'"

面對理的人與人之差異，因此如荀子所謂之“分”，①更是社
會性的貴賤、貧富、強弱、小大等“上一下”差異，或如
本書“民性”部份所曾提到的“人一我”相對意識之事，②
故指向的問題核心偏向物資之養與分配（“義”），以及對民
眾自我觀感的扶持等存在層面之事，以期最終能夠達到各有
所養、各復其情的人道境況。然而，從禮所欲實現的生養所
需及情感來說，二者實際上都是人本共通、同然的；即使是
天子之養，在較他人之養更為高貴的外表下，能養其體膚生
存者仍與他人之養無有不同，看似獨特的威儀更本於社群的
共同期待。換言之，禮所處理的差異性（“分”），實際上非
在人與人之間無可跨越、無可溝通一致的差異。相對地，如
上節所述種種相異、相對的趨向，既本於天性、天賦而無可
改異，更各有其獨立價值，這類差異對人群結合而言，將更
為尖銳，也更形迫切。那麼，就天性差異這一層面來說，在
相異者不能迴避彼此的現實世界中，人們究竟該如何自處？
如何看待與自己相異之對方？如何定位差異？種種差異又在
彼此的具體交接中發生何種作用或影響？雙方對此共存事實
是否抱持願景？如何安置各項差異之輕重本末？孰為此共存

———————

① 《荀子・榮辱》：“夫貴為天子，富有天下，是人情之所同欲也；然則
從人之欲，則埶不能容，物不能贍也。故先王案為之制禮義以分之，使有貴賤
之等，長幼之差，知愚能不能之分，皆使人載其事，而各得其宜。然後使穀祿
多少厚薄之稱，是夫群居和一之道也。故仁人在上，則農以力盡田，賈以察盡
財，百工以巧盡械器，士大夫以上至於公侯，莫不以仁厚知能盡官職。夫是之
謂至平。故或祿天下，而不自以為多，或監門御旅，抱關擊柝，而不自以為
寡。故曰：‘斬而齊，枉而順，不同而一’，夫是之謂人倫。《詩》曰：‘受小
共大共，為下國駿蒙’，此之謂也。”
② 參見本書“民性”第三節“現實中民之扭曲與困境”。

關係中之主體？對此一連串問題的解答，實説明了相異者和諧共存之可能途徑與意義，而各項差異也因其對彼端的作用，而顯出作為差異真正之意思——差異非只是另一形態，更是與己實際的對比和衝撞。那麼，該從何切入？以下，我們仍以《詩經》對兩性的討論為中心，加以説明。而《詩經》兩性情感之詩，包括雙方戀歌以及部份婚嫁作品，則是我們認為對上述問題最為貼切的刻劃。然由於篇幅所限，本節將不討論那些固然涉及兩性，卻因雙方長久相處而不再突顯男女之情的作品，①或那些可代入其他交往形態、未明確交代人物關係的詩作。②對於各種扭曲、敗壞的兩性關係，本節所進行之分析，亦僅著眼兩性本身之性情作用，至於鄰里議論、時代風氣或地域性等一切外在因素，則非本節論述重點。

（一）兩性關係分析

簡言之，對性情傾向、日常參與之事務性質，以至於主體與生命形態各方面均相異的男性、女性來説，建立相互趨

---

①　如婦人懷念征夫之作，所詠情感與家人懷念行役者之情大致接近，故不須獨立視為兩性情感。

②　如《召南・摽有梅》，學者多指為女子提醒男性及時追求之詩，但這勸諭庶士之“我”實可代入其他身份，如賢德之人、體健活力之人、子孫或從屬眾多之人等；加以“梅”於《詩經》多指淑人君子，如《秦風・終南》：“終南何有？有條有梅。君子至止，錦衣狐裘，顏如渥丹，其君也哉！”《曹風・鳲鳩》：“鳲鳩在桑，其子在梅。淑人君子，其帶伊絲。其帶伊絲，其弁伊騏”，而《陳風・墓門》由“梅”所象徵之“予”、《小雅・谷風之什・四月》對嘉卉栗梅之廢為殘賊的感嘆，也反映梅之嘉淑，不必特喻女性。又如《邶風・終風》，雖可釋為婦人不得於其夫，但該詩情境與《邶風・柏舟》亦極近似，詩中所云情感非婦女專有，亦可不論。

近、協和之關係，本是難能想像的，但在人類實際實踐出來
的結果，卻是兩性各附深衷之締結。此亦為《詩經》所陳
述和肯定的兩性關係。如《召南・野有死麕》和《鄭風・
女曰雞鳴》所詠歎的親密和喜悅，①或是如《衛風・伯兮》
般的夫婦情誼，②皆是明顯的例子，更不用說其他傾訴對異
性一往情深之愛的作品。顯然，兩性所能達致的內在相知與
存在上之共同一體，是連血脈相連、共同生活之父母子女都
無法超越的。③這些事實非常清楚地表明：兩性間實際上並
不存在因相異而無法協和、不相傾慕的必然隔閡。是以，在
對兩性關係的討論中，最初反映出的問題實是在於：促成
男、女克服差異而彼此一體的基礎是什麼？換言之，兩性關
係究竟建立在什麼之上？

　　有關這一問題，無論由人類經驗或《詩經》內容觀之，
關鍵似都不在女性。若女性確如《斯干》所言，致力重現
與週遭諸人之情感，並盡心維護生活與弱者，她必然極少主
動放棄或破裂與他人之關係，甚至不欲面對太多新變。該特
質在處理兩性關係時，也應如是。《詩經》因此僅見棄婦

---

　　①　《召南・野有死麕》："野有死麕，白茅包之。有女懷春，吉士誘之。
林有樸樕，野有死鹿。白茅純束，有女如玉。舒而脫脫兮，無感我帨兮，無使
尨也吠。"《鄭風・女曰雞鳴》："女曰雞鳴，士曰昧旦。子興視夜，明星有爛。
將翱將翔，弋鳧與鴈。弋言加之，與子宜之。宜言飲酒，與子偕老。琴瑟在
御，莫不靜好。知子之來之，雜佩以贈之。知子之順之，雜佩以問之。知子之
好之，雜佩以報之。"

　　②　"自伯之東，首如飛蓬。豈無膏沐，誰適為容？其雨其雨，杲杲出日。
願言思伯，甘心首疾。焉得諼草，言樹之背。願言思伯，使我心痗。"

　　③　《邶風・凱風》："有子七人，莫慰母心"、《鄘風・柏舟》："母也天
只！不諒人只！"甚至是《大雅・生民之什・生民》姜嫄之棄子，都反映出父
母子女心意間仍不免有隔。

詩，而無被離棄之夫；並且，在棄婦詩中，婦人縱然離開，
但對於“黽勉同心”、“及爾同死”(《邶風·谷風》)、“女也
不爽”、“及爾偕老”、“信誓旦旦”(《衞風·氓》)，這在夫妻
關係中曾經勉力且認同的方向，亦未因婚姻破裂而改觀。反
之，男性因以創制、實踐為其特有之生命模態，故即使非關
人格（如對情感忠貞與否），這基於天性使然的動態生命，
亦使他與女性的締結不得不處於不穩定的境地。於此情況
下，女性若不能配合男性生命進程而變化，男性對其之戀慕
勢必不能長久，但變動卻悖逆著女性原本的靜態性。是以，
若欲同時符應兩性生命模態，唯有當男性擇偶時，能夠客觀
地選擇一真正為其所肯定之對象。易言之，以對象之客觀價
值作為情感之本。如此之客觀性，始對應男性的生命取向和
特質。更具體地說，男性所愛慕之女性，必須具有確實可被
傾慕的素質；甚至，為使關係更為穩定，此正面素質最好更
必須與男性自己之生命嚮往有所呼應，乃至於，直接即是男
性所志向之生命的當下體現。若然，女性才得以不必變動、
卻仍密切切合於男性的生命進程——她居於男性一生致力之
終極，故作為男性終生之追求之故。《詩經》在勾勒男性戀
慕情感時，因此均不忘讚美對方之品性、素質，藉以呈現出
男性情感非只源於主觀激情，更有其客觀根據——他是真為
對方的客觀善美而愛。如《周南·關雎》之“窈窕淑”，
《鄘風·干旄》和《齊風·東方之日》之“姝”，《鄭風·
有女同車》的“顏如舜華（英）”、“洵美且都”和“德
音”，《鄭風·野有蔓草》美人之“清揚婉兮”，《陳風·東
門之池》姬女之“美”與“淑”，《陳風·月出》之“佼”，
《陳風·澤陂》美人的“碩大”、“卷”、“儼”，《豳風·伐

柯》見女子賢於家事的"籩豆有踐"等。而在以夫婿視角
為主的歌詠婚嫁之詩中，如前已引述過的《大雅・文王之
什・大明》、《大雅・蕩之什・韓奕》般，則必述明新婦背
景，對對方的出身和品德，表達直切的肯定。甚至於某些詩
篇裡，詩人更將男性一生所欲趨向之終極，直接指向所深愛
之女性。如：《邶風・擊鼓》、《鄘風・君子偕老》、《鄭風・
女曰雞鳴》、《鄭風・野有蔓草》裡，男士數度盼與女性
"偕老"、"偕臧"的心願，即說明對女性之追求，象徵著他
一生（"老"）朝往美善（"臧"）之實踐。又或是《周南・
關雎》的"君子好逑"，詩人非僅求配偶或伴侶而已，"逑"
的匹偶之意，已扼要詮釋出君子期待生命能夠彼此共相呼應
的理想；他對淑女的寤寐追慕，故非以得到情感回應為目
的，其更深刻的意思是，在對方已臻"窈窕淑"之美善時，
自身亦能發憤趕上、成為一能與她質量對等之生命，如此始
成就"對偶"真正之意義。易言之，"窈窕淑"之美善既是
君子深愛女子的理由，也是君子自身欲實現的生命內容。這
亦無怪乎《鄭風・出其東門》詩人要如此強調對方作為其
"思存"對象，因為，對女性之愛慕與對自身生命之志向，
唯有一致，情感始不會因生命的拓展、變動而無以為繼。情
感之深厚，故與自身生命之所向，有著正比關係。相反地，
若無此，則一時之戀慕終究不能成為衷心之愛，或只如
《秦風・蒹葭》伊人"白露為霜"、"宛如"般，因對象的
迷離未定，而致情感的徒勞和暗晦，如同困圍於水，茫然不
知所向。對男性而言，女性所實現之正面性，在彼此相互親
和的關係中，意義故是極為重大的。

　　相反地，以異性之正面素質為要件的戀慕形式，在

《詩經》中卻不是女性愛情的常態。女性固然表現出對男性君子之傾慕，不過，如同《豳風・七月》女子盼與公子同歸之願、①《王風・丘中有麻》因留姓之人到來而喜悅般，②皆直接指向其人，而不論其素質；又如《齊風・東方之日》女子雖在戀人身後躡足其跡，③卻沒有追隨對方生命內涵的意味，而只是主觀眷戀之情的流露，與男性在愛情中"偕老"、"偕臧"、成"逑"的設想並不相同。《詩經》甚至舉《衛風・氓》與《鄭風・遵大路》二詩，極端地顯示出女性刻意無視對象正面素質，甚至否定正面素質之必要性的特殊情感態度。見《氓》詩人的説法：

> 氓之蚩蚩，抱布貿絲。匪來貿絲，來即我謀。送子涉淇，至于頓丘。匪我愆期，子無良媒。將子無怒，秋以為期。

本段陳述了女性詩人對婚姻破裂成因的反省。可以看到，從藉口買賣以謀求婚事開始，至因"無良媒"而被拒，婚期驟延而惱怒等一連串言行反應，男子明顯處事粗疏而毫不知禮，然而，詩人於當時卻對此仍然保持寬諒，頻頻解釋，並期盼男子的理解和忍讓，"將子無怒，秋以為期"多麼清楚地反映出詩人仍亟欲回報男子的期待，以承諾安慰對方之

---

① "春日遲遲，采蘩祁祁。女心傷悲，殆及公子同歸。"

② "丘中有麻，彼留子嗟，彼留子嗟，將其來施施。丘中有麥，彼留子國。彼留子國，將其來食，丘中有李，彼留之子，彼留之子。貽我佩玖。"

③ "東方之日兮，彼姝者子，在我室兮，在我室兮，履我即兮，東方之月兮，彼姝者子，在我闥兮，在我闥兮，履我發兮。"

心。換言之，這一切在今日看來莫不是婚姻命定走向失敗的預告，在當時卻未被女子所在意，她無視男子的無禮而未加警惕。原因為何？顯然，正在本詩首標的"氓之蚩蚩"——所有的粗疏和不知禮，也只由於對方實為質樸拙厚之人，而無關輕蔑或刻意之無禮，男子的做法也只是無心之過，未經修飾而已。故他"抱布貿絲"而不能坦率、循禮地"來即我謀"，對詩人而言，也僅是其人羞赧、樸拙的結果，故需假藉他事、間接言之；他因愆期而逕自發怒，亦莫不是對己情感之急切奔放而已。質厚樸實，本應是多麼值得肯定而珍貴的性格，特別在情感關係中，不才更顯出其人及其情感之信實嗎？詩人藉"氓"、"蚩蚩"對比"良媒"所象徵的人為禮節，以人的樸實自然相對於儀節的繁複修飾，以本質之不惡對比外表或外在人事（"媒"）之良善，更對照出其當初取自然淳善、捨人為修美，重視本質而不計外表的理所當然。然而，這蔽於"蚩蚩"品性而有的種種體諒，最終竟成為她不幸的源頭。若質樸淳厚乃人客觀、實質的良善素質，《氓》以女性情感角度發出的質疑，無疑是令人詫異的，這等於懷疑了對象的良善素質在情感關係中之意義，甚至更反轉地視之為情感關係裡的負面因子。若然，女性將據何種原則擇偶？乍看之下確實讓人費解。

另一首《遵大路》所表現出的態度，則更讓人意外：

> 遵大路兮，摻執子之袪兮。無我惡兮，不寁故也。
> 遵大路兮，摻執子之手兮。無我魗兮，不寁好也。

女主人翁的情感處境較諸《氓》輕微，然而章末所反映出

之心態，卻似更加主觀而無理："無我惡兮，不寁故也"、
"無我魗兮，不寁好也"──這些看似自然的請求，若非只
是宣洩愛憎情緒的話語，而是實質的敘述，那麼，"惡／
故"、"魗／好"之對比，實讓女性無忌於客觀正、負事實
的情感態度一覽無遺──女主人翁在見惡於對方時（即對
方已不能再從自身上見到可愛慕、肯定之素質，不再抱持攜
手偕臧之未來期許時），反欲對方回復對己已逝之重視、或
情感初萌時盲目美化之印象，從而矇蔽現下真實感受；在對
方已察見自己之短而視之為醜時，反要求將此轉化為愛好，
使醜亦美。這些在戀人間因相處而逐漸顯露的好、壞事實，
抑或是情感上發生的異變，在女詩人口中皆能反轉，如同她
強拉住已踏上道路的男性，試圖將之掉頭轉向般，實際上並
非理性、客觀的說詞，或更精確地說，這實是完全相反於男
性以對方之良善美麗作為戀慕基礎的主觀要求，為男性所無
法想像。

　　兩性關係之維持，因此不如早先所以為的，單純繫乎男
性情感的穩定性而已；因為，當男性客觀地以對方之正面素
質作為兩性情感發源及持久真實的先決條件，而女性卻未有
對此同等程度的重視和需要，甚至更出現否定或反轉意圖
時，兩性間的歧異與矛盾，便非僅來源於各自生命形態之差
異而已。二者在情感中所視為根本的內容、所期待達成的境
地，亦顯然有別。這使得兩性交往似乎更難協和無間。不
過，反過來說，就《詩經》指出男性之愛終究透過女性正
面素質維繫這一點而言，雙方間的分歧反而獲得了解消的機
會。因為，歸納上述對於兩性互動的描述，產生兩性問題的
原因，整體來說，實只有二：一是，兩性均未能實現自身之

性別形態。故如男子出現"二三其德"①等情感浮淺之病，多半與其人本來即無自身真正之志向生命有關，因心無嚮往、也未曾對任一目標身體力行，他在女性身上所追尋的素質只能繫諸一時好惡，缺乏客觀的支撐。同樣地，若不由遭棄這被動結果看待女性情感際遇之失敗，而根據《氓》詩人自省過誤後所得出之結論，那麼，女性循男性模式（以對方所具之正面性為先，如視"蚩蚩"敦厚樸實較"良媒"為真）的做法，便恰恰是導致其情感關係無法長久的原由。這一事實清楚地說明了：兩性之所以離異，並非從二者之差別所致，兩性非先天地無法締結一體；相對地，此生命形態與情感上的差異必須保留，愈能獨立實現各自本色，情感便愈可能獲得穩定而對確的基礎，兩性差異反而才是保證兩性協和的前提。產生兩性問題的第二個原因則是，若男性之愛必從對象具備呼應自身生命嚮往之素質而成立，而女性擔當了此一客體，那麼，男性在兩性交往關係中的態度行止，反而是規律而可預期的，他的情感客觀而安定；反之，女性無論對己或對男性對象在情感意義上之評量，卻有著如《氓》或《遵大路》那樣狀似無忌客觀事實的任意性，兩性問題就非如前述所以為的單純在男性之變動本質上，而更在於女性——女性並沒有可從"正／負"素質、"好／惡"情愫，以至於關係之"今／昔"、情感現況之"真／偽"等客觀事實上找到其情感依據的線索。特別是，當女性正是男性"偕老"、"偕臧"之標的，女性這毫無明確準則的情感態度，在兩性情感中具有的影響將更為關鍵。她一方面主導著

---

① 分見《衛風・氓》、《小雅・魚藻之什・白華》。

兩性"偕老"、"偕臧"將趨向的內涵，左右著從差異中創造出的人類一體締結風貌；①另一方面，她如何體現一種既合乎男性期待但又純然女性之正面性，如何能僅為女性所特有而令男性必然追慕，都是我們接下來必須思索的課題。

（二）心作為關係之最後真實

我們應重新辨別女性在兩性情感上的做法與重心。首先，觀察《詩經》中受到稱美的各類正面素質，可以看到，許多素質實際上是男、女通見的，如"清揚婉"、"孌"，以至於其他關於淑善、"德音"等德行層面的表現。②並且，透過部份詩例，我們甚至可以發現，就像《斯干》要求男性應發皇顯赫般，男性所實現的品質或規模更不乏較女性可觀的情形，例如文王所實現之"清"與"德音"。這一現象說明了一項非常重要的事實，即：若男性（如文王）明明可達成較女性更高之素質成就，卻仍以女性（如大姒）為理想，那麼顯然對男性而言，女性素質之所以更高，就不是素質之內容、或成就之大小有無上，而是在呈現這些素質或生命方向之形態上，女性無可取代。女性在實現這些素質的同

---

①　事實上，這亦呼應上節討論兩性主體形態時，"無儀"所反映的女性作為兩性中較高之主體的說法。

②　"清揚婉"（或分言"清揚"、"婉"），如《鄘風・君子偕老》、《鄭風・野有蔓草》形容女子，《齊風・猗嗟》形容男子；"孌"則有《邶風・泉水》、《邶風・靜女》、《曹風・候人》、《小雅・甫田之什・車舝》形容女子，《齊風・甫田》、《齊風・猗嗟》形容男子；"德音"則如《鄭風・有女同車》、《小雅・甫田之什・車舝》形容女子之言，《秦風・小戎》、《豳風・狼跋》、《小雅・鹿鳴之什・鹿鳴》、《小雅・南有嘉魚之什・南山有臺》、《小雅・魚藻之什・隰桑》、《大雅・文王之什・皇矣》、《大雅・生民之什・假樂》形容男子之言。類似上述兩性通用同一形容之現象甚繁，不逐一列舉。

時實現了另一成份，後者塑造了素質的形態，也是使之更為
美好的原因。但那究竟是什麼？

　　試觀女性在戀慕情感上所重視的面向。舉《鄭風‧女
曰雞鳴》裡男士欲將獵獲和女子分享、飲酒同樂以偕老、
御琴瑟而莫不靜好之願時，女子的回應為例：

> 知子之來之，雜佩以贈之。知子之順之，雜佩以問
> 之。知子之好之，雜佩以報之。

“知”字連言三次，說明了她對對方心意的關注和理解。心
意，這是女性於情感關係中至為重視的內容，無論是從對方
或自己言，所重者唯雙方實現於彼此關係上的良善心意。故
“子之來之”、“順之”、“好之”乃對方之心，對他心意之
“知”則是自己之心，不能直接以心為情感中最純粹之對
象，這亦將是自身無心的表徵，其後“雜佩”以應，也僅
是為具體呈露此心之堅定和澄明而已。同樣，《衛風‧木
瓜》以玉石回應對方餽贈之豐碩果實，亦非只是物與物、
得與授間的往來回報，“匪報也，永以為好也！”正因為深
知這一切餽贈也即心意之付出，故再不能以對等或物贈價值
上更高的回報詮釋此刻內在的動容，而必以“永以為好”
這樣的心意作為心對心的回應。[①]反之，女性在情感中若有
所怨，原因也都來源於心意的匱乏，如《邶風‧谷風》對
夫君未能與己“黽勉同心”之嘆；又如《鄘風‧芄蘭》“童
子”之譏，《鄭風》裡數篇責備男方為“狡童”、“狂童”

---

① 詳論另參考本書“民性”論。

的作品,①均是針對對方之"狎"、"不我知"、"不與我言"、
"不我思"等不同程度或方面之無心意的反響,這與同篇什
的《東門之墠》、《子衿》嘆息男方"不我即"、"不嗣音"、
"不來"如出一轍。前引《氓》亦然,"無良媒"實際上也
是心意不足的反映。該詩正藉婦女初始之錯估,對比心意真
偽。急於擇定婚期、與女子結成伴侶之心意,雖是情感之熱
切,但這與"良媒"所代表的顧念終究不同。後者已不僅
是個人心思、情愫之真實,更是立於對方處境而有的心意,
這較殷切的慕求更為心之真摯。詩人這一醒覺,亦反映出,
其最初對氓之"蚩蚩"的認同,並非純粹基於如男性般對
對象正面素質的肯定使然,相對地,女性通過敦厚素質所更
為關注的,實是對方之心意(如其心意之誠懇無偽),非敦
厚本身。而敦厚樸實在情感關係中之所以不足夠,也由於它
始終只是個人自己之品性,而無關對他人之心意;氓之有異
心,故仍不矛盾於他本質上的樸拙誠懇,他對棄婦之無情,
反而更是其情感狀態的忠實呈現。如是,我們不難理解何以
詩人能在《遵大路》中狀似任意地反轉既成之好惡、客觀
之善醜,因好惡、善醜對女性而言終究是心意之事,既是心
意可以自決,也是心意足以變化、改善的;無忌於事實而仍
努力於情感關係之善美始更是心意的,是情感中更根本者。
相較於此,男性固然在獲悉對方心意時同感喜悅,但所理解
的意義卻不相同,心意仍必歸結為其人可肯定之質素,因質
素而致,非反過來視質素為心意表露之媒介。如《邶風·

───────────

① 見《鄭風·山有扶蘇》、《鄭風·狡童》、《鄭風·褰裳》。

靜女》，後二章作為禮贈之彤管和白荑，乃女子心意之寄
託，①然而，詩人"説懌女美"②——其於禮中所見者，是靜
女自身之"美"，這才是他感到喜悅的真正原因；"匪女之
為美，美人之貽"——詩人甚至將女子有意之餽贈（"為
美"），直接視為其人之美的結果（"美人之貽"）。易言之，
"姝"、"孌"、"美"等女子所具有的美好素質，才是男性
主人翁傾慕之所在；心意如同禮物，則只是體現這些素質的
媒介而已。

　　女性於情感關係中對心意的重視，以及對對象素質的觀
法，最直接反映出的差別在於：心意所具有之主動性與情感
的豐富程度，明顯較男性之傾慕之情更甚、更自發不受限
制。是以，她不僅可如《遵大路》所期盼的，超越對象素
質及因之而生之好惡；亦可同《邶風・谷風》之主人翁般，
即使對方"不我屑以"、其心已不可挽回，亦未曾改變其
"何有何亡？黽勉求之"對家庭事務的努力；而如《氓》詩
對"信誓旦旦"的強調般，女性往往對情感中的承諾極其
在意，原因也正由於她對心意力量從未懷疑之故。此情感主
動性與豐富程度上的差距，因而讓女性能夠在《木瓜》、
《女曰雞鳴》中更加盛意地回應男子之情，但《鄘風・甘
旄》裡的男性詩人卻在面對女子之姝美時僅能發出"彼姝
者子，何以畀之？"之問。理由何在？由《鄭風・溱洧》往

---

① 《靜女》："靜女其姝，俟我于城隅。愛而不見，搔首踟躕。靜女其孌，
貽我彤管。彤管有煒，説懌女美。自牧歸荑，洵美且異。匪女之為美，美人之
貽。"

② 鄭玄與三家《詩》皆主張"説懌"為"説釋"，解説意。此説已為學
者所否定，解為"悅"。《小雅・甫田之什・頍弁》："庶幾説懌"，可為佐證。

觀溱、洧之事為例，略加説明，以下舉其首章：

> 溱與洧，方渙渙兮。士與女，方秉蕑兮。女曰：
> “觀乎？”士曰：“既且。”“且往觀乎洧之外，洵訏且
> 樂。”維士與女，伊其相謔，贈之以勺藥。

作為離別前夕男女聚首之詩，其青春愉悅卻掩蓋了分離前本
有的惆悵。理由當然在觀訪溱、洧的過程令二者同感歡樂之
故。然而，就士初始回應女子提議時所答的“既且”，可以
知道，無論是因為如字面所云般已曾觀覽二水而予以推辭，
抑或是離情依依讓士再無心參與喜慶活動，士所考慮者，如
同他在情感中傾注於對象質素這客觀面向般，亦當下客觀之
事實，但這亦使他無法解開内心之沈鬱。真正促成兩人往觀
而樂者，為詩中的女性主人翁，她毫不介意重複造訪，僅盼
望從感受二水的開闊渙然中，重拾過往攜手同遊時之樂。能
夠同樂，較觀看新景更珍貴，就像同樂遠比因即將分離而傷
感，更將是情侶珍藏的回憶。當《溱洧》各章重複提及士、
女再度觀覽溱、洧而戲謔笑語時，詩人顯然也指出，士原有
的低沈亦已為這同樂之光景所取代。非離別不再使人哀愁，
而是相互為實現共在喜悅的心意，使人在哀愁面前亦能無所
疑懼地感到光明。其後贈以勺藥時所呈現出之平靜，亦正是
對心意超越客觀離合，而為彼此所信守、珍重不忘的意義之
説明。更應注意的是，詩人不僅再度強調了和《遵大路》、
《谷風》相同的心意力量，更透過士在行動與心境上的轉
變，顯示心意的效力，固然似僅限於主觀感受，但對人而言
之真實性卻更高於客觀層次之事實或素質。這是一切正面素

質若由女性加以實現，縱然在規模或成就上不見突出、卻必然為男性所追慕的原因，其背後始終以這更高之真實性作為基礎之故；而一客觀上趨於負面的事實或素質，之所以未必止於負面，亦如同《斯干》"無非"所說明的，都尚非心對此的最終評價。

　　女性因此並非決絕地否定情感關係中所存在的客觀正面素質，但她藉著對心意的更高重視，突顯出男性尚未意識到的兩件事實，即：心意實為觀人時洞見其真實為人的最內在準則，以及人與人關係無待其他客觀性支撐時，其關係自身無條件之真實。透過如此之為人與如此無條件之關係，所實現之情感，是更為善美的。如前引《鄭風‧女曰雞鳴》，女子所知者實不止於男士"來之"、"順之"、"好之"等任一思行，更是"知子"——對"對方"的明白。這是因為心意所據以傳達的，非人的單一素質、單一行動，甚至非單純個己自我之情感。如是，亦才使人與人的情感再無晦暗、純然光明，人面對他人亦才再無畏懼、再不自限其努力。

　　以上，結束有關兩性情感關係之討論。透過這彼此吸引、追求一體協和的面對面關係，可以清楚看到：兩性之所以能以互異的生命形態達成一體締結，其先決條件，在於二者對兩性情感的觀法及重視內容並不相同——男性以忠實於本身生命之行的方式傾慕女性，女性則以對情感關係之心意作為兩性情感之實。於此前提下，女性實現的正面性為男性所必然傾慕，縱然它未必在規模或成就上超乎男性，但其純然主動與無我，以及在各種客觀事實之上締造出之光明肯定，則無可取代。這由兩性締結所示範出的相異者面對面之道，因此說明了幾項在此類面對面關係中，能使關係更為真

實而穩定的必要準則：一是，相異者必須保持自身本然，如
客觀而進取有為者必須在關係中亦同樣貫徹其客觀與進取有
為，情感性地懷抱一切者亦應傾注情感以承懷關係中之所
有；二是，相異者對此關係之理解與期待，乃至應對此關係
之方式，亦必須本於自身本然；三是，心仍是克服一切人與
人差異所造成的對立、分裂的根本。

三　論天性於人之意義

　　由上節對兩性締結本末的討論，我們已解決人與人如何
於客觀差異中相互結合的問題，並確立其準則，相異者的共
在交往因此已無疑慮。本節將進一步討論的是，當這些差異
實際落實於世界，其對人類整體而言的意義何在？特別是若
這些相異趨向、模態、價值各自臻於極致，它們所共同形塑
的人類世界又是什麼樣的？它們將為我們帶來何種啟示？

　　對應此，那能夠超越個人生命發展或特定階層之交誼、
從人類整體著眼的《大雅》、《頌》作品，就成為我們首要
觀察的對象。在這些詩作裡，《詩經》藉擴充兩性的具體影
響，指出了兩股文明動力。它們和《大雅》、《頌》篇什中
對於商、周歷史傳統與民族性格之交融問題，[1]《小雅》裡

---

　　① 如《大雅·文王之什·文王》、《大雅·文王之什·大明》、《大雅·
文王之什·皇矣》、《大雅·蕩之什·蕩》皆可見對殷、周問題的討論，而
《頌》更立《商頌》，以與《周頌》、《魯頌》並列。對殷、周之共在、兼融與
反省，是《詩經》中樞重要的主題，而其所涉及的，包括了兩文明的興衰交
替、民族命運、價值精神，及彼我特殊之情感，且無一不影響天下。

主、賓兩位格之對等和諧、①王事與父母人倫間之取捨等,②
重要性相當,都是詩人論述文明議題時經常並舉的相對切
面。概括而言,以男性形態為基底的人文實踐,仍同前二節
涉及之情形般較女性顯而易見。即使不論《大雅‧文王之
什‧文王》的天命維新、同篇什《緜》的築室立業之功、
《靈臺》與民同樂之經始、《大雅‧蕩之什‧雲漢》王臣敬
禱之德等具體可觀者,《大雅‧文王之什‧棫樸》六師追隨
周王及詩文形容後者"追琢其章,金玉其相"、甚至譬喻為
"倬彼雲漢,為章于天",亦都可見君、父與其子嗣、俊士
前後相率而行的男性本色。相對地,女性對文明的推動情況
則隱性得多,除了《思齊》首章直接提及大任、周姜、大
姒之外,③《大明》與《緜》中的女性貢獻都是從與男性主
人翁的婚配關係言,④不僅著墨甚少,也未對其獨立影響做

① 此類主題尤見諸宴飲詩,如《小雅‧鹿鳴之什‧鹿鳴》、《小雅‧南有
嘉魚之什‧南有嘉魚》、《小雅‧南有嘉魚之什‧彤弓》、《小雅‧南有嘉魚之
什‧吉日》、《小雅‧谷風之什‧楚茨》、《小雅‧谷風之什‧信南山》、《小
雅‧甫田之什‧賓之初筵》等,亦見於《大雅‧生民之什‧行葦》、《周頌‧
閔予小子之什‧絲衣》等。主賓涉及的是共體內部的力、德問題,故相關作品
中多有"序"、"德音"等與之有關的描述。

② 如《小雅‧鹿鳴之什‧杕杜》、《小雅‧鴻鴈之什‧沔水》、《小雅‧
谷風之什‧北山》,乃至《周南‧汝墳》、《唐風‧鴇羽》等,均見王事與父母
之養相衝突之嗟嘆,它所指向的問題乃國與家這內、外兩向度的矛盾。

③ "思齊大任,文王之母。思媚周姜,京室之婦。大姒嗣徽音,則百斯
男。"

④ 見《大明》:"摯仲氏任,自彼殷商,來嫁于周,曰嬪于京。乃及文
王,維德之行。大任有身,生此文王"、"文王初載,天作之合。在洽之陽,在
渭之涘。文王嘉止,大邦有子。大邦有子,俔天之妹。文定厥祥,親迎于渭。
造舟為梁,不顯其光。有命自天,命此文王。于周于京。纘女維莘。長子維
行。篤生武王。保右命爾。燮伐大商";《緜》詩對周姜胥宇之描述,則已見
前引。

出説明，縱使不然，其作用亦多半止於室家内部之教養，而
非較大範圍的人群面向。然而，女性不應被排拒在文明歷程
之外，尤其自前二節論述已能看到，《詩經》所賦予女性的
價值與期待具有特別的高度。無論是《斯干》對主體問題
與人倫德行的分析，抑或兩性相互面對面時之情感締結，女
性以一種別異於男性的形態樹立獨特生命，其主體意義更為
純粹，並同時作為客體成為男性傾慕所在。女性肩負的故不
只是女性自身，亦及於男性、以至兩性和合。她之所以未能
如男性那樣在文明創建的歷史上突顯地位，原因當在所致力
和關注的均是相對根本的層面，例如衣、食、酒的操持，或
是情感中無形之心意。但也因此，這些對根本層面的致力亦
使成果滲透於一切具體而細微之處，令女性固然未有類似男
性那樣顯著的人文建樹，卻在文明的傳遞與實現上扮演了重
要角色。前已引述的《大明》、《思齊》與不少婚嫁詩，以
及如《召南·采蘋》這類女性主持的祭祀詩，①便強調了女
性具體呈現其族群、室家教養的形象，她所具有的典範意味
甚至在詩人處理商、周此二大文明融合與王者之教育問題
上，都展現了無可替代的重要性。②女性將對人文客體之致
力，反身為對自身及生活整體之致力，故讓在文明、傳統中

---

①　"于以采蘋？南澗之濱。于以采藻？于彼行潦。于以盛之？維筐及筥。
于以湘之？維錡及釜。于以奠之？宗室牖下。誰其尸之？有齊季女。"

②　詳論見簡良如《共體文明的創建與理想——〈詩經·大雅〉之文》，
《中國文化研究所學報》（香港沙田：香港中文大學中國文化研究所，2002 年）
新第十一期（總第四十二期），頁 299—325。

的既有成果，作為素養地實現在人自己身上，令人文不再只是思想的、制度的或特定活動中的內容，其通過人身所具體呈現的面貌，以及女性性情所賦予的感性和細緻性，使人文令人親近、愛慕，也使之更為善美。她讓人文直接就是人本身之文，讓人文以可觸及、可感受的善美形象為人所繼承。是以，我們甚至可以看到《詩經》中男性不只是如《大明》聯姻或《緜》古公亶父"爰及姜女"般攜同女性，更在達到最高度的典範地位時，不同程度地體現類似女性的這一特質。如《思齊》："雝雝在宮，肅肅在廟"雝肅之行止；《抑》對上位者威儀與明哲的誡訓："敬慎威儀"、"無不柔嘉"、"淑慎爾止，不愆于儀"、"溫溫恭人，維德之基"；或是藉寧靜清和及對青年諸士的化育，襯映《詩經》傳頌最多、推崇最至的文王形象——"於穆清廟，肅雝顯相。濟濟多士，秉文之德，對越在天"（《周頌‧清廟之什‧清廟》）等，這些對素養之自修和相關教育的承擔，甚至超越性情層次而提升為這些男性君長的德性與德音。

　　《詩經》兩性所具體承擔的人文角色約略如是。以下，我們則僅就《大雅‧生民之什‧生民》，對二者生發人文之意義做出較詳盡的分析。試先列出原文：

　　　　厥初生民，時維姜嫄。生民如何？克禋克祀，以弗無子。履帝武敏歆，攸介攸止，載震載夙，載生載育，時維后稷。誕彌厥月，先生如達，不坼不副，無

畜無害，以赫厥靈。上帝不寧，不康禋祀，居然生
子。誕寘之隘巷，牛羊腓字之；誕寘之平林，會伐平
林；誕寘之寒冰，鳥覆翼之。鳥乃去矣，后稷呱矣，
實覃實訏，厥聲載路。誕實匍匐，克岐克嶷，以就口
食。蓻之荏菽，荏菽旆旆，禾役穟穟，麻麥幪幪，瓜
瓞唪唪。誕后稷之穡，有相之道，茀厥豐草，種之黃
茂，實方實苞，實種實褎，實發實秀，實堅實好，實
穎實栗。即有邰家室，誕降嘉種，維秬維秠，維糜維
芑，恆之秬秠，是穫是畝；恆之糜芑，是任是負，以
歸肇祀。誕我祀如何？或舂或揄，或簸或蹂，釋之叟
叟，烝之浮浮。載謀載惟，取蕭祭脂，取羝以軷，載
燔載烈，以興嗣歲。卬盛于豆，于豆于登，其香始
升，上帝居歆，胡臭亶時。后稷肇祀，庶無罪悔，以
迄于今。

在分析本詩之前，扼要説明該詩與本節主題之關連。本詩所
謂"生民"，非指人類這一物種的誕生，也非單指后稷之誕
生。原因非常明顯，姜嫄本身已是人類；詩人更謂："厥初
生民，時維姜嫄"，后稷並非詩歌唯一關切的主人翁，其誕
生過程亦僅見於該詩前半，不能概括全詩。"生民"亦不指
供給民生之意，后稷雖然精勤於農事，但農事卻非供給民生
唯一或最初之方式。由《生民》著墨較多的后稷事蹟來看，
作為周人始祖，后稷除了創制農業，更肇始祭祀（"以歸肇
祀"）。後者（祭祀）無疑更準確地突顯了周文的真正精

神。①同樣地，姜嫄雖非肇始祭祀者，②然其之所以生子、棄子，亦無一不是圍繞禋祀上帝問題而有。她與后稷在禋祀上唯一的差別，僅在：姜嫄所實現的是禮敬之實質，后稷則進一步建立了禮敬之形式。換言之，《生民》之宗旨，誠如篇首開宗明義之問答："生民如何？克禋克祀，以弗無子"，乃以禋祀及其對人類生衍之意義為全詩宗旨，詩人故描寫了姜嫄與后稷對上帝之虔敬（"克禋克祀"），以及姜嫄雖棄子，卻仍能子嗣不絕，后稷成就了"以興嗣歲"、"庶無罪悔，以迄于今"這昌盛、光明的族群未來（"以弗無子"）。《生民》因此應為歌頌"周文"誕生之詩，或更明確地說，歌頌人類由周文進於人文這"人文之人"的誕生。

　　承此宗旨，為了突顯這從無至有、人類實際上無以回溯的文明草創歷程，《生民》刻意採取神話形式，以摒除今日所視之為當然的人情反應和事務常態，進行對人文生發一純

---

　　①　《周頌・清廟之什・思文》因此以"思文后稷"歌詠后稷之功。
　　②　有關姜嫄是否從事祭祀，鄭玄以為："姜嫄之生后稷如何乎？乃禋祀上帝於郊，謀以祓除其無子之疾而得其福也"，然而若是如此，則與《生民》後文兩度重申后稷"肇祀"之說矛盾，也無法說明姜嫄既已禋祀求子，卻又為何不安而終棄之。姜嫄未進行任何具體的祭祀活動，應是非常明確的。《毛傳》等為詩文隨後出現的"不康禋祀"、"上帝不寧"、"后稷肇祀"等矛盾情況，所做出的各種解釋因此顯得曲折，如：以后稷所始之祀為郊祀，以"不康"、"不寧"之"不"為語詞、無義（如《毛傳》"不寧，寧也；不康，康也"），乃至以姜嫄為"不寧"之主語，謂其懼怕時人觀點（如《鄭箋》"不安徒以禋祀而無人道，居默然自生子，懼時人不信也"）。然而，這些解釋或未顧及全詩立意（如以肇祀為始創郊祀等單從形式理解禋祀，而忽略了詩人"時維姜嫄"的說法），或對同一字詞釋義前後矛盾（如以"不寧"之"不"為語詞、無義，對前句"不坼不副"又採實義），或淺薄化主人翁對上帝之敬意而令其反以世俗觀法為先（如對姜嫄有所不安的解釋），破壞了全詩環繞禮敬之用心，實屬不必。

粹理念層次的描繪。詩中主人翁（姜嫄、后稷）之舉措與知識之習得，均非從學習他人或任何古老經驗而致，而母親養育幼子這似乎是人情之基本者，也因姜嫄棄子而反映出倫理關係尚未穩定之事實，更遑論植栽耕稼、祭祀這更進一步的技術或精神發展。詩中人物因此也呈現出一種完全自由、自決的心理狀態，既不受任何倫理規範所限（如姜嫄作為母親卻可自決棄子），也沒有任何利害報應之包袱（如后稷不念舊惡而仍回歸母國），除了天地自然所給予的生存條件外，他們無論是對上帝，對自身之身體存在，對勞作與遊逸，對他人及人倫情感，乃至於對超越性的精神活動、儀文創造，皆可有自身之取向和謀斷。在這樣幾乎純任自為的狀態下，人文創生過程始真正體現人類創為的人性意義及天性面貌，亦才真正是無中生有地純由人所生，此為《生民》刻意由異於其他《詩經》作品之如實筆法而虛構般地出現時所具有的思想意義。分析《生民》的重點，故不在探究它是否合乎人類史實、合乎文明進程，而是透過這些人物、情節，反省人興發人文之目的與層次。

配合撰寫宗旨，詩人在《生民》裡並列了兩位主人翁——姜嫄和后稷，作為達致"生民"的兩大主軸。二者一為女性、一為男性，詩人並藉"履帝武敏歆，攸介攸止"勾勒出姜嫄之天真自然，以體現未經造作的女性本然形象；而后稷遭棄，亦免除了人群教養與社會對其之影響，使他能夠以極其獨自、孤立之姿態，自行成長、累積智識，從而反映出男性本然之生命向度，此種種，皆明顯和《斯干》對兩性特質的認知一致。甚至，男、女差異在本詩中更被象徵性地放大，如姜嫄之純然感性化，或是后稷強有力之實踐性

與客觀知性能力。又或是，縱然同樣關乎創造，作為女性的
姜嫄所實現的創造——生殖，不僅本質是自然的（生理性
的），更始終如女性之趨向自然般，自受孕至生產，都不雜
染一絲人為成份；相對地，作為男性的后稷在詩中所創造的
事務，無論是農耕稼穡，抑或祭祀之道，雖原本皆仰賴自
然、根於自然（如草木穀稷之生長，或以秬秠、穈芑獻
祭），但后稷投入的勞作與謀慮，卻已使它們顯著的帶有人
為化，甚至人文化的意味。詩人故從姜嫄與后稷這純粹、極
致的天性表現，塑造出由二者所代表的男、女典型。換言
之，《生民》正以兩性所代表的性情元素與客觀差異，闡述
人文生發之理念。以下詳述之。

　　就敘事內容言，本詩由姜嫄踏足上帝印跡、進而受孕開
始，扼要歷述后稷遭棄，卻獲禽獸護育，而後自曉種植之
道，回歸母國有邰，並率室家肇祀上帝的過程。作為主要人
物，姜嫄與后稷是詩人刻意對照的兩性象徵，二者表面上雖
似各經歷或從事不同之事務，不過，整體敘事卻立於對稱的
行動反應上，故稍事整理，即可看到如下表中的對照性：

	姜嫄	后稷	相同處
所得	子	牛羊鳥獸之護養 口食、嘉種	均關乎生命之延續
所事	懷孕生子	耕植	均屬對生命之培育
所棄	子	秬秠、穈芑	1. 均得自上帝 2. 均為二者所生 3. 均為了上帝而棄

　　姜嫄表現出的原始情態與非理性，抑或棄子之荒謬性，
與后稷之智謀、成就相較，雖似有極大差距，但通過上表可
以明顯看到，二者的際遇或行為目的，實際上極為近似，故
若一者有道，另一者亦絕非負面無道。二者做法上的差異，
只是兩性特質推至極致時至純粹的結果，它們為我們的兩性
對照工作，提供了更明確而具體的對應材料。而一旦兩性在
《生民》中的對照性能夠呈現，則聯繫二者各類對稱反應的
關鍵——上帝，祂在詩中所扮演的角色也就值得我們加以深
思。上帝代表什麼？簡言之，如同《大雅・文王之什・皇
矣》："不識不知，順帝之則"所反映的，上帝一方面代表
著超越人類智識之至高者；另一方面，祂藉大地印跡使人受
孕，驅使牛羊禽鳥照護其子，子嗣更具稼穡、肇祀之智能，
令一切如有顯赫之靈，亦顯示此至高者也同時支撐著包括人
在內的萬物世界，甚至直接就是世界本身。上帝、姜嫄、后
稷三者，因此構成了《生民》的骨幹。這包括：上帝作為
至高之神、整體之世界，以其極致之高、大，所顯示之超越
性或非人性；以及相反地，祂如同姜嫄之夫、后稷之父般地
滲入人類關係中，使妻受孕（"載震載夙"）、感到安止
（"攸介攸止"）、欣快（"履帝武敏歆"），或是作為人子學
習（如"克岐克嶷"後的"有相之道"）、反思（"載謀載
惟"）和繼承之對象（如繼承其對萬物之化育而栽植眾多作
物），扮演著與人夫、人父無別之角色。此神、人交匯所呈
現出的各種差距和應對，加上姜嫄、后稷本身的性別因素、
母子關係，實已扼要地將人的存在面向，象徵性地全部勾勒
出來。如下圖：

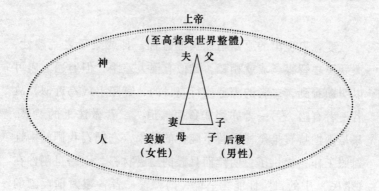

全詩因而出現下列四組對比：

人倫	姜嫄棄子
	后稷回歸母居（"即有邰家室"）
世界	姜嫄在大地之上，"履帝武敏歆，攸介攸止"，一如《齊風·東方之日》中姝女在所愛者之室、闥之履殷，①視大地若內在之室、闥而輕快歆然，自在歇止
	后稷"誕實匍匐，克岐克嶷"，勉力經歷、克服存在空間的外在、多變；大地對后稷來說，既在"以就口食"，亦是知識對象，其最終形成的"有相之道"（依據對萬物生息規律之知所形成稼穡之道）即此二項意義的結合體現

---

① 《東方之日》："東方之日兮，彼姝者子，在我室兮。在我室兮，履我即兮。東方之月兮，彼姝者子，在我闥兮。在我闥兮，履我發兮。"

续表

神倫	姜嫄與上帝之關係，從雙方言為"夫婦"，從姜嫄與上帝相處時之感受言乃"履帝武敏歆"之"歆"，從姜嫄自覺面對上帝（即"禋祀"）時所關注之問題言為對方之"康"、"寧"
	后稷與上帝之關係，從雙方言為"父子"，上帝使之顯赫有靈（"以赫厥靈"），並使牛羊禽鳥等萬物覆育之；后稷面對上帝之育己，則由恆植秬秠、秠嘉種、負任農事之勞，使自己亦同上帝生生萬物般地擔負起畝稷大地之責；而從后稷對禋祀之態度言，他盡其勞力、謀惟與所得，奉獻上帝，使上帝居"歆"，以無罪悔
人的不朽	姜嫄透過與上帝結合而（"履帝武敏歆"）生子
	后稷通過禋祀上帝，"以興嗣歲"

　　此四項對比，分別刻畫了母子關係、人與大地萬物（上帝之客體意義）之關係、人與上帝之關係，以及人如何跨越有限生命而繼續其子嗣，使人亦如上帝或神靈般永恆之問題，而指向人倫、世界、神倫以及人的不朽四個層面。姜嫄、后稷在四層面中的表現，恰好對稱，一者離棄，一者回歸；一者內在，一者外在；一者自居於"歆"，一者使他者居"歆"；一者由一己延續不朽，一者從對客觀存在境況的振興達成整體不朽。此對稱性故亦大致涵蓋了人在人倫、神倫等每一層面中的可能做法，而代表兩性的姜嫄、后稷則作為典型出現。

　　更進一步觀察詩人在此四項層面中所描述的人物關係，可以看到，由於它們或環繞上帝這至高者與人之關係，或關聯人倫中的母子，或大地與人之間的主客異位，俱非平輩或對等者間之關係，而是具有強弱、主從等不對等性質的上下關係。作為貫穿四面向的共同脈絡，上下關係無疑是《生民》透過這些對稱性的人物敘事結構首欲處理的課題，甚至即其解開文明肇始本末之關鍵。其重要性，已見於本書導言對人之主體存在的討論，在此不多加贅述，但由詩人刻意將闡釋文明初生的《生民》和上下問題交疊起來，可以看到，上下的失衡或對立，其影響確實遠較平行者間之矛盾更為劇烈；更重要的是，若上下問題不只出現在個人與個人之間，更首先關乎人倫倫常、人與神、人與世界，以及人與人類，而隨時可能造成人在四者中之困境時，其傷害更無以估計。《生民》將之置於文明肇生之核心，意義在此，人是否真能樹立人自身之文明，與人是否能如其所如地應對內、外一切上下關係，有絕對的關連。詩人刻意將上帝與人相對，非僅止於對人與人間上下現象的討論，也說明本詩所處理的已是上下問題之極致情況。具體而言，前述四項對比反映出下列四種上下：

1. 人倫之上下，易言之，內在之上下。
2. 人與世界之上下，易言之，外在之上下。
3. 人與至高者（上帝）之上下，易言之，超越之上下。
4. 人如何超越人之有限性而同乎上帝之不朽，易言之，人對上下之超越。

詩人將上下問題分成兩方面切入，一是如第1、2點般從構成上、下的根源切入，故分內、外，而人倫與世界則分別是其至具體、真實的內容；二是如後二點，從上、下差距論上下，故有對此差距之超越的討論。透過《生民》這一寫作設計，姜嫄和后稷示範了人們面對上下關係的兩種範式，並隨著關係所在之背景，具體分述了人在面對內在、外在抑或超越之“上”時，如何反身自我定位。這對人自身意義的究極體認，成為興發人類文明的起點。以下，就《生民》上述結構詳述其義。

可以看到，相較於姜嫄，《生民》所描寫的后稷，其各項舉措都顯得較為合理且合於德性。由於他在四種上下關係中均屬下位，故面對不同的上位對象，他相對地做到下位者應行的回歸、敬慕、服事或繼承；即使遭上所棄，抑或最後藉耕作而站上類似上帝般化養萬物，並興起人類後代恆久昌隆之地位時，亦未有不辨上、下份際的僭越舉動。后稷既不曾任性，無情緒化之行止，亦沒有因妒羨對方而試圖對抗或諂媚。這謙恭但又無諂，且以下位身份致力不懈的品格，體現了下位者作為下位者之德性。此德性在他作為君長、統率眾人時，更見其純粹：他並沒有因為獲得生養萬物之技術（“有相之道”），或是因眾人群力之盛大，而膨脹自身和人類，他的帶領，始終是立於“人”的位置——以人真誠的情感承擔其情感對象；以人對萬物世界的敬謝、學習，看待人力生產及對大地的利用；由對上位者之繼承作為人自身之成就（如嘉種之豐收所象徵的對上帝造物之繼承），並以人之成就作為對超越者之回報（祀上帝）。尤其是肇祀一事，詩人花費最多的筆墨進行描述，而莫不是為了更加鮮明地體現后稷這謙下不自居的人性德性。例如：即使祀前繁複的準備工夫、祭品的豐盛，已充分體現其人掌典祭禮時之誠摯，后稷仍不敢自盡於此，他更竭盡思慮（“載謀載惟”），不只貢獻具體豐美的犧牲，更將農作燔化為無形之馨香。這以芬

芳氣息取代實物的做法，明顯非人一般以物質體現敬謝時所
自然採取的方式，而是經過思維創造性地構想出來的，易言
之，將敬謝之心進一步人文化之後之呈現。它代表三項
意思：

1. 祭品透過香氣揚升，祭祀之於上帝，故非物質上之報答，
   而純粹是人類心意的呈告；
2. 所燔烈獻予上帝者，包含農作收穫，而不唯禽獸犧牲，
   這代表人欲奉獻者，包含了自身站上等同上帝化養萬物
   之位所生養之成果。人由此顯露其無意自居於上，或與
   上帝分庭抗禮；
3. 祭品既為對上帝之奉獻，也是人、神成就之同享，上帝
   所聞得者，故是在祭品料理盛盤之後所升起之香。

此三項，對比古希臘普羅米修斯（Prometheus）之偷火、獻
祭公牛，[1]其差異是非常明顯的。普羅米修斯為人而意圖超
越，其所獻者亦唯肥美利誘以及對宙斯智慧技藝之挑戰，
人、神之間的上下差距，在人們獲取生存保障（免於飢寒）
及技術巧智之後，即可取消；事實上也確實如此，宙斯除了
力量非人可及外，亦同人之好利般為外表的肥美所欺。然
而，后稷與上帝卻非如是。后稷對等普羅米修斯以火克服了
人類的飢寒般，以耕稼扶持人安居樂業，並同樣在這一基礎
上進行了更高的創造，顯露了人類不平庸的智慧，但，作為

---

[1]　赫西俄德（Hesiod，公元前 8—7 世紀）著，張竹明、蔣平譯：《工作
與時日·神譜》，北京：商務印書館，1996 年。

人，他始終自覺為人，不僅無意離開"人"這一本位，肯定上者而致以敬謝，他更藉此示範出人獨立於上下相對價值之外，對自身作為人真正無條件之肯定。甚至，當我們看到詩人描述上帝在聞到祭品馨香之後，即感歆悅，我們也可以非常確定地說：這透過后稷肇祀所體現的至高者形象，也截然別於普羅米修斯心中那貪圖利得的宙斯神：因其所感到歆悅者更是神、人之間的協作與和樂。如是之上位者，故亦體現了上位者之德性，非強權而已。若這樣的祭祀之道，源於后稷的"載謀載惟"，則此對上下關係深刻反思後的體會，始更能精準地說明后稷在這神人、上下之間作為人、作為下位者之意義。他並非盲目屈服而卑下，相對地，他使上、下皆純德不已。神人與上下在此成就了極致正面之關係。乃至於，即使同樣取火為用，其也非私下單為人類而用，火成為上帝與人溝通、同樂的契機，火再非神或智者所佔有的超越象徵，它平凡而為日常柴火，同時又高貴而為人在神、人之間串連起的祭祀之德。在后稷的帶領下，人類故無逾越之罪，無因作為"人"而有所悔恨，既永恒地以"人"而興，亦無盡延續、振興長遠的人類歷史。這是作為男性象徵的后稷，對人類生命存在、對人文創制所示範之典型，也是他對"生民"之貢獻。

　　相反地，姜嫄的做法卻似乎完全相悖。無論從棄子或是無知受孕來看，她所展示的幾乎只是不具理性的盲昧形象，棄子一事更似反映出她離德性甚遠，其情感甚至薄弱而不及禽獸，如孟子形容上世之人"其親死，則舉而委之於壑"（《孟子·滕文公上》）般原始而未有人性自覺的低度意識狀態。不過，這真是《生民》舉姜嫄以對比后稷之目的嗎？

事實上，若不以后稷模式看待姜嫄，而從她對上述數種上下問題的處理觀之，將令人驚訝地發現：除了與后稷間的母子關係原本即身處上位外，在面對世界、上帝這樣客觀且極致性的上位者時，姜嫄亦從沒有同后稷那樣自居於下。她無論身處哪一種上下類型，都表現出上位者始有的心境或主動性。她歡遊於大地，上帝更在實質上作為她的夫婿，而與之形成一種僅止於夫婦的平行關係。甚至，不唯如此，姜嫄的思行反應，更表現出她自以為高於上帝的心理狀態。如她對上帝之"康"、"寧"與否的關注，與《周南‧葛覃》對遠方年老父母之"寧"、[①]《小雅‧節南山之什‧節南山》人民之"寧"[②]與《周頌‧閔予小子之什‧良耜》婦子之"寧"[③]等相同，本應是康健強盛者或實際執事者對在情感上有所依賴者、弱者、不能獨立自行者的關懷。然而，姜嫄所欲使之康、寧的上帝，實際上卻具有可"疾威"、可"板板"，也可"監"、"觀"、"辟"、"命"於整體人類存在的至高性，因而就客觀現實來說，在上帝與人之關係中，只有人可能不寧而求寧，如同《詩經》屢言"帝命不時"，勸勉人在面對帝命時"自求多福"，而不應該發生如姜嫄所自以為的，上帝反需等待她的協助慰撫，始獲寧止。作為真正的上位者，上帝若有因人而生之感受，應像"后稷肇祀"時上帝之居"歆"，或《大雅‧文王之什‧皇矣》見夏殷二國"其政不獲"而生之"憎"，與其居上之主動地位相符。但

① 見該詩末章："薄汙我私，薄澣我衣。害澣害否？歸寧父母。"
② "不弔昊天，亂靡有定；式月斯生，俾民不寧。憂心如酲。誰秉國成？不自為政，卒勞百姓。"
③ 見該詩形容收穫豐盛，致"百室盈止，婦子寧止"語。

在《生民》，對姜嫄而言上帝只有寧否之感受，居歆者則掉轉為姜嫄自身，上帝反而如后稷竭誠使上帝居歆那樣，留下足跡為姜嫄帶來喜悅（"履帝武敏歆"）。詩人甚至以此歆然之感，形容姜嫄處身大地時的自在與自得，天地萬物這一整體似亦同為她的怡然介止而默默盡心。更重要的是，這並非是姜嫄未意識上、下之分所產生的錯覺，理由在於：姜嫄受孕過程之離奇和分娩時的"無菑無害"，都已非常清楚地向姜嫄展示出唯上帝獨有的顯赫之靈；而姜嫄擔憂"不康禋祀，居然生子"，也反映出她仍視禋祀為面對後者之唯一方法，這些事實都顯示她不可能不了解這不對等關係之存在。故其所思所行，非上、下事實之倒置，而僅是份位的倒置。若然，什麼原因使姜嫄明知事實不然，亦必自居上位？她的凌駕於上，和普羅米修斯的意圖超越，可以相提並論嗎？

重新再體察一次姜嫄的心態和做法：若連對上帝，她所關注的重點都在對方心境康寧與否之問題上，那麼，這對對方內在感受的重視，已足以說明她一切狀似非理性，甚至無情、無德性之舉措背後真正之目的。簡言之，對她來說（或更精確地說，就她的理解），生子之事中所涉及的三個人物——上帝、自己與幼子，其康寧、悅樂是彼此矛盾的：上帝作為萬物之主，萬物整體的生息和諧，始為其所樂見，縱使不能如是而有突變，也應是在禋祀等虔誠善良的祈禱、敬謝之後，取得上帝之認可後發生；然而，姜嫄超越生殖條件限制、無需他者配合即能達成生命延續的不正常狀態，不單破壞了萬物既有規律，而必使造物主震動，如此獨立無待之生產也使她取得了神性般永生不朽之生命——其子純為她自身之血脈、故純然為其自身生命之展延，若然，她在打破萬物規律的同時也突破了神、人之間的秩序，自身因奇蹟而神化了，這無異傷害了上帝，使之不寧。固然，能夠懷胎十月而生子，能夠實現自身之新生，對姜嫄或任一女子來說都已是莫大的幸福。同樣，作為從受孕之始即全力成長的嬰孩，是多麼期待溫柔的呵護與生命之未來。然而，若三者之康寧、悅樂因對他者有所傷害而不能並存，必須在其中擇一，那麼，明顯地，姜嫄並未選擇自身之幸福，也捨棄了親兒，唯以上帝的康寧為慮。何以如此？因為就嬰孩來說，其幼小、脆弱固是事實，但相對於上帝與姜嫄自己，他尚未有識，更遑論心意情感，就此而言，嬰孩仍只是自己十月在身的"骨肉"（骨與肉這生理資料的結合）而已，非有心者。相反地，有心者——會為不幸感到悲哀、為存在感到不寧者，唯有上帝和姜嫄。捨棄嬰孩，故首先是基於這有心、無心之別，而不得不然者。這表明：姜嫄所至為重視的，仍如前節分析女性情感所曾提出的，唯"心"這在一切差異關係中至重要、至純然人性者。更進一步看，若嬰孩因無心而不得不率先捨離，那麼在上帝、姜嫄這兩有心者間，決意棄子的做法也顯然說明了她寧可使自身痛心、亦不願傷害他者之心。連懷抱中的幼子均必捨棄，這對女性來說本是多麼困難之事。但若不如是，她將傷害有心者之心，而這只知自身幸與不幸之心，實亦無心而已。易言之，正從姜嫄在自心與他人之心之間能夠無我地純然為他，她始示範了對"心"無條件之珍視和實踐。心，在姜嫄身上，以看似非理性、無德性，但卻極其純粹的方式實現。

讓我們更清晰地說明姜嫄做法之意義：明顯地，無論是對子、大地抑或上帝，所有造成上下、內外、神人分際的距

離，皆非決定姜嫄思行之原則。相對地，她所依據的，實同
於本文前二節有關女性性情與交往重心的看法，仍以對他者
心意的關切、對存在全體的肯定為主。重視心，故上帝之於
姜嫄亦只心意問題而已。並且，更應該注意到的是，對她來
說，"帝心"亦同"人心"之心而已，有其脆弱與期盼，
"帝心"不再像《皇矣》中上帝展示給男性（文王）所見
那樣"不識不知"而至高，而是可以知識、可為其寧或不
寧而擔憂的人性之心。這以人性立場觀一切對象、再不見任
何超越性或非人性的態度，使姜嫄自然而然地對存在全體，
懷抱著單純正面肯定的心思，故即使在后稷必須匍匐克服的
岐嶷鳥獸之間，亦無任何困頓或處身於龐大世界時的憂懼或
求"克"之情，連顯示上帝孔武有力之腳跡，仍如樂園、
如心愛之室閨般親切，無視相形之下自身多麼渺小、無任何
計較謀惟、無其他雜念地僅喜悅而介止。這無疑是女性生命
極致典型的實現，懷抱一切而有心，但也不必突出自身地平
和而樂。對比后稷在神人、母子等上下關係中所實現的德性
典型，二者同樣都不因上、下差異而動搖其作為"人"、故
必然依本於"人"的事實；然而除此之外，后稷所亦堅定
不動者，是相對於上帝、世界以及母親，人與人子作為下位
者之事實，而姜嫄所未曾改變的，則是她自身之天性。這是
說：后稷對人自己之定位尚對應上、下關係而成，但姜嫄則
如《斯干》"無儀"、《思齊》裡大姒繼承大任、周姜兩位
女性典範之徽音，即為女性則始終盡乎女性天性地未為他者
所左右。這對自身的貫徹，如母親割捨子女般，極其困難，
非天真無知的結果，而得自於其人極度自覺之致力。
　　歸納而言，姜嫄母子對人類作為人類、以及對文明創制

中最關鍵的上下問題，都以自身為範式，做出了貢獻：后稷
締造了居下者之尊貴，下者固然為下，仍是一尊嚴性的存
在，下而不卑微；並且，縱然未取消上、下之別，亦已達成
二者事實上至正面之關係。反之，姜嫄不待仿效上者，而自
身是其所是地對待其他對象，更顯示源自本身的尊貴性，由
此，人與上帝、人與大地間的一體歆悅，亦始獲得實現。更
進一步說，若后稷所示範的已是人不逾越界限的人之自覺，
那麼，當姜嫄突破上、下現實所開拓的，既非只上與下關係
之正面性，亦非上、下差距之取消時，她所展示的人類形
象，除了人自己，將再無其他外來限度或框架，不再由人之
外對應地確立人之內。是以，如姜嫄反過來視上帝之心如人
之心，視崎嶇難測之世界為一觀覽、休止之居處般，此刻所
興起的存在心境和對自身之自覺，已純粹是人自己之心境和
對自身之覺識，再無其他"非人"成分，人故能身為"人"
地面對一切對象、甚至令一切對象亦因此人性地為其所是。
上、下關係至此瞬忽轉化為人性關係，包括種種超越之上
下、內外之上下均然，天地中故再無使人不能主動為人者，
《生民》"厥初生民，時維姜嫄"，意義在此。

　　以上，我們扼要完成了《詩經》通過兩性所闡述的天
性差異問題。無論我們是否能接受《詩經》對兩性的界定
和觀察，透過二者所呈現的各類趨向或模態，已確實涵蓋了
人類天性的主要差異形態。這些存在於人與人間的本然差
異，構成了人在現實世界中行作的模式、感受的精粗內外，
以及所追求的價值與成就。通過《詩經》對其之刻劃，可
以知道，人類差異作為必然事實，是不必迴避或試圖同一化
的，故縱使是在現實層面上，抑或是德行實踐上，都不必以

為只有單一路徑可行，也非僅有一種向度。但，更重要地，就像兩性面對面時之情感及各自所展示的自覺與共體面向，這些差異仍應相互面對，並在最終反過來回應它們在“作為人”這共同的前提下，如何實現差異所具有的人性意義與價值。差異若只是孤立而不與他者產生真正關係，若不能因之實現對人類而言充實的意涵或方向，其意義將非常狹小，甚至無意義。人類差異不應是對人本身的限制，無論從差異、差異者個己或是他作為人任一者來説均然。